ET SI LE BONHEUR VOUS TOMBAIT DESSUS

DANIEL TODD GILBERT

ET SI LE BONHEUR VOUS TOMBAIT DESSUS

Traduit de l'américain par Marie-Hélène Sabard

ROBERT LAFFONT

Ouvrage publié avec le concours du Centre national du livre

Titre original : STUMBLING ON HAPPINESS

ISBN 978-2-221-10235-0
(édition originale : ISBN 1-4000-4266-6 Alfred A. Knopf, New York)

Pour Oli,
under the apple tree

« On ne peut ni prévoir ni prédire ce qui fera le bonheur ; on tombe dessus par hasard, un jour de chance, quelque part au bout du monde, et on s'accroche à ces jours-là comme à la fortune ou à la gloire. »

Willa CATHER, *Le Lavandou*, 1902

Remerciements

Voici la partie du livre dans laquelle l'auteur prétend habituellement que personne n'écrit tout seul et où il nomme tous les gens censés l'avoir fait à sa place. Cela doit être sympa d'avoir des amis comme ça. Malheureusement, tous les gens qui ont écrit ce livre sont… moi ; alors permettez-moi de remercier plutôt ceux dont le talent m'a permis d'écrire sans eux.

D'abord et avant tout, merci aux étudiants et anciens étudiants qui ont effectué une bonne part des recherches décrites dans ces pages. Le mérite leur en incombe : Danny Axsom, Mike Berkovits, Stephen Blumberg, Ryan Brown, David Centerbar, Erin Driver-Linn, Liz Dunn, Jane Ebert, Mike Gill, Sarit Golub, Karim Kassam, Debbie Kermer, Boaz Keysar, Jaime Kurtz, Matt Lieberman, Jay Meyers, Carey Morewedge, Kristian Myrseth, Becca Norwick, Kevin Ochsner, Liz Pinel, Jane Risen, Todd Rogers, Ben Shenoy et Thalia Wheatley. D'où m'est venue la chance de travailler avec vous tous ?

Je remercie tout particulièrement Tim Wilson, mon ami et collaborateur de longue date à l'université de Virginie, dont la créativité et l'intelligence ont été de constantes sources d'inspiration, d'envie et de bourses de recherche. Cette phrase est la seule de ce livre que j'aurais peut-être pu écrire sans lui.

Plusieurs collègues ont lu certains chapitres, fait certaines suggestions, fourni certaines informations, m'épargnant, par un moyen ou un autre, une improbable chasse au dahu. Parmi eux, Sissela Bok, Allan Brandt, Patrick Cavanagh, Nick Epley, Nancy Etcoff, Tom Gilovich, Richard Hackman, John Helliwell, Danny Kahneman, Boaz Keysar, Jay Koehler, Steve Kosslyn, David Laibson, Andrew Oswald, Steve Pinker, Rebecca Saxe, Jonathan Schooler, Nancy

Segal, Dan Simons, Robert Trivers, Dan Wegner et Tim Wilson. Merci à vous tous.

Mon agent, Katinka Matson, m'a mis au défi d'arrêter de palabrer sur ce livre et de me mettre à l'écrire. Et, si elle n'est pas la seule personne qui m'ait dit d'arrêter de palabrer, elle est la seule que j'aime toujours. Marty Asher, mon éditeur chez Knopf, a un gros stylo rouge, et si vous ne trouvez pas ce livre d'une lecture agréable, vous auriez dû le voir avant qu'il ne lui tombe sous la main.

J'ai écrit la majeure partie de cet ouvrage au cours de congés sabbatiques subventionnés par la Harvard Corporation, la John Simon Guggenheim Memorial Foundation, la James McKeen Cattell Foundation, l'American Philosophical Society, le National Institute of Mental Health (Institut national pour la santé mentale) et l'University of Chicago Graduate School of Business (École des hautes études commerciales de l'université de Chicago). Je remercie ces institutions d'avoir investi dans mes absences.

Pour finir, un peu d'eau de rose. Je suis heureux de la coïncidence qui veut que ma femme et ma meilleure amie se nomment toutes deux Marilynn Oliphant. Personne ne devrait être obligé de s'intéresser à chaque pensée farfelue qui me passe par la tête. Personne ne devrait, mais quelqu'un le fait. Quant aux membres du clan Gilbert et Oliphant – Larry, Gloria, Sherry, Scott, Diana, Mister Mikey, Jo, Danny, Shona, Arlo, Amanda, Big Z, Sarah B., Wren, and Daylyn –, ils ont la garde conjointe de mon cœur, et je leur suis reconnaissant de donner à ce cœur un foyer. Pour finir, permettez-moi de me souvenir avec gratitude et affection de deux âmes que le Ciel même ne mérite pas : mon mentor, Ned Jones, et ma mère, Doris Gilbert.

Maintenant, allons chanceler un peu*.

18 juillet 2005

Cambridge, Massachusetts

* L'auteur fait référence au titre original du livre, *Stumbling on Happiness*, soit, littéralement, « En trébuchant ou en chancelant sur le bonheur ». L'allusion est récurrente dans l'ouvrage (*N.d.T.*).

Avant-propos

> « Plus cruelle que la morsure du serpent,
> L'ingratitude d'un enfant ! »
> SHAKESPEARE, *Le Roi Lear*

Que faites-vous là, maintenant, si on vous dit que vous allez mourir dans dix minutes ? Vous foncez allumer cette Marlboro que vous planquez dans votre tiroir à chaussettes depuis 1975 ? Vous faites irruption dans le bureau de votre patron avec une liste circonstanciée de ses tares et défauts ? Vous sautez dans votre voiture direction le grill, et commandez un aloyau à point, avec un supplément de *très mauvais* cholestérol ? Il est difficile de répondre à cette question, bien sûr. Pourtant, il y a fort à parier que vos dix dernières minutes sur cette Terre, vous les passeriez à faire des choses que vous ne faites pas aujourd'hui.

D'accord, certains le déploreraient, ils brandiraient vers vous un index sévère et vous diraient qu'il faut vivre chaque instant comme si c'était le dernier : ça prouve juste que certains passeraient les dix dernières minutes de leur vie à donner des conseils idiots. Il est naturel, normal, de ne pas faire les mêmes choses quand on pense que sa vie va continuer ou qu'elle va s'interrompre brutalement. Alors qu'on pourrait se prélasser dans un bon bain en mangeant des macarons à la pistache avec un chapeau en papier sur la tête, on y va mollo sur les corps gras et le tabac, on sourit consciencieusement à la dernière blague de blonde de notre chef et on lit des livres comme celui-ci. Or, toutes ces choses, nous les faisons par pure charité pour la personne que nous allons bientôt devenir. Nous traitons notre moi futur comme un enfant et passons une bonne partie de nos journées à lui fabriquer des lendemains qui chantent, du moins l'espérons-nous. Loin de céder au caprice du moment, nous endossons la responsabilité de son bien-être : chaque mois, nous mettons de côté un peu de notre salaire pour qu'il puisse, *lui*, profiter de sa retraite sur un green, nous sommes fidèles au jogging et au fil dentaire pour lui éviter *à lui* infarctus et greffe de la gencive, nous supportons les couches sales et la poule sur son mur qui picore interminablement son pain dur pour qu'un jour des petits-enfants aux joues rebondies sautent sur ses genoux *à lui*. Même casser un billet à la boulangerie du coin est un acte de charité destiné à la personne qu'on va devenir : c'est elle qui va manger le casse-croûte qu'on est en train de payer. En fait, chaque fois que nous *voulons* quelque chose – une promotion, un mariage, une voiture ou un cheeseburger –, c'est dans l'espoir qu'une seconde, une minute, une journée ou dix ans plus tard, l'individu qui a nos empreintes digitales profitera du monde hérité de nous et rendra honneur à nos sacrifices en touchant les dividendes de nos brillants placements et de nos abstinences alimentaires.

Tu parles. Comme les fruits de nos entrailles, notre descendance temporelle est souvent ingrate. On sue sang et eau pour lui offrir ce qui, selon nous, va lui plaire, et la voilà qui quitte son boulot, se laisse pousser les cheveux, emménage ou déménage à l'autre bout du pays et n'en revient pas qu'on ait eu la bêtise de croire qu'elle allait aimer *autre chose*. On n'arrive pas à obtenir les distinctions et récompenses essentielles, pense-t-on, à son bien-être. La voilà qui finit par rendre grâces au Ciel : Dieu merci les choses n'ont pas tourné selon nos plans mal inspirés et inconséquents. Même cette personne en train de mordre dans l'en-cas tout juste acheté peut faire la grimace et nous accuser, *nous*, d'avoir choisi le mauvais casse-croûte. Nul n'apprécie les critiques, bien sûr, mais si les choses qu'on s'acharne à obtenir ne font pas le bonheur de notre moi futur, ou si celles qu'on s'efforce vainement d'éviter le font, il semble normal (quoiqu'un peu désobligeant) que ce moi futur jette sur le passé un œil réprobateur et se demande ce qui a bien pu nous passer par la tête. Il admettra peut-être que nos intentions étaient louables et reconnaîtra, de mauvaise grâce, que nous avons fait de notre mieux, mais il ira inévitablement pleurnicher chez son psy : pourquoi ce « de notre mieux » n'était-il pas assez bon pour lui ?

Comment tout cela est-il possible ? Ne devrait-on pas connaître les goûts, les préférences, les besoins, les désirs de celui ou celle qu'on sera l'an prochain – ou, au moins, cet après-midi ? Ne devrait-on pas comprendre assez notre moi futur pour façonner sa vie : lui trouver une carrière et un(e) partenaire qu'il chérira, lui acheter une housse de canapé qui lui plaira pendant des années ? Comment se fait-il qu'il se retrouve avec, dans son grenier comme dans sa vie, une foule de trucs pour nous indispensables et qui, pour lui, sont lourds, encombrants, inutiles? Pourquoi critique-t-il nos choix sentimentaux, reconsidère-t-il nos stratégies d'avancement et va-t-il dépenser une petite fortune pour faire enlever des tatouages qui avaient précisément coûté une fortune ? Pourquoi éprouve-t-il regret et soulagement quand il pense à nous, et non gratitude et fierté ? Si encore on l'avait négligé, ignoré, maltraité, ce serait compréhensible – mais, bon sang ! on lui a donné le meilleur de notre vie ! Comment peut-il être déçu en touchant au but que l'on convoitait, prendre les choses à la légère quand il atterrit pile où on voulait l'empêcher d'arriver? Quelque chose ne tourne pas rond chez lui ?

Et si c'était chez nous que ça ne tournait pas rond...

Quand j'avais dix ans, l'objet le plus magique de la maison était un livre sur les illusions d'optique. Ses pages m'ont initié aux lignes de Müller-Lyer : leurs extrémités en pointes de flèche les font paraître de longueurs différentes, mais, lorsqu'on les mesure, on constate qu'elles sont identiques. Elles m'ont fait découvrir le cube de Necker qui semble se présenter ouvert d'un côté, puis, l'instant d'après, de l'autre ; ainsi que ce dessin qui représente à la fois deux visages de profil et une coupe suivant la perspective selon laquelle on le regarde (voir figure 1). Je restais des heures assis par terre, dans le bureau de mon père, à regarder ce livre, hypnotisé par ces dessins tout simples, mais capables d'obliger mon cerveau à croire des choses qu'il savait résolument fausses. C'est là que j'ai compris l'intérêt des erreurs... et entrepris de planifier une vie qui en contiendrait plusieurs. L'intérêt d'une illusion d'optique ne tient pas seulement au fait que tout le monde commet une erreur ; non, ce qui la rend intéressante, c'est que tout le monde commet *la même erreur*. Si, pour moi, l'objet était une coupe, pour vous Elvis, et pour un ami à nous une assiette de poulet aux champignons noirs, cet objet serait certes une très jolie tache d'encre, mais une piètre illusion d'optique. Ce qu'il y a de fascinant ici, c'est que tout le monde voit d'abord la coupe, ensuite les visages, puis – l'espace d'un battement de cils – à nouveau la coupe. Les erreurs que les illusions d'optique induisent dans nos perceptions sont légitimes, normales et systématiques.

Ce ne sont pas des erreurs bêtes, mais des erreurs intelligentes : des erreurs qui permettent à qui les comprend d'entrevoir l'architecture élégante du système visuel, ainsi que ses mécanismes internes.

Fig. 1.

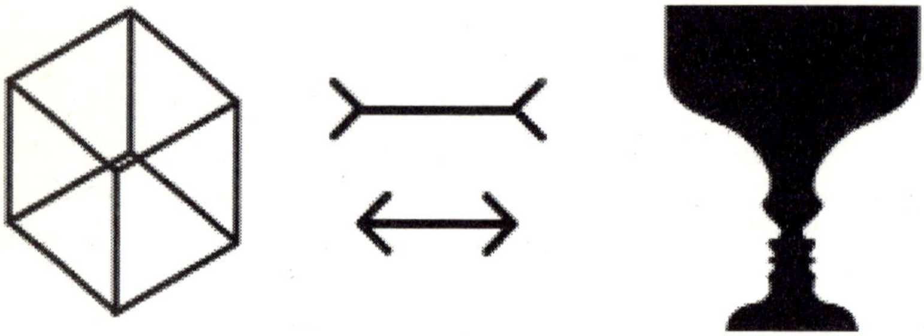

Les erreurs que l'on commet en essayant d'imaginer l'avenir sont, elles aussi, légitimes, normales et systématiques. Elles nous disent les pouvoirs et les limites de la prévision, tout comme les illusions d'optique nous disent les pouvoirs et les limites de la vision. C'est tout l'objet de cet ouvrage. Il ne s'agit pas d'un mode d'emploi pour trouver le bonheur. Ces livres-là sont rangés dans le rayon « autothérapie », deux allées plus loin sur votre gauche : quand vous en aurez acheté un, fait tout ce qu'il vous aura dit de faire et que vous vous retrouverez tout de même malheureux, vous pourrez toujours revenir par ici pour comprendre pourquoi. Le livre que vous avez entre les mains décrit ce que la science nous apprend sur la manière dont le cerveau humain est capable d'imaginer son avenir… et jusqu'où il en est capable, et sur la manière dont il peut prévoir l'avenir qu'il préférera… et jusqu'où il peut le prévoir. Le livre que vous avez entre les mains traite d'une énigme sur laquelle se sont penchés de nombreux penseurs au cours des deux derniers millénaires. Il reprend leurs idées, et en ajoute quelques autres qui me sont propres, afin d'expliquer pourquoi nous en savons si peu sur le cœur et l'esprit des personnes que nous allons devenir. Son histoire est un peu comme une rivière : elle franchit les frontières sans passeport, car aucune science n'a jamais résolu seule l'énigme de façon probante. En mêlant les données et théories de la psychologie, des neurosciences cognitives, de la philosophie et de l'économie comportementale, ce livre dessine un paysage qui, à titre personnel, me convainc. Mais vous jugerez par vous-même.

Écrire un livre est, en soi, une récompense, mais le lire, c'est investir du temps et quelques billets qui doivent impérativement apporter un retour sur investissement. S'il ne vous instruit ni ne vous distrait, vous méritez que l'on vous rende l'âge et l'argent que vous aviez au départ. Cela n'arrivera pas, bien sûr. J'ai donc écrit un livre dont j'espère qu'il vous intéressera et vous amusera, sous réserve que vous n'ayez pas trop l'esprit de sérieux, mais au moins encore dix minutes à vivre. Personne ne sait ce que vous éprouverez en arrivant à la fin, pas même le « vous » qui s'apprête à le lire. Mais si, une fois parvenu à la dernière page, votre moi futur n'est pas satisfait, au moins aura-t-il compris pourquoi vous vous trompiez en pensant qu'il le serait[1]*.

---

* Les notes sont rassemblées par chapitre en fin d'ouvrage.

Première partie

PROSPECTIVE

Prospective (pro-spek-tive)
Le fait de se projeter dans le temps ou de réfléchir à l'avenir.

1

VOYAGE AU PAYS DE NUL TEMPS

> « Oh ! si l'homme pouvait savoir seulement
> Quelle sera la fin de cette journée ! »
>
> SHAKESPEARE, *Jules César*

Les prêtres font vœu de célibat, les médecins font vœu de ne pas nuire et les facteurs font vœu d'accomplir au plus vite leur tournée, malgré la neige, le verglas et le courrier mal adressé. Peu de gens savent que les psychologues aussi font vœu de quelque chose : ils font vœu de publier, à un moment donné de leur vie professionnelle, un livre, un chapitre ou au moins un article comportant cette phrase : « L'homme est le seul animal qui… » Nous avons le droit de terminer la phrase à notre guise, mais elle doit impérativement commencer par ces sept mots. La plupart d'entre nous attendent assez tard dans leur carrière pour répondre à cette obligation solennelle : ils savent bien que les générations de psychologues à venir ignoreront tous les autres mots amassés au cours d'une vie d'érudition pavée de bonnes intentions pour ne retenir, en gros, que la fin de La Phrase. Ils savent aussi que pire elle sera, mieux ils resteront dans les mémoires. Par exemple, ces psychologues qui ont écrit « L'homme est le seul animal qui a un langage » sont passés à la postérité quand on a appris aux chimpanzés à communiquer par signes. Et lorsque des chercheurs ont découvert que, dans la nature, les chimpanzés utilisent des bâtons pour extraire de succulents termites de leurs tumulus (et éventuellement aussi pour se taper dessus), tout le monde s'est soudain rappelé les noms, prénoms et adresses de tous les psychologues qui avaient complété La Phrase par « utilise des outils ». Les psychologues ont donc de bonnes raisons de différer le plus longtemps possible le moment d'achever La Phrase, en espérant mourir avant et éviter ainsi de se faire humilier publiquement par un singe.

Je n'ai encore jamais écrit La Phrase, mais j'aimerais le faire aujourd'hui : vous êtes témoin. *L'homme est le seul animal qui pense à l'avenir*. Laissez-moi vous dire tout de suite que j'ai eu des chats, des chiens, des gerbilles, des souris, des poissons rouges et des poules (non, pas celles que vous pensez). Je sais que les animaux non humains font souvent comme s'ils avaient la capacité de *penser à l'avenir*. Mais, les chauves équipés de moumoutes bon marché sont bien placés pour le savoir : faire *comme si* on avait une chose n'est pas l'avoir vraiment, et quiconque y regarde d'un peu plus près voit bien la différence. Exemple : j'habite dans une banlieue urbaine et, chaque automne, les écureuils de mon jardin (grand comme à peu près deux écureuils) font comme s'ils savaient que, s'ils ne cachent pas de la nourriture maintenant, ils n'auront rien à manger plus tard. Les habitants de ma ville sont plutôt cultivés, mais, de l'avis général, les écureuils de ma ville n'ont rien de très distingué. Non, ils ont des cerveaux d'écureuils normaux, qui exécutent un programme d'enfouissement de la nourriture quand la quantité de lumière pénétrant leurs yeux d'écureuils normaux diminue jusqu'à un seuil critique. Des jours qui raccourcissent déclenchent le comportement d'enfouissement, l'anticipation du lendemain n'a rien à y voir : l'écureuil qui planque une noix dans mon jardin « envisage » l'avenir à peu près comme le rocher qui tombe « envisage » la loi de la pesanteur – c'est-à-dire pas vraiment. Tant qu'un chimpanzé n'aura pas versé une larme à l'idée de vieillir tout seul, souri en pensant aux grandes vacances ou refusé une barre chocolatée parce que son short le boudine, je ne renierai pas ma version de La Phrase. Nous pensons à l'avenir comme aucun animal ne peut le faire, ne le fait, ni ne l'a jamais fait. Et cet acte simple, constant et banal est un trait caractéristique de notre humanité[1].

La joie de l'ensuite

Si on vous demandait de citer la plus grande réalisation du cerveau humain, sans doute penseriez-vous aux œuvres impressionnantes qu'il a produites : la grande pyramide de Gizeh, la station spatiale internationale ou le pont du Golden Gate. Certes, ce sont là de grandes réalisations, et notre cerveau mérite de défiler sous une pluie de confettis pour les avoir conçues. Mais ce ne sont pas sa plus grande réalisation. Une machine sophistiquée aurait pu concevoir et fabriquer ces ouvrages, car concevoir et fabriquer exigent savoir, logique et patience, toutes choses dont les machines sophistiquées ne manquent pas. En fait, il existe *une seule* réalisation si extraordinaire que même la plus sophistiquée des machines ne pourrait prétendre en être l'auteur : l'expérience consciente. *Voir* la Grande Pyramide, *se souvenir* du Golden Gate ou *imaginer* la station spatiale sont des actes beaucoup plus extraordinaires que ne l'est leur construction. En outre, un de ces actes extraordinaires l'est encore plus que les autres. Voir, c'est faire l'expérience du monde tel qu'il est, mais imaginer : ah ! *imaginer*, c'est faire l'expérience du monde tel qu'il n'est pas, tel qu'il n'a jamais été, mais tel qu'il pourrait être. La plus grande réalisation du cerveau humain n'est autre que sa capacité d'imaginer des choses et des événements inexistants dans le champ du réel, et c'est cette capacité qui nous permet de penser l'avenir. Comme l'a souligné un philosophe, le cerveau humain est une « machine à anticiper », et « fabriquer de l'avenir » est ce qu'il fait de plus important[2].

Mais que signifie au juste « fabriquer de l'avenir » ? On peut dire que le cerveau fabrique de l'avenir d'au moins deux manières. L'une de ces deux manières, nous l'avons en commun avec beaucoup d'autres animaux ; l'autre, nous sommes les seuls à la posséder. Tous les cerveaux – cerveau humain, cerveau de chimpanzé et même cerveau normal d'écureuil qui planque des noix – se livrent à des prévisions sur un *avenir immédiat, circonscrit dans l'espace et personnel.* Ils exploitent une information sur l'événement présent (« Je sens une odeur ») et sur l'événement passé (« La dernière fois que j'ai senti cette odeur, une grosse bestiole a voulu me bouffer ») afin de prévoir ce qui risque de leur arriver dans l'immédiat (« Une grosse bestiole va me… sglurp »)[3]. Maintenant, cette prétendue prévision a deux caractéristiques. La première, c'est que, en dépit des trois boutades entre parenthèses, pour la produire, le cerveau n'a aucun besoin d'une pensée consciente. De même qu'un boulier peut mettre deux et deux ensemble pour produire quatre sans avoir aucune pensée sur l'arithmétique, le cerveau peut ajouter du passé au présent pour fabriquer de l'avenir sans jamais penser ni à l'un ni à l'autre. En fait, il n'est même pas utile d'avoir un cerveau pour faire ce genre de prévision. Avec un peu d'entraînement, le gastéropode géant connu sous le nom d'*Aplysia parvula*, ou limace de mer, peut apprendre à prévoir un choc électrique sur un de ses tentacules, et donc à l'éviter. Or, comme toute personne équipée d'un scalpel peut aisément le démontrer, les limaces de mer n'ont indiscutablement rien dans le cigare. Les ordinateurs non plus n'ont rien dans le cigare : pourtant, ils utilisent le même truc que la limace de mer quand ils refusent votre carte de crédit parce que vous avez voulu dîner à Paris après avoir déjeuné dans le New Jersey. Bref, les machines et les invertébrés nous prouvent qu'on peut se passer d'un cerveau intelligent, doté d'une conscience et de la conscience de soi, pour faire de simples prévisions sur l'avenir.

La seconde remarque, c'est que ce genre de prévision ne va pas bien loin. Il ne s'agit pas de prévisions au sens où nous l'entendons quand nous prévoyons le taux d'inflation annuel, l'impact intellectuel du postmodernisme, le réchauffement de la planète ou la prochaine couleur de cheveux de Madonna. Non, ces prévisions portent sur ce qui va arriver à cet endroit précis, à cet instant précis et précisément à moi, et si on les appelle *prévisions*, c'est juste que notre langue n'offre aucun terme plus approprié pour les désigner. Mais le mot – avec ses inévitables connotations de calcul, de réflexion sur des événements pouvant survenir n'importe où, n'importe quand et à n'importe qui – risque de masquer le fait que le cerveau ne cesse de prévoir l'avenir immédiat, personnel et circonscrit dans l'espace de son propriétaire, et ce sans que ledit propriétaire en soit conscient. Au lieu de dire que ce cerveau-là *prévoit*, disons plutôt qu'il *ensuite*.

Par exemple, le vôtre est en train d'« ensuiter » en ce moment même. En effet, vous êtes peut-être en train de réfléchir en toute conscience à la phrase que vous venez de lire, ou au porte-clefs coincé dans le fond de votre poche qui vous laboure la cuisse, ou à 1812, qui ne méritait peut-être pas que Tchaïkovski lui consacre son *Ouverture solennelle*. En tout cas, quel que soit l'objet de vos réflexions, vous pensez certainement à autre chose qu'au mot qui va clore cette phrase. Cependant, alors même que ces mots résonnent dans votre tête, alors même que naissent les pensées qu'ils vous inspirent, votre cerveau se sert de celui qu'il lit *en ce moment* et de ceux qu'il a lus *juste avant* pour deviner celui qu'il va lire *après*, et c'est ce qui vous rend la lecture si facile[4]. N'importe quel cerveau nourri aux films noirs et polars bas de gamme s'attend à ce que les mots *sans lune* suivent les mots *Par une nuit*… Aussi, lorsqu'il rencontre les mots *sans lune*, est-il tout particulièrement apte à les digérer. Tant que les conjectures de votre cerveau sur le mot qui suit se révèlent exactes, vous poursuivez gaillardement votre croisière dans la lecture – de gauche à droite, de gauche à droite, de gauche à droite – et transformez les noirs gribouillis des lignes en idées, décors, personnages et concepts, bienheureux, sans vous rendre compte que votre cerveau est en train d'« ensuiter » et de prévoir l'avenir de la phrase à une cadence formidable. C'est seulement lorsque votre cerveau se trompe dans ses prévisions que, soudain, vous êtes pamplemousse.

C'est-à-dire… surpris. La preuve.

Penchons-nous un peu sur le sens de ce bref instant de surprise. La surprise est une émotion que l'on éprouve face à l'inattendu – exemple : trente-quatre connaissances coiffées de chapeaux en papier en train de brailler « Joyeux anniversaire ! » dans votre salon au moment où vous passez la porte avec un sac de courses et une vessie au bord de l'explosion. La surprise révèle la nature de nos attentes. Celle que vous avez ressentie à la fin du paragraphe précédent prouve bien que, tandis que vous lisiez la phrase *c'est seulement lorsque votre cerveau se trompe dans ses prévisions que, soudain, vous êtes…* – simultanément, votre cerveau était en train de prévoir la suite. Il prévoyait que, dans les prochaines millisecondes, vos yeux allaient tomber sur des signes noirs, version codée d'un mot décrivant une sensation de *tristesse* ou d'*écœurement,* voire de *surprise.* Au lieu de quoi ils ont rencontré un fruit, chose qui vous a tiré de votre torpeur dogmatique et a pu révéler la nature de votre attente. La surprise nous montre que nous attendions autre chose que ce que nous avons eu, même si nous ignorions attendre quoi que ce soit.

La sensation de surprise s'accompagnant généralement de réactions observables et mesurables – haussement de sourcil, yeux écarquillés, bouche béante, exclamation –, les psychologues peuvent l'utiliser pour savoir à quel moment un cerveau « ensuite ». Exemple : quand des singes voient un chercheur faire rouler un ballon au bas d'un toboggan, ils regardent vite au bas de ce toboggan et attendent de voir reparaître le ballon. Quand une ruse du chercheur fait reparaître le ballon au bas d'un toboggan autre que celui d'où il a été lancé, les singes manifestent de la surprise, sans doute parce que leurs cerveaux étaient en train d'« ensuiter »[5]. Les bébés humains réagissent de façon similaire aux bizarreries de la physique : quand on montre à un bébé une vidéo dans laquelle un gros cube rouge vient tamponner un petit cube jaune, il réagit avec indifférence si le petit cube jaune valdingue tout de suite hors de l'écran. Mais il suffit que le petit cube jaune hésite une seconde ou deux à disparaître pour que le bébé fixe la scène comme s'il assistait au déraillement d'un train : cette disparition différée contrarie une prévision de son cerveau en train d'« ensuiter »[6]. Ce genre d'expériences nous apprend que le cerveau du singe « connaît » la pesanteur (un objet tombe de haut en bas, et pas latéralement) et que le cerveau du bébé « connaît » la cinétique (un objet en mouvement transmet de l'énergie à un objet immobile à l'instant précis où il entre en contact avec lui, et pas deux secondes plus tard). Plus important encore, ce genre d'expériences nous apprend que les cerveaux du singe et du bébé additionnent ce qu'ils savent déjà (le passé) à ce qu'ils voient (le présent) pour prévoir ce qui va arriver ensuite (l'avenir). Quand la chose qui arrive ensuite est différente de la chose prévue, le singe et le bébé éprouvent de la surprise.

Notre cerveau a été conçu pour « ensuiter », et c'est exactement ce qu'il fait. Quand on se promène sur la plage, il prévoit quelle sera la stabilité du sable au moment où on y posera le pied et ajuste en conséquence la tension du genou. Quand on saute pour attraper un Frisbee, il prévoit où sera le disque quand on rencontrera sa trajectoire et guide nos mains à cette hauteur. Quand on voit un crabe filer derrière un bout de bois, notre cerveau, prévoyant où et quand il va reparaître, dirige nos yeux à cet endroit. Ces prévisions s'effectuent avec une rapidité et une précision remarquables. Difficile d'imaginer ce que serait notre vie s'il ne les faisait plus, s'il nous laissait totalement « dans l'instant », incapables de passer à l'étape suivante. Mais, pour être étonnantes et omniprésentes, ces prévisions spontanées, continues et inconscientes ne sont pas non plus de celles qui ont permis à notre espèce de descendre des arbres pour enfiler un pantalon de smoking. En réalité, ces prévisions-là, une grenouille peut les faire sans jamais quitter sa feuille de nénuphar : il ne s'agit donc pas des prévisions dont parlait La Phrase. Non, le genre d'avenir que nous, les humains, fabriquons – et que nous sommes *seuls* à fabriquer – est d'une tout autre espèce.

Le singe qui regardait vers l'avenir

Les adultes adorent poser des questions idiotes aux enfants juste pour pouvoir glousser en écoutant les réponses idiotes qu'ils ne manquent pas de leur faire. Voici une de ces questions particulièrement idiotes : « Qu'est-ce que tu veux faire quand tu seras grand ? » Les plus jeunes restent perplexes. Et quand ils nous répondent, en général, ce sont des choses comme « marchand de barbe à papa » ou « escaladeur d'arbres ». Alors nous gloussons, car les chances pour que cet enfant devienne jamais marchand de barbe à papa ou expert en grimpette sont infinitésimales, et cela parce que ces métiers-là ne sont pas ceux que les enfants veulent exercer une fois qu'ils sont en âge de poser eux-mêmes les questions idiotes. Vous noterez toutefois que, s'ils répondent mal à la question posée, ils répondent bien à cette autre question : « Qu'est-ce que tu veux faire *maintenant* ? » Les jeunes enfants ne peuvent pas dire ce qu'ils veulent faire *plus tard* car ils ne comprennent pas vraiment ce que signifie *plus tard*[7]. Ainsi, en habiles politiciens, ils négligent la question qu'on leur pose pour répondre à celle dont ils ont la réponse. Les adultes sont encore meilleurs à ce jeu-là, bien sûr. Quand on demande à une trentenaire de Manhattan où elle pense prendre sa retraite, elle parle de Miami, de Phoenix ou de tout autre lieu de villégiature. Sans doute l'aime-t-elle aujourd'hui, sa vie de citadine pure et dure, mais elle peut imaginer que, dans quelques décennies, elle préférera les machines à sous et une assistance médicale rapide aux musées et aux laveurs de pare-brise qui la guettent aux feux rouges. Contrairement à l'enfant, qui pense les choses seulement comme elles sont, l'adulte, lui, peut les penser comme elles seront. Un jour, entre la chaise haute et la chaise roulante, nous apprenons ce que signifie *plus tard*[8].

Plus tard ! Voilà une idée étonnante, un concept puissant, une fabuleuse découverte. Comment les êtres humains ont-ils appris à visionner en avant-première, dans leur imagination, un enchaînement de faits non encore advenu ? Quel génie préhistorique a compris le premier qu'il suffisait, pour échapper à aujourd'hui, de fermer les yeux et de se transporter silencieusement vers demain ? Hélas, les grandes idées ne laissent aucun fossile à dater au carbone 14 : aussi l'histoire naturelle du *plus tard* est-elle à jamais perdue. Mais paléontologues et neuro-anatomistes affirment que ce rebondissement capital dans le feuilleton de l'évolution humaine s'est produit dans les trois derniers millions d'années, et assez soudainement. Le premier cerveau est apparu sur terre il y a cinq cents millions d'années environ ; il lui a fallu à peu près quatre cent trente millions d'années d'évolution tranquille pour devenir le cerveau des tout premiers primates, plus encore soixante-dix millions d'années pour devenir le cerveau des premiers protohumains. Là, il s'est passé quelque chose – personne ne sait quoi au juste : les hypothèses vont du rafraîchissement de la météo à l'invention de la cuisine. Toujours est-il que le cerveau « quasi humain » a subi une poussée de croissance sans précédent : il a plus que doublé de volume en à peine plus de deux millions d'années, passant du cerveau de sept cents grammes d'*Homo habilis* au cerveau de presque un kilo cinq d'*Homo sapiens*[9].

Maintenant, si vous faisiez une cure de mousse au chocolat et parveniez à doubler de volume en peu de temps, toutes les parties de votre corps ne profiteraient pas à parts égales des kilos gagnés. Votre ventre et vos fesses seraient sans doute les principaux bénéficiaires de la graisse fraîchement acquise, mais votre langue et vos orteils demeureraient sveltes et inchangés. Il en va de même pour le cerveau humain : sa croissance spectaculaire n'a pas démocratiquement doublé le volume de chacune de ses parties, et l'homme moderne ne se retrouve pas avec un cerveau tout neuf, à la structure identique à celle de l'ancien, mais plus gros. Non, la croissance s'est concentrée sur une partie bien précise du cerveau appelée lobe frontal, lequel, comme son nom l'indique, se situe sur le devant de la tête, pile au-dessus des yeux (voir figure 2). Les fronts bas et tombants de nos plus lointains ancêtres se sont étirés pour devenir les hauts fronts droits qui soutiennent nos chapeaux, et si la structure de notre tête s'est transformée, c'est pour s'adapter à cette brusque métamorphose des dimensions de notre cerveau. Mais que faisait donc ce nouvel attirail cérébral pour justifier pareille révision dans l'architecture du crâne humain ? Qu'avait-il de si particulier pour que la nature désire tant en donner un gros à chacun de nous ? Bref, à quoi sert un lobe frontal ?

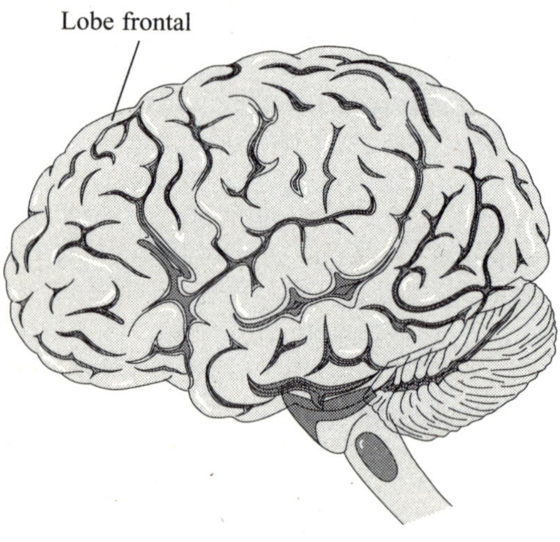

Fig. 2. Le lobe frontal est une adjonction récente au cerveau, qui nous permet d'imaginer l'avenir.

Il y a peu encore, les scientifiques pensaient qu'il ne servait pas à grand-chose, dans la mesure où les gens dont le lobe frontal était démoli semblaient fort bien s'en passer. Par une belle journée de l'automne 1848, Phineas Gage, contremaître dans la compagnie de chemin de fer Rutland, fit partir une petite explosion à ses pieds, projetant dans les airs une barre à mine de un mètre vingt, qu'il se débrouilla pour prendre en pleine figure. La barre pénétra juste sous la joue gauche pour ressortir par le haut du crâne, creusant un tunnel de part et d'autre de la boîte crânienne et emportant avec elle un gros bout du lobe frontal (voir figure 3). Phineas tomba par terre et resta sonné quelques minutes. Puis, à la surprise générale, il se releva et demanda si un de ses collègues ne pourrait pas l'accompagner chez le médecin, non sans insister sur le fait qu'il n'avait pas besoin d'un véhicule, il pouvait marcher, merci. Le médecin nettoya un peu la plaie, un collègue nettoya un peu de cervelle sur la barre et, au bout d'un laps de temps assez bref, Phineas et sa barre à mine se remettaient à l'ouvrage[10]. Incontestablement, la personnalité de Phineas se dégrada – et c'est ce qui a fait sa renommée à ce jour –, mais, le plus frappant, c'est à quel point il était *normal* par ailleurs. Si la barre avait transformé en saucisse une autre partie de son cerveau – le cortex visuel, la zone de Broca ou le tronc cérébral –, Phineas aurait pu mourir, perdre la vue, l'usage de la parole ou bien se livrer pour le restant de ses jours à une convaincante imitation des plantes potagères. Au lieu de quoi, pendant les douze années qui suivirent, il vécut, parla, vit, travailla et voyagea d'une façon si peu potagère que les neurologues ne purent que tirer la conclusion suivante : le lobe frontal faisait peu de choses dont on ne pût fort bien se passer[11]. Comme l'écrivit l'un d'eux en 1884 : « Depuis l'apparition du fameux cas américain de la barre à mine, on sait que la destruction de ce lobe ne provoque pas nécessairement de symptômes[12]. »

Mais le neurologue se trompait. Au dix-neuvième siècle, la connaissance des fonctions du cerveau se fondait surtout sur l'observation des malheureux qui, comme Phineas Gage, se retrouvaient cobayes d'une des malencontreuses expériences neurologiques de la nature. Au vingtième, certains chirurgiens reprirent là où la nature s'était arrêtée et entreprirent des expériences plus précises : les résultats obtenus donnèrent une tout autre image des fonctions du lobe frontal. Dans les années 1930, António Egas Moniz, un médecin portugais qui cherchait un moyen de calmer des patients psychotiques très agités, entendit parler d'une nouvelle procédure chirurgicale appelée loboto-

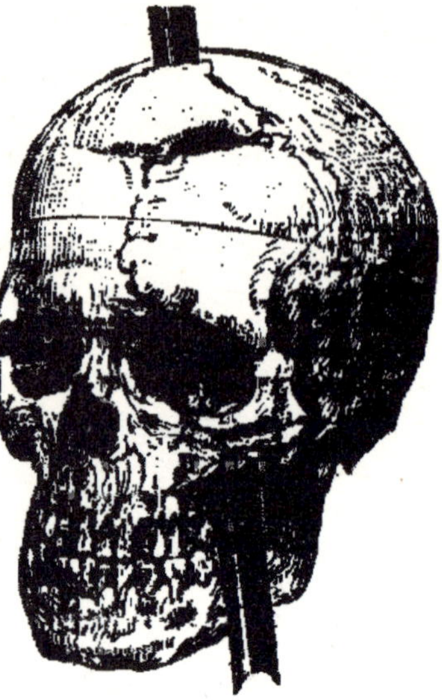

Fig. 3. Un des premiers croquis médicaux montrant où la barre à mine est entrée et sortie du crâne de Phineas Gage.

mie frontale : il s'agissait de détruire chimiquement ou mécaniquement certaines parties du lobe frontal. L'opération avait été pratiquée sur des singes ordinairement furibonds quand on leur subtilisait leur pitance, mais qui, après l'intervention, enduraient l'affront avec un flegme imperturbable. Egas Moniz tenta l'opération sur ses patients humains et lui découvrit les mêmes vertus lénifiantes. (Elle eut cette autre vertu lénifiante de lui valoir le Nobel de médecine en 1949.) Dans les décennies qui suivirent, on améliora la technique chirurgicale (l'opération pouvait se pratiquer sous anesthésie locale grâce à un petit pic à glace planté au-dessus du globe oculaire), et on limita les effets secondaires indésirables (diminution de l'intelligence, énurésie). La destruction d'une partie du lobe frontal devint la norme thérapeutique dans les cas d'anxiété et de dépression résistant aux autres thérapies[13]. Contrairement à ce que pensaient les médecins au siècle précédent, le lobe frontal changeait tout. Et ce qu'il changeait, c'était que certaines personnes semblaient se porter bien mieux sans.

Mais, si certains chirurgiens vantaient les avantages de la lobotomie frontale, d'autres en soulignaient les inconvénients. Certes, les patients lobotomisés obtenaient souvent de bons résultats aux tests d'intelligence habituels, tests de mémoire et autres du même acabit, mais ils témoignaient de sévères défaillances quand le test – même très simple – impliquait une projection dans l'avenir. Par exemple, face à un labyrinthe ou à une énigme dont la résolution exigeait d'envisager une série de mouvements, ces gens, par ailleurs intelligents, restaient démunis[14]. Et cette carence en matière de projection dans le temps ne se cantonnait pas au laboratoire : ces patients pouvaient fonctionner plutôt bien dans des situations ordinaires, ils buvaient leur thé sans en renverser et pouvaient parler décoration, mais il leur était impossible de dire ce qu'ils allaient faire dans l'après-midi. Récapitulant les connaissances sur le sujet, un éminent scientifique conclut : « Aucun symptôme frontal n'a été plus régulièrement signalé que l'incapacité de se projeter dans l'avenir… Le symptôme semble dû exclusivement à un dysfonctionnement du cortex préfrontal… [et] n'est associé à aucune lésion clinique d'une autre structure neuronale[15]. »

Ces deux observations – les lésions subies par certaines parties du lobe frontal peuvent avoir un effet lénifiant, mais aussi provoquer une incapacité de se projeter dans l'avenir – semblent converger vers un seul point. Quel lien conceptuel unit *l'anxiété* à *l'anticipation* ? L'une et l'autre sont, bien sûr, étroitement liées au fait de penser l'avenir. On est anxieux quand on s'attend à ce que se produise un événement négatif, et on anticipe en imaginant comment nos actes vont se dérouler dans le temps. Se projeter dans l'avenir suppose qu'on l'examine, et l'anxiété compte parmi les réactions possibles à cet examen[16]. Le fait qu'une lésion du lobe frontal affecte si précisément l'anxiété et la faculté d'anticipation laisse à penser qu'il constitue bien la pièce maîtresse du mécanisme cérébral, celle qui permet à des adultes humains modernes et normaux de se projeter dans l'avenir. Sans elle, nous sommes piégés dans l'instant, incapables d'imaginer demain et, de ce fait, très sereins quant à ce qu'il nous réserve. Les scientifiques l'admettent aujourd'hui : le lobe frontal « dote les adultes humains en bonne santé de la capacité de penser l'existence à long terme[17] ». De ce fait, ceux qui étudient les patients atteints d'une lésion du lobe frontal les décrivent comme « enchaînés aux stimuli présents[18] », ou « enfermés dans l'espace-temps immédiat[19] », ou encore comme ayant « tendance à la concrétude temporelle[20] ». Autrement dit, comme les futurs marchands de barbe à papa ou grimpeurs d'arbres, ils vivent dans un monde où *plus tard* n'existe pas.

Le triste cas du patient connu sous les initiales N. N. nous ouvre une fenêtre sur cet univers. N. N. fut victime d'un traumatisme crânien lors d'un accident de voiture, en 1981 ; il avait trente ans. Les tests révélèrent de sévères lésions du lobe frontal. Quelques années après l'accident, un psychologue interrogea N. N. et enregistra cette conversation :

« LE PSYCHOLOGUE : Qu'allez-vous faire demain ?

N. N. : Je ne sais pas.

LE PSYCHOLOGUE : Vous rappelez-vous ma question ?

N. N. : Sur ce que je vais faire demain ?

LE PSYCHOLOGUE : Oui, voulez-vous me décrire votre état d'esprit quand vous essayez d'y penser ?

N. N. : Vide, j'imagine... C'est comme dormir... comme si vous étiez dans une pièce vide et qu'un gars vous demande d'y chercher une chaise, alors qu'il n'y a rien... comme nager au milieu d'un lac. Il n'y a rien où se tenir, rien dont on puisse faire quelque chose[21]. »

Cette impuissance de N. N. à penser son avenir est caractéristique des patients ayant subi des lésions du lobe frontal. Pour N. N., demain sera toujours une pièce vide, et, en essayant d'envisager le *plus tard*, il se sentira toujours comme nous quand nous nous efforçons d'imaginer le néant ou l'infini. Pourtant, si vous aviez engagé la conversation avec N. N. dans le métro ou dans la queue au bureau de poste, vous n'auriez pas su qu'il lui manquait cette chose si fondamentalement humaine. Après tout, il comprend *le temps* et *l'avenir* en tant qu'abstractions. Il sait ce que sont les heures et les minutes, combien il y a de minutes dans une heure, et ce que signifient les mots *avant* et *après*. Comme le rapporta le psychologue qui l'interrogea : « Il sait beaucoup de choses sur le monde, il est conscient de ce qu'il sait et peut l'exprimer avec aisance. En ce sens, il n'est pas très différent d'un adulte normal. Mais il semble incapable d'éprouver un temps subjectif prolongé... Il semble vivre dans un "présent permanent"[22]. »

Un présent permanent : voilà une expression obsédante. Qu'il doit être étrange, surréaliste, d'être condamné à perpétuité à la prison de l'instant, piégé à jamais dans le maintenant perpétuel, un monde sans fin, un temps sans plus tard. Il nous est si difficile d'imaginer pareille existence, elle est si étrangère à notre vécu, que nous sommes tentés de l'écarter comme un pur fruit du hasard : une aberration malheureuse, rare et insolite, due à un traumatisme crânien. En réalité, c'est cette étrange existence qui est la règle et *nous* qui sommes l'exception. Pendant les premières centaines de millions d'années qui ont suivi leur apparition, tous les cerveaux ont été figés dans le présent permanent ; la plupart le sont encore aujourd'hui. Mais ni le vôtre, ni le mien, car voici deux ou trois millions d'années, nos ancêtres se sont évadés de l'ici et du maintenant, et le véhicule qui a servi à leur cavale fut une masse de tissu gris très spécialisée, fragile, fripée et surajoutée. Ce lobe frontal – le dernier morceau du cerveau humain à évoluer, le plus lent à mûrir et le premier à se détériorer avec l'âge – est une machine à explorer le temps qui permet à chacun de nous de quitter le présent pour vivre l'avenir avant qu'il soit là. Aucun autre animal n'a un lobe frontal semblable au nôtre, c'est pourquoi nous sommes le seul animal à penser l'avenir comme nous le faisons. Mais, si l'histoire du lobe frontal nous dit *comment* nous faisons apparaître nos lendemains imaginaires, elle ne nous dit pas *pourquoi*.

Déjouer le sort

À la fin des années 1960, un professeur de psychologie de Harvard prit du LSD, démissionna de son poste (non sans y avoir été encouragé par l'administration), se rendit en Inde, rencontra un gourou et rentra pour écrire un best-seller intitulé *Be Here Now* (*Vivez l'instant présent*), dont le message central se résumait en gros à l'injonction contenue dans le titre[23]. La clef du bonheur, de l'épanouissement et de la lumière, argumentait l'ex-professeur, c'était d'arrêter de penser à l'avenir.

Bien. Maintenant, pourquoi un gars irait-il jusqu'en Inde et dépenserait-il son temps, son argent et sa cervelle juste pour apprendre à ne pas penser à l'avenir ? Parce que, comme le sait quiconque a jamais tenté de se mettre à la méditation, ne pas penser à l'avenir est un défi beaucoup plus difficile à relever qu'enseigner la psychologie. Pour ne pas penser à l'avenir, il nous faut convaincre notre lobe frontal de ne pas faire ce pour quoi il a été conçu et, comme un cœur auquel on dirait de ne pas battre, notre lobe frontal renâcle. Contrairement à N. N., la grande majorité d'entre nous n'a aucun mal à penser à l'avenir car les simulations mentales du futur viennent à notre conscience régulièrement, spontanément ; elles occupent chaque recoin de notre vie psychique. Quand on demande aux gens s'ils pensent plus au passé, au présent ou à l'avenir, ils répondent : à l'avenir[24]. Quand des chercheurs *recensent* effectivement les thèmes en suspens dans le flux de conscience d'un individu moyen, ils s'aperçoivent qu'environ douze pour cent de nos pensées quotidiennes sont en rapport avec l'avenir[25]. En d'autres termes, sur huit heures de réflexion, nous en consacrons une à penser à des choses qui ne sont pas encore arrivées. Si vous résidiez une heure sur huit dans l'État où j'habite, on vous ferait payer des impôts, autant dire que, d'une manière très réelle, nous sommes tous les résidents à temps partiel du lendemain.

Pourquoi sommes-nous incapables de vivre le seul instant présent ? Comment se fait-il que nous soyons inaptes à une chose que notre poisson rouge trouve si simple ? Pourquoi notre cerveau s'obstine-t-il à nous projeter dans l'avenir, alors qu'il y a tant à penser ici et maintenant ?

Prospective et émotion

La première réponse qui vient à l'esprit, c'est que penser à l'avenir peut être agréable. Nous rêvons d'écraser notre chef de service au ping-pong pendant le pique-nique de la boîte, de poser avec le présentateur du loto et son chèque grand comme une porte, ou de faire un brin de cour à la séduisante guichetière de la banque, non parce que nous attendons, ni même souhaitons, que ces événements se produisent, mais parce que le seul fait d'en imaginer la possibilité est, en soi, source de plaisir. Des études scientifiques confirment ce que vous soupçonnez déjà sans doute : quand on rêve à l'avenir, on a tendance à s'imaginer touchant au but, en pleine réussite, et non en train d'échouer bêtement[26].

En fait, il peut être si plaisant de penser à l'avenir que, parfois, on préférerait s'en contenter au lieu de le vivre. On a annoncé aux volontaires d'une étude scientifique qu'ils avaient gagné un repas gratuit dans un fabuleux restaurant français, avant de leur demander quand ils aimeraient faire ce repas. Tout de suite ? Ce soir ? Demain ? Les délices promises avaient beau être évidentes et fort alléchantes, la plupart des sujets ont choisi de légèrement différer leur repas et de le reporter à la semaine suivante[27]. Pourquoi s'imposer ce délai ? Parce que, en patientant une semaine, ces personnes n'allaient pas seulement passer deux heures à avaler des huîtres et à siroter un saint-émilion grand cru, elles allaient aussi se réjouir des huîtres et du grand cru pendant les sept jours précédents. Anticiper le plaisir est une technique inventive qui permet d'obtenir deux fois plus de jus avec deux fois moins de fruits. En effet, certains événements sont plus agréables à imaginer qu'à vivre (on se rappelle tous cette nuit d'amour si désirée ou ce dessert atrocement riche qui nous ont convaincus de la supériorité du fantasme sur la réalité) ; dans ces cas-là, on peut aussi décider de différer éternellement. Exemple : dans le cadre d'une expérience, on a demandé aux volontaires de s'imaginer sollicitant un rendez-vous amoureux avec une personne pour qui ils en pinçaient sévèrement : eh bien, ceux qui avaient fantasmé les approches les plus raffinées, les plus délicieuses, étaient aussi *les moins susceptibles* de les mettre à exécution dans les prochains mois[28].

Nous aimons batifoler dans le meilleur lendemain imaginaire possible : pourquoi pas ? Après tout, si nous remplissons les albums de photos de fêtes d'anniversaire et de vacances sous les tropiques et pas d'épaves de voitures et de brancards, c'est parce que nous voulons être heureux quand nous revenons faire un tour du côté du passé. Pourquoi n'aurions-nous pas la même attitude lorsque nous partons pour le pays de l'imagination ? Seulement, si le fait d'imaginer un avenir radieux nous rend heureux, il peut aussi avoir de fâcheuses conséquences. La recherche a prouvé que plus un événement est facile à imaginer, plus nous surestimons nos chances de le voir se produire réellement[29]. Étant entraînés à imaginer les événements positifs plus facilement que les négatifs, nous avons tendance à surestimer les chances que les positifs nous arrivent, ce qui nous amène à une vision de l'avenir d'un optimisme irréaliste.

Les étudiants américains s'attendent à vivre plus vieux, à rester mariés plus longtemps et à se rendre en Europe plus souvent que la moyenne[30]. Ils se croient susceptibles d'avoir un enfant surdoué, d'être propriétaires de leur logement et de lire leur nom dans les journaux, plus que d'avoir une crise cardiaque, une maladie vénérienne, un problème d'alcoolisme, un accident de voiture, une fracture ou une gingivite. Les Américains de tous âges attendent de leur avenir qu'il améliore leur présent[31]. Et, si les ressortissants des autres pays ne sont pas aussi optimistes que les Américains, ils ont aussi tendance à s'imaginer un avenir plus brillant que celui de leurs pairs[32]. Cet excès d'optimisme ne se laisse pas facilement démonter : quand ils ont vécu un tremblement de terre, les gens envisagent avec un réalisme très passager la possibilité de mourir dans une catastrophe future, mais il suffit d'une quinzaine de jours pour que ces survivants recouvrent leur optimisme originel[33]. En effet, les événements qui défient notre optimisme peuvent parfois nous rendre *plus optimistes*, et pas *moins optimistes*. Une étude a révélé que certains patients atteints d'un cancer étaient plus optimistes sur leur avenir que des personnes en bonne santé[34].

Bien sûr, l'avenir que notre cerveau s'obstine à simuler n'est pas que grands crus, baisers et savoureux fruits de mer. Il est souvent trivial, exaspérant, stupide, rebutant ou franchement atroce. Ceux qui se font soigner parce qu'ils n'arrivent pas à cesser d'y penser *se soucient* de l'avenir plus qu'ils ne s'en réjouissent. Tout comme une dent qui bouge appelle irrésistiblement la langue, une étrange perversion nous oblige à imaginer parfois catastrophes et tragédies. En route pour l'aéroport, on imagine un scénario dans lequel l'avion décolle sans nous et nous fait manquer un rendez-vous capital avec un client. En allant dîner en ville, on imagine un scénario dans lequel tout le monde tend une bouteille à la maîtresse de maison, alors que, mortifié, on arrive les mains vides. Sur le chemin du cabinet médical, on imagine un scénario dans lequel le toubib examine notre radio des poumons, fronce les sourcils et prononce une phrase lourde de sens, du genre : « Vous avez de la famille ? » Ces images sinistres nous remplissent d'épouvante, alors pourquoi nous donnons-nous tant de mal à les fabriquer ?

Il y a deux raisons à cela. La première, c'est qu'anticiper des événements fâcheux peut minimiser leur impact. Exemple : on a fait subir aux volontaires d'une expérience une série de vingt électrochocs, en les avertissant trois secondes avant chaque décharge[35]. Certains (le groupe à haut voltage) recevaient vingt décharges de forte intensité à la cheville droite. D'autres (le groupe à faible voltage) recevaient trois décharges de forte intensité, plus dix-sept autres de faible intensité. Les membres du groupe à faible voltage recevaient moins de courant que les autres, pourtant leurs cœurs battaient plus vite, ils transpiraient davantage et se disaient plus effrayés. Pourquoi ? Parce que ce groupe recevait des décharges d'intensités différentes à des moments différents, ce qui rendait impossible toute anticipation. Apparemment, trois grosses décharges imprévisibles font plus mal que vingt grosses décharges prévisibles[36].

La seconde raison qui nous fait nous escrimer à imaginer des événements désagréables, c'est que la peur, l'inquiétude et l'angoisse jouent un rôle utile dans notre vie. Nous motivons nos employés, nos enfants, nos maris, nos femmes, nos chiens et nos chats à agir comme il faut en dramatisant les conséquences désastreuses qu'aurait tout manquement de leur part. C'est aussi comme cela que nous nous motivons nous-mêmes, en imaginant les lendemains regrettables qui nous attendent si nous décidons d'avoir la main lourde sur les éclairs au chocolat ou légère sur l'écran total. Les prévisions peuvent être des « trouilles-visions[37] » : dans ce cas, leur objet n'est pas tant de prévoir l'avenir que de l'empêcher. Certaines études ont montré que cette stratégie constitue souvent une incitation efficace à la prudence et à un comportement protecteur[38]. En un mot, il nous arrive d'imaginer un avenir sombre rien que pour nous flanquer la trouille.

Prospective et contrôle

La prospective peut apporter le plaisir et empêcher la peine : c'est l'une des raisons pour lesquelles notre cerveau s'obstine à pondre des pensées sur l'avenir. Mais ce n'est pas la plus importante. Les Américains dépensent gaiement des millions – voire des milliards – de dollars chaque année en médiums, conseillers en investissements, guides spirituels, météorologues et autres bonimenteurs soi-disant capables de prédire l'avenir. Ceux d'entre nous qui subventionnent ces industries de la divination ne souhaitent pas savoir ce qui risque de leur arriver pour le seul plaisir de l'anticipation. Non, ils veulent savoir ce qui risque de leur arriver pour pouvoir *y faire quelque chose*. Si les taux d'intérêt doivent s'envoler le mois prochain, autant changer tout de suite de placements. S'il doit pleuvoir cet après-midi, autant prendre un parapluie ce matin. Savoir c'est pouvoir, et si notre cerveau tient à simuler l'avenir, même quand on préférerait vivre l'instant présent et jouir d'une minute de poisson rouge, c'est qu'il veut *contrôler* les expériences que nous nous apprêtons à vivre.

Mais pourquoi vouloir contrôler nos expériences futures ? Au premier abord, la question semble aussi absurde que de se demander pourquoi on voudrait contrôler sa télé ou sa voiture. Je m'explique. Nous avons un lobe frontal pour pouvoir examiner l'avenir, nous examinons l'avenir pour pouvoir faire des prévisions, et nous faisons des prévisions pour pouvoir contrôler l'avenir – mais pourquoi ce désir de maîtrise ? Pourquoi ne pas tout bonnement laisser l'avenir venir et le vivre comme il sera ? Pourquoi ne pas vivre tout de suite *ici*, et plus tard *là-bas* ? Il existe deux réponses à cette question : l'une est étonnamment juste et l'autre étonnamment fausse.

La réponse étonnamment juste, c'est qu'il est gratifiant d'*exercer* un contrôle – pas seulement pour l'avenir qu'il nous procure, mais pour le fait même d'exercer ce contrôle. Être efficient – changer le cours des choses, l'influencer, faire que ces choses aient lieu – constitue, semble-t-il, l'un des besoins fondamentaux du cerveau humain. Dès la petite enfance, notre comportement n'exprime, en grande partie, que cette envie de contrôle[39]. Avant même que la toute première couche n'effleure notre postérieur, nous avons déjà le désir obsédant de téter, dormir, déféquer et faire que les choses arrivent. Si nous mettons un bout de temps à réaliser ce dernier point, c'est juste parce que nous mettons un bout de temps à comprendre que nous avons des doigts, mais une fois qu'on le sait, attention ! Les jeunes enfants hurlent de joie lorsqu'ils renversent une pile de cubes, poussent un ballon ou s'écrasent un gâteau sur le front. Pourquoi ? Parce qu'*ils l'ont fait*, voilà pourquoi. *Regarde, m'man, c'est ma main qui a fait ça. La pièce est différente parce que j'ai été dedans. J'ai pensé à des cubes qui tombent et, pouf, ils sont tombés. Bien joué, mon gars !*

Les humains viennent au monde avec une passion pour le contrôle, et le quittent avec la même passion. La recherche nous apprend que si, à un moment donné entre l'entrée et la sortie, ils perdent leur capacité de contrôle, ils deviennent malheureux, désemparés, désespérés, déprimés[40]. Et parfois… morts. Dans le cadre d'une étude, des chercheurs ont confié une plante aux pensionnaires de la maison de retraite du coin. Ils ont dit à la moitié des pensionnaires qu'ils étaient maîtres des soins à apporter à la plante (groupe à haut niveau de contrôle), et à l'autre moitié qu'un employé de la maison s'occuperait de la plante (groupe à faible niveau de contrôle)[41]. Six mois plus tard, trente pour cent des pensionnaires du groupe à faible niveau de contrôle étaient morts, contre quinze pour cent seulement dans le groupe à haut niveau de contrôle. Une autre étude, faisant suite à celle-ci, est venue confirmer l'importance du contrôle dans le bien-être des pensionnaires ; seulement elle a eu une fin triste et inattendue[42]. Les chercheurs se sont arrangés pour que des étudiants volontaires rendent régulièrement visite aux retraités. Les pensionnaires du groupe à haut niveau de contrôle maîtrisaient la date et la durée de visite de l'étudiant (« Merci de venir me voir jeudi prochain pendant une heure ») ; ceux du groupe à faible niveau ne les contrôlaient pas (« Je viendrai vous voir jeudi prochain pendant une heure »). Au bout de deux mois, les membres du groupe à haut niveau de contrôle étaient plus gais, en meilleure forme, plus actifs et prenaient moins de médicaments que les autres. À ce stade, les chercheurs ont bouclé leur étude et interrompu les visites des étudiants. Plusieurs mois après, ils ont eu la tristesse d'apprendre la mort d'un nombre anormal de pensionnaires du groupe à haut niveau de contrôle. Ce n'est qu'après coup que la cause de cette tragédie parut claire. Les retraités auxquels on avait donné le contrôle et qui en avaient tiré des bénéfices sensibles, en avaient été privés quand l'étude avait pris fin. À l'évidence, obtenir le contrôle de quelque chose peut avoir un impact positif sur la santé et le bien-être, mais le perdre peut être pire que ne l'avoir jamais eu.

Notre désir de contrôle est si puissant, et le sentiment qui l'accompagne si gratifiant, que nous agissons souvent comme si nous pouvions contrôler l'incontrôlable. Par exemple, on parie plus d'argent dans des jeux de hasard quand l'adversaire a l'air incompétent, comme si on pensait pouvoir contrôler le tirage aléatoire des cartes et profiter de la faiblesse de son rival[43]. On se sent plus sûr de gagner à une loterie si on peut contrôler le numéro figurant sur le billet[44], et on est plus confiant dans ses chances de voir sortir le bon chiffre aux dés si on peut les lancer soi-même[45]. On parie davantage sur des dés jamais lancés que sur des dés déjà lancés mais dont on ignore les résultats[46], et on mise plus si c'est soi-même, et pas un autre, qui décide du chiffre gagnant[47]. Dans tous ces cas, notre comportement serait absurde si nous pensions n'avoir aucun contrôle sur l'incontrôlable. Mais si, au fond de nous, nous croyions *pouvoir* exercer ne serait-ce que l'ombre d'un soupçon de contrôle, alors il serait parfaitement sensé. Or, au tréfonds, c'est bien ce que nous croyons, semble-t-il. Pourquoi ne prend-on pas de plaisir à regarder la cassette du match d'hier, même quand on ne sait pas qui a gagné ? Parce que, si la rencontre a déjà eu lieu, il n'y a plus aucune chance pour que, traversant la télé, nos encouragements circulent dans les câbles, trouvent le chemin du stade et aillent influencer la trajectoire du ballon vers les buts ! Le plus étrange avec cette illusion de contrôle n'est pas tant l'illusion elle-même, mais qu'elle procure apparemment les mêmes bénéfices psychologiques que le contrôle réel. En fait, les seules personnes insensibles à cette illusion sont les gens cliniquement déprimés[48], car ils évaluent généralement avec précision leur degré de contrôle dans la plupart des situations[49]. Ces études scientifiques, et bien d'autres, ont amené certains chercheurs à cette conclusion : le sentiment de contrôle – qu'il soit réel ou illusoire – est un facteur de santé mentale[50]. Donc, si la question est « pourquoi vouloir contrôler l'avenir ? », voici la réponse étonnamment juste : parce que ça nous fait du bien, un point c'est tout. Avoir de l'influence est un sentiment gratifiant. Compter pour quelque chose rend heureux. Gouverner son navire sur la rivière du temps est source de plaisir, quelles que soient les escales.

À ce stade, sans doute vous dites-vous deux choses. Premièrement, si vous n'entendiez plus jamais l'expression « la rivière du temps », vous n'en feriez pas une maladie. Soit. Deuxièmement, si gouverner un bateau métaphorique sur le cliché d'une rivière est source de plaisir et de bien-être, c'est la *destination* de l'embarcation qui compte, et beaucoup. Jouer les capitaines est certes une joie en soi, mais la vraie raison qui nous fait tenir la barre, c'est de pouvoir cingler sur Hawaii plutôt que sur un port industriel. La nature de l'endroit détermine nos émotions au débarquement, et cette exclusivité humaine qui nous permet de penser l'avenir nous permet aussi de choisir les meilleures destinations et d'éviter les pires. Nous sommes les singes qui ont appris à regarder vers l'avenir. Aussi pouvons-nous faire notre marché parmi les multiples destins susceptibles de nous échoir et sélectionner le meilleur. Les autres animaux doivent *vivre l'expérience* d'un événement pour en apprendre les plaisirs et les peines, mais nous, grâce à notre pouvoir de prévision, nous pouvons imaginer ce qui n'est pas encore arrivé et nous épargner les rudes leçons de l'expérience. Nul besoin de toucher la braise pour savoir qu'elle va brûler, et nul besoin de vivre l'abandon, le mépris, la dépossession, la relégation, la maladie ou le divorce pour savoir que toutes ces fins sont indésirables et qu'il faut s'efforcer de les éviter. On veut – il *faut* vouloir – contrôler la route du bateau car certains avenirs sont meilleurs que d'autres. Et même de loin, on devrait être capable de savoir lesquels.

Voilà une idée d'une évidence si criante qu'il semble à peine utile d'en parler. Je vais en parler tout de même. De fait, je vais passer le reste de ce livre à en parler, et il faudra sans doute en parler plusieurs fois avant de vous convaincre que cette apparente évidence est, en réalité, la réponse étonnamment fausse à notre question. On tient à gouverner le bateau parce qu'on pense savoir pertinemment où il faut aller. La vérité, c'est que beaucoup de nos efforts de pilotage ne servent à rien – non parce que le bateau risque de ne pas répondre, non parce que nous risquons de ne pas trouver le port, mais bien parce que l'avenir est fondamentalement différent de ce à quoi il ressemble dans l'aveniroscope. Si nous sommes sujets aux illusions de la vision (« Bizarre, cette ligne a l'air plus longue que l'autre, pourtant elle ne l'est pas »), si nous sommes sujets aux illusions de la « rétro-vision » (« Bizarre, je n'arrive pas à me rappeler avoir sorti la poubelle, pourtant je l'ai fait »), nous sommes aussi sujets aux illusions de la prévision. Et ces trois espèces d'illusions trouvent leur explication dans les mêmes principes élémentaires de psychologie humaine.

À venir

Pour tout vous dire, je ne vais pas me contenter de *parler* de la réponse étonnamment fausse : je vais la pilonner, la marteler jusqu'à ce que, de guerre lasse, elle débarrasse le plancher. Elle tombe tellement sous le sens, fait l'objet d'une croyance si répandue, que seule une raclée prolongée peut nourrir l'espoir de la rayer de notre carte mentale. Alors, avant règlement de comptes à OK Corral, laissez-moi vous donner mon plan d'attaque.

- Dans la deuxième partie, « Subjectivité », je vais vous parler de la science du bonheur. Nous tenons la barre vers un avenir qui, pensons-nous, fera notre bonheur, mais quelle est au juste la signification de ce mot ? Et comment espérer obtenir des réponses solides, scientifiques, à des questions portant sur une chose aussi impalpable ?
- On se sert de nos yeux pour voir dans l'espace et de notre imagination pour voir dans le temps. Or, de même que nos yeux nous font parfois voir les choses comme elles ne sont pas, notre imagination les prévoit comme elles ne seront pas. L'imagination a trois points faibles : ce sont eux qui provoquent les illusions de la prévision au cœur de cet ouvrage. Dans la troisième partie, « Réalisme », je vous parlerai de la première faiblesse de l'imagination : elle travaille si vite, si discrètement et si efficacement, qu'on ne doute pas assez de ses créations.
- Dans la quatrième partie, « Présentisme », j'évoquerai son deuxième point faible : les fruits de l'imagination manquent… d'imagination. C'est pourquoi l'avenir que nous imaginons ressemble souvent beaucoup au présent que nous vivons.
- Dans la cinquième partie, « Rationalisation », nous aborderons le troisième point faible : l'imagination ne nous dit pas *comment nous penserons l'avenir* une fois que nous y serons. Si on a du mal à prévoir les événements futurs, on en a encore davantage à prévoir le regard qu'on portera sur eux quand ils se produiront.

• Enfin, dans la sixième partie intitulée « Correctibilité », je vous dirai pourquoi l'expérience personnelle ou la sagesse de nos grands-mères ne suffisent pas à corriger les illusions de la prévision. Je conclurai en vous donnant un antidote très simple contre ces illusions – un antidote qu'à coup sûr ou presque vous refuserez.

Il me reste à espérer que, au terme de votre lecture, vous aurez compris pour quelle raison on passe sa vie à tenir la barre et à hisser les voiles juste pour apprendre que le paradis n'est ni ce qu'on attendait, ni où on le pensait.

Deuxième partie

SUBJECTIVITÉ

Subjectivité (sub-jek-ti-vi-té)
Le fait qu'une expérience ne soit observable que par celui qui la fait.

2

VU DE L'INTÉRIEUR

« Oh, qu'il est amer de regarder le bonheur
Par les yeux d'autrui ! »
SHAKESPEARE, *Comme il vous plaira*

Lori et Reba Schappell ont beau être jumelles, ce sont deux personnes très différentes. Reba est une jeune femme un peu timide, qui ne boit pas d'alcool, a enregistré un album de musique country et remporté un prix. Lori, elle, aime sortir, balancer des vannes, raffole des daiquiris à la fraise, travaille dans un hôpital, et veut se marier et avoir des enfants. Comme à toutes les sœurs, il leur arrive de se chamailler, mais le plus souvent elles s'entendent bien, se complimentent, se taquinent et terminent mutuellement leurs phrases. En fait, il y a juste deux choses insolites chez Lori et Reba. La première, c'est qu'elles ont en commun la vascularisation, une partie du crâne et un peu du tissu cérébral, puisque, depuis leur naissance, elles sont attachées par le front. Un côté du front de Lori est relié à un côté du front de Reba ; elles ont passé chaque minute emboîtées face à face. Seconde chose insolite : elles sont heureuses – pas juste résignées ou satisfaites, mais gaies, enjouées et optimistes [1]. Leur vie est un défi permanent, bien sûr, mais, comme elles le disent souvent : n'est-ce pas le cas pour tout le monde ? Quand on leur parle de séparation chirurgicale, Reba répond pour les deux : « Pour nous, c'est non, un non franc et massif. Pourquoi ? Au nom du ciel, pourquoi ? Ce serait anéantir deux vies d'un coup [2]. »

Maintenant, voici ma question : s'il s'agissait de votre existence, et non de la leur, comment vous sentiriez-vous, *vous* ? Si vous me répondez « gai, enjoué et optimiste », vous ne jouez pas franc jeu, alors je vous donne une seconde chance. Oubliez la bienséance et essayez d'être honnête. La réponse sincère est la suivante : « Je serais abattu, déprimé, désespéré. » En effet, il est clair qu'aucune personne de bon sens ne pourrait *vraiment* être heureuse dans ces conditions. C'est pourquoi la médecine admet généralement qu'il faut séparer les siamois à la naissance, au risque d'en tuer un, voire les deux. Une éminente historienne de la médecine l'a écrit : « Beaucoup de non-siamois, des chirurgiens surtout, trouvent inconcevable que la vie vaille d'être vécue quand on est siamois, inconcevable qu'on ne veuille pas tout risquer – la mobilité, la capacité d'enfanter, la vie de l'un ou des deux jumeaux – pour tenter une séparation[3]. » En d'autres termes, non seulement tout le monde sait que les siamois seront beaucoup moins heureux que des gens normaux, mais tout le monde sait aussi que des vies siamoises valent si peu la peine d'être vécues qu'une chirurgie séparatrice dangereuse devient un impératif éthique. Et pourtant, voilà que les siamoises elles-mêmes s'élèvent contre nos certitudes. Lorsqu'on demande à Lori et à Reba comment elles vivent leur situation, elles répondent qu'elles n'en changeraient pour rien au monde. Des recherches exhaustives dans toute la littérature médicale ont amené la même historienne à cette découverte : « Le désir de rester ensemble est si répandu chez les siamois qu'il est pratiquement universel[4]. » Encore un truc qui ne tourne pas rond. Mais lequel ?

Il n'y a, semble-t-il, que deux hypothèses : soit Lori et Reba se font une fausse idée du bonheur, soit les autres se font une fausse idée du bonheur. Or, les autres, c'est nous. Il est donc bien naturel que nous retenions plutôt la première hypothèse et balayions les allégations des jumelles avec désinvolture : « Oh, elles disent ça comme ça », « elles croient être heureuses, mais elles ne le sont pas », « elles ne savent pas ce qu'est vraiment le bonheur » (comme si nous, nous le savions). Soit. Mais à l'instar des propos des jumelles, ces phrases sont elles aussi des allégations – allégations scientifiques, allégations philosophiques – et elles supposent d'avoir les réponses à des questions qui ont tracassé scientifiques et philosophes pendant des millénaires. Alors, quand nous formulons pareilles allégations sur le bonheur, *de quoi parlons-nous au juste* ?

Danser sur l'architecture

Il existe des milliers de livres sur le bonheur, et la plupart commencent en posant la question de ce qu'il est *véritablement*. Les lecteurs s'en aperçoivent vite : cela revient à peu près à entamer un chemin de croix en fonçant sur la première station disponible, car le bonheur n'est *véritablement* ni plus ni moins qu'un mot que nous employons, nous, faiseurs de mots, pour désigner tout et n'importe quoi. Le problème, c'est qu'on se contente de cet unique mot pour désigner une foule de choses différentes, d'où un monstrueux marigot terminologique qui a fait le lit de nombreuses et brillantes carrières universitaires. En barbotant assez longtemps dans ce marigot, on finit par constater que les divergences sur la *nature véritable* du bonheur sont souvent d'ordre sémantique (doit-on employer le mot pour désigner *ceci* ou *cela* ?), et non scientifique ou philosophique (qu'est-ce que *ceci* et *cela* ?). Mais quels sont les *ceci* et *cela* auxquels renvoie le mot *bonheur* ? Eh bien, on emploie le mot *bonheur* pour désigner au moins trois notions voisines, que l'on pourrait appeler en gros : *bonheur émotionnel*, *bonheur moral* et *bonheur estimatif*.

Être heureux

Le bonheur émotionnel est le plus basique du trio – si basique, en réalité, que nous restons sans voix quand on nous demande de le définir, comme si un sale gosse venait de nous mettre au défi de lui dire ce que signifie l'article *le* (apportant dans la foulée un argument décisif en faveur des châtiments corporels). La locution « bonheur émotionnel » exprime une *sensation*, une *expérience*, un *état subjectif* ; elle n'a, de ce fait, aucun référent objectif dans le monde physique. Si, au bistrot du coin, vous tombiez sur un alien vous demandant de définir cette sensation, vous pourriez soit lui montrer des choses censées procurer du bonheur, soit évoquer des sensations similaires. En réalité, c'est tout ce qu'il est *possible* de faire quand on doit définir une expérience subjective.

Prenez la définition d'une expérience subjective très simple : le jaune, par exemple. Vous pensez peut-être que le jaune est une couleur : faux. Le jaune est un état psychologique. Il est ce dont les humains dotés d'un équipement visuel en état de marche font *l'expérience* quand une lumière d'une longueur d'ondes de cinq cent quatre-vingts nanomètres vient impressionner leur œil. Si votre ami alien, au bistrot, vous demande de définir votre expérience quand vous affirmez *voir du jaune*, vous commencez sans doute par lui montrer l'annuaire des professionnels, un citron ou un canari, en lui disant : « Tu vois toutes ces choses ? Le point commun entre les expériences visuelles que tu as en les regardant s'appelle *le jaune*. » Ou bien vous tentez de définir l'expérience appelée *jaune* en faisant référence à d'autres expériences : « Le jaune ? Eh bien, c'est un peu comme l'expérience de l'orange, mais avec un peu moins d'expérience du rouge. » Si l'alien vous répond qu'il ne voit toujours pas ce que le canari, le citron et le bottin ont en commun, et qu'il n'a aucune expérience ni de l'orange ni du rouge, le moment est venu de lui payer une bière et de changer de sujet pour passer au foot, un sujet universel celui-là, car il n'existe aucun autre moyen de définir le jaune. Les philosophes aiment à dire des états subjectifs qu'ils sont « irréductibles », à savoir que nous ne pouvons rien désigner, rien comparer et rien dire de leurs fondements neurologiques qui puisse se substituer à l'expérience elle-même[5]. Le musicien Frank Zappa a dit, paraît-il : « Écrire sur la musique, c'est comme danser sur l'architecture » ; eh bien, parler sur le jaune, c'est aussi comme danser sur l'architecture. Si votre nouveau pote de comptoir n'est pas équipé pour la vision en couleurs, vous aurez beau lui montrer, lui raconter, il ne partagera jamais votre expérience du jaune – ou ne saura jamais qu'il la partage[6].

Il en va de même du bonheur émotionnel. Il est cette sensation commune à toutes celles qu'on éprouve en voyant pour la première fois sourire notre petite-fille, en obtenant une promotion, en aidant un touriste à trouver un musée, en mangeant un chocolat belge, en respirant le shampooing de l'être aimé, en entendant cette chanson qui nous plaisait tant au lycée mais qu'on n'avait plus écoutée depuis des années, en caressant un chaton, en guérissant d'un cancer ou en se mettant de la cocaïne plein le pif. Toutes ces émotions sont différentes, bien sûr, mais toutes ont aussi quelque chose en commun. Une propriété immobilière n'est pas la même chose qu'une action, laquelle n'est pas la même chose qu'une once d'or, mais toutes sont des formes de *richesse* situées à différents degrés sur une échelle des *valeurs*. De même, l'expérience de la cocaïne n'est pas l'expérience de la fourrure du chaton, qui n'est pas non plus l'expérience d'une promotion, mais toutes sont des formes de *sensations* situées à différents degrés sur une échelle de *bonheur*. Dans chacun de ces exemples, la rencontre avec une chose génère à peu près le même schéma d'activité neuronale[7]. Il est donc logique que toutes ces *expériences* aient quelque chose en commun : une cohérence conceptuelle qui, de tout temps, a amené les humains à réunir ce mélange dans la même catégorie linguistique. Quand des chercheurs analysent les liens qui unissent entre eux tous les mots d'une langue, ils découvrent immanquablement que la positivité des mots – c'est-à-dire s'ils renvoient à une expérience de bonheur ou de malheur – en est le principal déterminant[8]. Tolstoï a beau faire, pour la plupart des locuteurs, le mot *guerre* est plus étroitement lié au mot *vomi* qu'au mot *paix*.

Dès lors, le bonheur est une sensation dont on parle sur le mode du « tu-vois-ce-que-je-veux-dire ». Si vous êtes un être humain de ce siècle et partageant tout ou partie de mon conditionnement culturel, mes indications et comparaisons auront été efficaces, et vous savez maintenant *exactement* de quelle sensation je parle. En revanche, si vous êtes un alien qui continue de batailler avec le jaune, pour la définition du bonheur, c'est pas gagné. Mais ne vous frappez pas : j'aurais du mal, moi aussi, si vous me disiez que, sur votre planète, il existe une sensation commune au fait de diviser les nombres par trois, se taper doucement la tête contre un bouton de porte et projeter de l'azote en cadence par tous les orifices n'importe quel jour sauf le mardi. Je n'aurais aucune idée de ce que peut bien être cette sensation, je ne pourrais qu'en apprendre le nom et espérer le placer poliment dans la conversation. Le bonheur émotionnel étant une expérience, on ne peut le définir qu'approximativement par ses antécédents et par sa relation à d'autres expériences[9]. Le poète Alexander Pope a consacré environ un quart de son *Essai sur l'homme* au thème du bonheur et a conclu par cette question : « Ceux qui le définissent disent-ils autre chose que ceci : le bonheur est le bonheur[10] ? »

Si le bonheur émotionnel résiste à la description, quand on l'éprouve, on n'a de doute ni sur sa réalité, ni sur son importance. Quiconque a observé plus de trente secondes d'affilée le comportement humain aura remarqué que nous sommes fortement, voire viscéralement, peut-être même férocement motivés pour être heureux. S'il existe des humains préférant la peine à la joie, la frustration à la satisfaction et la douleur au plaisir, ils doivent être bons en camouflage, car personne ne les a encore jamais rencontrés. On veut être heureux, et toutes les autres choses qu'on désire ne sont que les moyens supposés d'y parvenir. Même quand on renonce au bonheur immédiat – en suivant un régime au lieu de se goinfrer, ou en travaillant tard au lieu d'aller se coucher –, on le fait pour augmenter la moisson de bonheur à venir. Dans le dictionnaire, « préférer », c'est « aimer mieux » : autant dire que la quête du bonheur est consubstantielle à la définition même du désir. En ce sens, une préférence pour le chagrin et la souffrance relève moins de la psychiatrie que de l'oxymore.

Si les psychologues mettent traditionnellement la quête du bonheur au centre de leurs théories du comportement, c'est parce que, dans le cas contraire, leurs théories marchent beaucoup moins bien. Comme l'a écrit Sigmund Freud :

> « La question du but de la vie humaine a été posée d'innombrables fois ; elle n'a jamais encore reçu de réponse satisfaisante. Peut-être n'en comporte-t-elle aucune. [...] Aussi nous faut-il remplacer la question précédente par cette autre, moins ambitieuse : quels sont les desseins et les objectifs vitaux trahis par la conduite des hommes ? que demandent-ils à la vie, et à quoi tendent-ils ? On n'a guère de chances de se tromper en répondant : ils tendent au bonheur ; les hommes veulent être heureux et le rester. Cette aspiration a deux faces, un but négatif et un but positif : d'un côté éviter douleur et privation de joie, de l'autre rechercher de fortes jouissances[11]. »

Freud a bien exprimé cette idée dont il fut le champion, mais pas le créateur : la même observation apparaît, sous des formes différentes, dans les théories psychologiques de Platon, Aristote, Hobbes, Mill, Bentham et bien d'autres. Le philosophe et mathématicien Blaise Pascal s'est montré particulièrement clair sur ce point :

> « Car tous les hommes désirent d'être heureux ; cela est sans exception. Quelque différents moyens qu'ils y emploient, ils tendent tous à ce but. Ce qui fait que l'un va à la guerre, et que l'autre n'y va pas, c'est ce même désir qui est dans tous les deux accompagné de différentes vues. La volonté ne fait jamais la moindre démarche que vers cet objet. C'est le motif de toutes les actions de tous les hommes, jusqu'à ceux qui se tuent et qui se pendent[12]. »

Être heureux parce que

Si tous les penseurs de tous les siècles ont admis cette quête du bonheur émotionnel, comment la signification du mot a-t-elle pu susciter pareille confusion ? Le problème, mais ce n'est pas le seul, est que, pour beaucoup, le désir de bonheur ressemble un peu au désir d'aller aux toilettes : une chose qu'on a tous, mais dont on ne tire aucune fierté particulière. Le genre de bonheur que nous avons en tête est simpliste et primitif : un « contentement bovin[13] » qui ne saurait fonder le sens d'une existence humaine. Le philosophe John Stuart Mill l'a écrit : « Il vaut mieux être un homme insatisfait qu'un porc satisfait ; il vaut mieux être Socrate insatisfait qu'un imbécile satisfait. Et si l'imbécile ou le porc sont d'un avis différent, c'est parce qu'ils ne connaissent qu'un côté de la question : le leur[14]. »

Un autre philosophe, Robert Nozick, a tenté d'illustrer la chose en décrivant une machine à réalité virtuelle qui permettrait de vivre l'expérience de son choix tout en se faisant commodément oublier[15]. Sa conclusion fut que personne ne choisirait de son plein gré de rester connecté à vie, car le bonheur vécu grâce à cette machine ne serait pas du bonheur. « Quelqu'un qui ressent une émotion due à des évaluations injustifiées et frelatées, nous serons peu disposés à le dire "heureux", et ce quel que soit le sentiment qu'il éprouve[16]. » Bref, si le bonheur émotionnel est bon pour les cochons, il est un objectif indigne de créatures aussi sophistiquées et capables que nous.

Maintenant, songeons un instant à la position délicate dans laquelle se trouve quelqu'un soutenant ce point de vue, et voyons comment il va pouvoir s'en sortir. Si on considère comme stupide de n'avoir dans la vie aucun but plus consistant et riche de sens qu'une *sensation*, tout en admettant que les gens passent leur temps à chercher le bonheur, que peut-on être tenté de conclure ? Bingo ! On peut être tenté de conclure que le mot *bonheur* désigne moins une sensation agréable qu'une sensation agréable très *particulière* ne pouvant être obtenue que par des moyens très particuliers. Par exemple, en menant une existence correcte, morale, pleine de sens, profonde, riche, socratique, antiporcine. Voilà une sensation pour laquelle on n'aurait pas honte de se battre. En fait, les Grecs avaient un mot pour désigner ce genre de bonheur : l'*eudaimonia*, qui se traduit littéralement par « bon esprit », mais qui, dans l'idée, est sans doute plus proche d'« épanouissement humain » ou de « vie bien vécue ». Pour Socrate, Platon, Aristote,

Cicéron, et même Épicure (associé d'ordinaire au bonheur porcin), on ne pouvait atteindre ce genre de bonheur qu'en accomplissant vertueusement son devoir, la signification précise de ce *vertueusement* étant affaire d'appréciation pour chaque philosophe. Pour le législateur athénien Solon, on ne pouvait dire d'une personne qu'elle avait été heureuse qu'au terme de son existence, car le bonheur était le résultat d'une vie dans laquelle on s'était montré à la hauteur de ses potentialités – or, comment en juger avant de connaître la fin ? Quelques siècles plus tard, les théologiens chrétiens donnèrent un tour génial à cette idée classique : le bonheur n'était pas juste le *résultat* d'une vie vertueuse, mais sa *récompense*, et cette récompense, il ne fallait pas forcément l'attendre en ce monde [17].

Pendant deux mille ans, les philosophes se sont cru obligés d'assimiler le bonheur à la vertu parce que tel est le genre de bonheur que, selon eux, nous *devrions* vouloir. Peut-être ont-ils raison. Mais, si la vertu est une cause de bonheur, elle n'est pas le bonheur même : inutile de brouiller le débat en baptisant du même vocable la cause et la conséquence. Je peux créer de la douleur en vous piquant le doigt avec une épingle ou en stimulant électriquement tel point particulier de votre cerveau : les deux douleurs seront des sensations *identiques*, mais produites par des moyens différents. Il n'avancerait à rien d'appeler la première *vraie douleur* et la seconde *fausse douleur*. Une douleur est une douleur, quelle qu'en soit la cause. Cet amalgame des causes et des conséquences a contraint les philosophes à de tortueuses justifications visant à défendre des allégations vraiment ahurissantes. Exemples : le criminel de guerre nazi se prélassant sur une plage en Argentine n'est pas véritablement heureux, mais le pieux missionnaire bouffé tout cru par des cannibales, oui. « Jusque dans les supplices, le bonheur ne faillira pas [18] », écrivait Cicéron au premier siècle avant Jésus-Christ. On peut admirer l'audace de la déclaration, mais elle ne reflète sans doute pas l'opinion du missionnaire recruté pour servir de hors-d'œuvre.

Bonheur est le mot que nous employons généralement pour désigner une expérience, et non ce qui la provoque. « Après une journée passée à trucider ses parents, Frank était heureux. » Cette phrase a-t-elle un sens ? Oui, elle en a un. Nous espérons que ce gars n'a jamais existé, mais la phrase est grammaticalement correcte et facile à comprendre. Frank est un malade, mais s'il dit qu'il est heureux et s'il a l'air de l'être, existe-t-il une raison de principe pour que nous en doutions ? « Sue était heureuse d'être dans le coma. » Cette phrase a-t-elle un sens ? Non, bien sûr que non. Si Sue est inconsciente, elle ne peut pas être heureuse, quel que soit le nombre de BA qu'elle a faites avant l'accident. « L'ordinateur respectait chacun des Dix Commandements et était heureux comme une bernicle. » Et cette phrase-là, a-t-elle un sens ? Désolé, mais non, toujours pas. Il est peu probable que les bernicles puissent être heureuses, car il est peu probable que les bernicles soient capables d'un ressenti. On peut peut-être trouver un état qui ressemble à celui de la bernicle, mais rien qui ressemble à ce que c'est qu'être un ordinateur. L'ordinateur ne peut pas être heureux, même s'il n'a pas convoité la femme de son voisin[19]. Le bonheur touche à des sensations, la vertu à des actes, des actes qui peuvent provoquer ces sensations. Mais pas obligatoirement… et pas exclusivement.

Être heureux de…

La sensation « tu-vois-ce-que-je-veux-dire » est ce à quoi on fait référence quand on emploie le mot *bonheur*, mais pas seulement. Si les philosophes ont confondu le sens moral et le sens émotionnel du mot, les psychologues, eux, ont mis tout autant d'application à confondre son sens émotionnel et son sens estimatif. Par exemple, si quelqu'un dit : « Somme toute, je suis heureux de la façon dont ma vie se déroule », les psychologues sont généralement disposés à admettre que ce quelqu'un est heureux. Le problème, c'est qu'on utilise parfois le mot *heureux* pour exprimer une conviction quant aux mérites d'une chose, comme quand on dit : « Je suis heureux qu'on ait attrapé le petit saligaud qui m'a cassé mon pare-brise. » Or, des choses comme celle-là, on en dit même quand on n'éprouve rien qui ressemble, même de loin, à du plaisir. Comment savoir si quelqu'un formule une opinion ou une expérience subjective ? Quand le mot *heureux* est suivi des mots *que* ou *de*, la personne qui parle essaie de nous dire que le mot désigne non ce qu'elle éprouve, mais ce qu'elle estime. Par exemple, si votre épouse vous annonce avec enthousiasme qu'on vient de lui demander de passer six mois dans la nouvelle succursale de sa société à Tahiti, pendant que vous resterez à la maison à vous occuper des gosses, vous pouvez répondre : « Je ne suis pas heureux, bien sûr, mais je suis heureux que tu sois heureuse. » Des phrases comme celle-là mettent un prof de lettres au bord de l'apoplexie, mais elles tiennent parfaitement debout si on résiste à la tentation de prendre chaque occurrence du mot *heureux* comme la marque d'un bonheur émotionnel. En effet, la première fois que vous prononcez le mot, vous faites savoir à votre épouse que vous n'éprouvez certainement pas la sensation « tu-vois-ce-que-je-veux-dire » (bonheur émotionnel) ; la deuxième fois, vous lui indiquez que vous appréciez le fait qu'elle, elle éprouve cette sensation (bonheur estimatif). Quand vous vous dites *heureux de* ou *heureux que*, vous signifiez simplement que quelque chose constitue une source potentielle de plaisir, ou a constitué une source de plaisir, ou devrait en constituer une, mais que ce n'est pas le cas pour l'instant. Vous ne prétendez pas éprouver cette sensation, ni quoi que ce soit d'approchant. Il serait plus adéquat de répondre à votre épouse : « Je ne suis pas heureux, mais je comprends que tu le sois ; je peux même imaginer que, si c'était moi qui allais à Tahiti et toi qui restes à la maison avec ces délinquants juvéniles, je *ressentirais* du bonheur au lieu d'admirer le tien. » Bien entendu, pouvoir tenir de tels propos exige de renoncer à toute compagnie humaine : on opte donc pour le raccourci ordinaire et on se dit heureux *de* certaines choses, même lorsqu'on est totalement anéanti. Tout va bien tant qu'on n'oublie pas ceci : on ne pense pas toujours ce qu'on dit.

Le jaune nouveau est arrivé

On pourrait convenir de réserver le mot *bonheur* à ces expériences émotionnelles subjectives vaguement décrites comme *agréables* ou *plaisantes*, promettre de ne l'employer pour désigner ni l'aspect moral des actions qui les suscitent, ni le jugement qu'on porte sur leurs mérites. Et pourtant on se demanderait encore si le bonheur qu'il y a à aider une vieille dame à traverser la rue est une expérience émotionnelle différente – plus grande, plus forte, plus intense – du bonheur qu'il y a à manger une religieuse au chocolat. Peut-être le bonheur qui résulte d'une bonne action est-il *ressenti* comme différent de l'autre. En fait, pendant qu'on y est, on pourrait aussi se demander si le bonheur qu'il y a à manger une religieuse au chocolat est ressenti comme différent du bonheur qu'il y a à manger une religieuse au café. Ou à manger le chapeau de *telle* religieuse plutôt que le chapeau de *telle autre*. Comment savoir si les expériences émotionnelles subjectives sont identiques ou différentes ?

En fait, c'est impossible – tout comme il est impossible de savoir si notre expérience du jaune quand on regarde un citron est la même que celle d'autrui regardant le même citron. Pendant un bon bout de temps, les philosophes se sont colletés au problème et n'en ont rapporté que des bleus, ou presque[20], parce que, tout bien considéré, le seul moyen de mesurer avec précision la ressemblance entre deux choses, c'est de les comparer côte à côte, en l'occurrence d'en *vivre l'expérience* côte à côte. Et, hors du champ de la science-fiction, nul ne peut vivre l'expérience d'autrui. Quand nous étions petits, notre mère nous a appris à appeler *jaune* l'expérience observation-du-citron et, en élèves consciencieux et dociles, nous avons fait ce qu'elle nous disait. Quand, plus tard, il s'est avéré que tout le monde à la maternelle disait faire l'expérience du jaune en regardant le citron, nous avons été contents. Mais ces dénominations partagées peuvent dissimuler des expériences réelles du jaune tout à fait différentes ; c'est la raison pour laquelle de nombreux daltoniens ne découvrent leur daltonisme que le jour où un ophtalmo leur dit qu'ils ne perçoivent pas ce que d'autres semblent percevoir. Donc, s'il paraît improbable que les humains puissent vivre des expériences très différentes en regardant un citron, en entendant pleurer un bébé ou en sentant l'odeur d'un sconse, la chose *reste possible*. Si vous voulez le croire, vous en avez parfaitement le droit, et il faudrait avoir du temps à perdre pour tenter de vous raisonner sur ce point.

Se rappeler les différences

Cela dit, j'espère que vous n'allez pas en rester là.

Pour savoir si deux bonheurs sont ressentis de manières différentes, peut-être ne faut-il pas comparer les expériences vécues par deux esprits différents, mais poser la question à une seule et même personne ayant vécu les deux. Je ne saurai sans doute jamais si *mon* expérience du jaune est différente de *votre* expérience du jaune, mais je peux vous dire à coup sûr que mon expérience du *jaune* est différente de mon expérience du *bleu* quand je les compare mentalement. Vu ? Hélas, cette stratégie est plus complexe qu'il n'y paraît. Le problème est que, quand on compare mentalement deux expériences subjectives, *on ne vit pas les deux en même temps*. Au mieux, on en vit une après avoir déjà vécu l'autre. Et quand on nous demande laquelle nous rend le plus heureux, ou si ces deux bonheurs sont identiques, on compare la chose qu'on éprouve au *souvenir* d'une chose éprouvée par le passé. Tout irait bien s'il n'était de notoriété publique que les souvenirs ne sont pas fiables – et ceux-là moins encore que les autres ; illusionnistes et scientifiques l'ont prouvé. Commençons par les premiers. Regardez bien les six cartes de la figure 4 et choisissez-en une. Non, ne me dites rien. Gardez-la pour vous. Contentez-vous d'observer votre carte et de prononcer une ou deux fois son nom (ou alors écrivez-le) afin de vous en souvenir pendant quelques pages.

Fig. 4.

Bien. Maintenant, voyons comment les scientifiques ont abordé la question du souvenir de l'expérience. Dans une expérience, des chercheurs ont montré à des volontaires un échantillon de couleurs du genre de ceux qu'on trouve au rayon peinture de la quincaillerie du coin. Ils leur ont permis de l'examiner[21] pendant cinq secondes. Ensuite, certains sujets ont dû passer trente secondes à décrire la couleur (les descripteurs), tandis que d'autres ne l'ont pas décrite (les non-descripteurs). Puis on a leur montré à tous une série de six échantillons, parmi lesquels se trouvait la couleur qu'ils avaient vue trente secondes auparavant en leur demandant de repérer l'échantillon original. Première constatation intéressante : seuls soixante-treize pour cent des non-descripteurs ont identifié l'échantillon avec exactitude. Autrement dit, moins des trois quarts de ces personnes ont été capables de dire si *cette* expérience du jaune était celle qu'elles avaient eue une demi-minute plus tôt. Deuxième constatation intéressante : le fait de décrire la couleur a compromis plus qu'il n'a amélioré le travail d'identification. Seuls trente-trois pour cent des descripteurs ont identifié correctement la couleur originale. À l'évidence, leurs descriptions verbales sont venues « se superposer » au souvenir de l'expérience elle-même : ils ont fini par se rappeler non pas l'expérience vécue, mais ce qu'ils en avaient *dit*. Et ce qu'ils en avaient dit n'était ni assez clair ni assez précis pour les aider à la reconnaître quand ils l'ont revue trente secondes plus tard.

Nous nous sommes tous trouvés un jour dans cette situation. On raconte à un ami qu'on a été déçu par le chardonnay dans ce bistrot branché du centre-ville, ou par la façon dont tel ensemble a joué notre bien-aimé *Quatuor* de Bartók, mais il est peu probable qu'on se souvienne du goût qu'avait effectivement le vin ou de l'interprétation réelle du *Quatuor* au moment où on fait cette déclaration. Non, plus vraisemblablement, on se rappelle avoir dit, en sortant du concert, que le vin comme la musique n'avaient pas tenu leurs promesses. Les expériences de chardonnays, de quatuors à cordes, de bonnes actions et d'éclairs au chocolat sont riches, complexes, multidimensionnelles et impalpables. L'une des fonctions du langage est de nous aider à les « palper », c'est-à-dire à en extraire les aspects importants et à nous en souvenir afin de pouvoir analyser et communiquer ultérieurement ces expériences. Les archives cinématographiques en ligne du *New York Times* conservent les synopsis des films et non les films mêmes, ce qui prendrait trop de place, impliquerait des recherches trop difficiles et serait totalement inutile à quiconque désire savoir ce qu'il y a dans un film sans voir le film. Les expériences sont comme des films en plusieurs dimensions : si notre cerveau devait stocker le long métrage de notre vie plutôt que sa description soignée, nous aurions une beaucoup plus grosse tête. Quand on voudrait savoir si la visite du musée valait bien le prix du billet, ou quand on voudrait le dire à d'autres personnes, il faudrait se repasser l'épisode dans son intégralité. Chaque action de la mémoire aurait la même durée que l'événement remémoré, et il suffirait de nous demander si on a aimé notre enfance à Chicago pour définitivement nous régler notre compte. Nous résumons donc nos expériences par des mots comme *heureux* : ces mots ne leur rendent pas justice, mais ils sont un viatique fiable et pratique qu'on emporte avec nous dans l'avenir. On ne peut pas raviver le parfum de la rose, mais si on sait qu'il était *agréable* et *sucré*, on sait aussi s'arrêter pour respirer la prochaine.

Percevoir les différences

Notre souvenir des choses du passé est imparfait ; aussi est-il risqué de comparer notre nouveau bonheur au souvenir de l'ancien pour dire si deux expériences subjectives sont vraiment différentes. Alors changeons d'approche. Si on ne se rappelle pas assez la sensation produite par l'éclair au chocolat d'hier pour la comparer à celle produite par la BA d'aujourd'hui, peut-être y a-t-il une solution : comparer des expériences si rapprochées dans le temps qu'on peut les voir changer. Exemple : si on recommençait le test des échantillons de couleur en diminuant le temps écoulé entre la présentation de l'original et celle de la palette d'échantillons, les volontaires n'auraient sûrement aucun mal à identifier l'original, d'accord ? On pourrait ramener l'intervalle à, mettons, vingt-cinq secondes ? Quinze ? Dix ? Une fraction de seconde ? Et si, en prime, on facilitait l'identification en leur présentant un échantillon de couleur pendant quelques secondes, avant de l'enlever un instant et de leur montrer un (et non six) échantillon test ? Pas de description verbale pour embrouiller les souvenirs, pas d'échantillon concurrent pour embrouiller les yeux, juste un minuscule instant entre la présentation de l'original et celle de l'échantillon test. Bon sang ! C'est si facile qu'ils vont tous réussir haut la main, on peut en être sûr !

On peut en être sûr si on aime se tromper. Dans une expérience semblable à celle que je viens d'inventer, des chercheurs ont demandé à leurs sujets de lire un étrange texte sur un écran d'ordinateur[22]. Ce qui rendait le texte étrange, c'était qu'une lettre sur deux était en majuscule, cE qUi DoNnAiT cEcI. Maintenant, vous le savez sans doute, quand on fixe une chose, en réalité, trois ou quatre fois par seconde nos yeux s'écartent un peu de l'objet fixé ; c'est pourquoi nos globes oculaires ont l'air d'avoir la bougeotte quand on les regarde de près. Les chercheurs ont utilisé un dispositif qui disait à l'ordinateur quand les yeux du volontaire étaient fixés sur l'écran et quand ils bougeaient. Chaque fois que leurs yeux quittaient le texte une fraction de seconde, l'ordinateur leur jouait un tour : il changeait la casse de chaque lettre, de sorte que le texte qui DoNnAiT cEcI, tout à coup dOnNaIt CeCi. Si surprenant que cela paraisse, les volontaires n'ont pas remarqué que, pendant leur lecture, le texte alternait les casses plusieurs fois par seconde. Une recherche ultérieure a démontré que beaucoup de ces « discontinuités visuelles » passent inaperçues. C'est pourquoi, d'un plan à l'autre, les cinéastes peuvent changer le style de la robe d'une actrice, la couleur de cheveux de son partenaire, ou faire totalement disparaître un objet d'une table sans jamais éveiller la conscience du spectateur[23]. Il est intéressant de noter que, quand on demande aux gens s'ils remarqueraient pareilles discontinuités visuelles, ils sont persuadés que oui[24].

Les modifications subtiles ne sont pas les seules qui nous échappent. Même les changements spectaculaires dans un décor, nous pouvons ne pas les voir. Dans une étude tout droit tirée de *La Caméra invisible*, un expérimentateur abordait des piétons sur un campus universitaire et leur demandait son chemin pour se rendre à tel bâtiment[25]. Pendant que le piéton et le chercheur discutaient au-dessus d'un plan, deux ouvriers portant une grosse porte passaient entre eux sans courtoisie, empêchant momentanément le piéton de voir l'expérimentateur. Pendant leur passage, celui-ci se baissait derrière la porte et partait avec les ouvriers, tandis qu'un nouvel expérimentateur, tapi derrière la porte, venait prendre sa place et poursuivre la conversation. Le premier chercheur et son remplaçant avaient des tailles, des corpulences, des voix, des coupes de cheveux et des tenues franchement différentes. Vous n'auriez eu aucun mal à les différencier si vous les aviez vus côte à côte. Comment les bons Samaritains qui s'étaient arrêtés pour aider un touriste égaré ont-ils pris cette imposture ? Eh bien, ils ne l'ont pas prise du tout. En fait, dans leur grande majorité, ils n'ont rien vu : *ils n'ont pas vu que la personne à qui ils étaient en train de parler s'était brusquement métamorphosée en une autre*.

Faut-il en déduire que notre expérience du réel peut changer sous notre nez sans que nous nous en apercevions ? Bien sûr que non. Si on ne retient de cette recherche que sa logique extrême, on finit comme finissent les extrémistes : confits dans l'absurdité, à distribuer des pamphlets. Si on n'était *jamais* capable de voir que notre expérience du réel change, comment saurait-on qu'une chose s'est déplacée ? Comment déciderait-on s'il faut s'arrêter ou passer au carrefour ? Comment pourrait-on compter au-delà de un ? Ces études nous disent juste que le vécu de notre ancien moi nous est *parfois* aussi obscur que celui d'autrui. Mais, plus important, elles nous disent aussi à quel moment la chose est plus ou moins susceptible de se produire. Quel était l'ingrédient commun à toutes ces expériences ? Dans chacune, les sujets *ne prêtaient pas attention* à tel ou tel aspect du stimulus au moment de sa transition. Dans l'étude avec les échantillons de couleur, ceux-ci étaient échangés dans une autre pièce pendant les trente secondes de pause ; dans l'étude avec le texte, ce dernier était modifié quand les yeux du volontaire s'en détachaient un instant ; et dans l'étude avec la porte, les expérimentateurs ne permutaient qu'au moment où un gros bout de bois bouchait la vue du volontaire. Ces études ne donneraient pas les mêmes résultats si la terre de Sienne devenait mauve fluo, si **ceci** devenait **c e l a**, ou si un comptable se transformait en reine d'Angleterre pile sous les yeux du volontaire. En effet, la recherche a démontré que, si le sujet prête une attention soutenue au stimulus au moment de sa métamorphose, il repère rapidement et correctement cette métamorphose[26]. Ces études ne visent donc pas à prouver notre incurable inaptitude à déceler toute modification dans notre expérience du réel. Elles visent à prouver que, si notre esprit n'est pas concentré sur un point précis de cette expérience au moment de son changement, nous sommes contraints, pour déceler ce changement, de nous en remettre à nos souvenirs : contraints de comparer notre expérience présente au souvenir de notre expérience antérieure.

Les illusionnistes le savent depuis des siècles, bien sûr, et utilisent ce savoir pour nous soulager de tout excédent pécuniaire. Quelques pages plus haut, vous avez choisi une carte dans une série de six. Ce que je ne vous ai pas dit, c'est que j'ai des pouvoirs surnaturels. Je savais quelle carte vous alliez choisir. Pour vous le prouver, je l'ai sortie de la série. Jetez un œil à la figure 5 et dites-moi que je ne suis pas époustouflant ?

Fig. 5.

Comment ai-je fait ça ? D'abord, ce tour est beaucoup plus excitant quand on ne sait pas que c'est un tour et qu'on n'a pas à lire plusieurs pages pour en connaître la chute. Ensuite, il ne marche pas du tout si on compare les deux figures côte à côte : on voit tout de suite qu'aucune des cartes de la figure 4 (y compris celle que vous aviez choisie) n'apparaît dans la figure 5. Mais, si vous pensez que l'illusionniste peut savoir quelle carte vous avez choisie – prestidigitation, sagacité ou télépathie – et si vos yeux baladeurs ne regardent pas la première série de six cartes au moment où elle se transforme en seconde série de cinq cartes, l'illusion peut être très efficace. La preuve : quand le tour est sorti sur Internet, certains des meilleurs scientifiques de ma connaissance ont cru à une technologie nouvelle qui permettrait au serveur de deviner la carte choisie par repérage de la vitesse et des accélérations de leur frappe sur le clavier. Pour ma part, j'ai ôté ma main de la souris, juste pour être bien sûr que ses imperceptibles déplacements n'étaient pas mesurés. Au bout de la troisième fois seulement, il m'est venu à l'idée que, si j'avais bien *vu de mes yeux* la première série de six cartes, je m'étais juste *souvenu* de ma verbalisation de la carte choisie : ainsi, je n'avais pas remarqué que toutes les autres aussi avaient changé[27]. Reste une chose importante à retenir pour notre propos : ce qui fait que ces tours marchent fait aussi qu'on a du mal à dire si on était heureux dans notre premier mariage.

Parler bonheur

Reba et Lori Schappell disent être heureuses, et cela nous perturbe. On en mettrait la main au feu : *c'est impossible*. Or, on dirait bien qu'aucune méthode infaillible ne permet de comparer leur bonheur au nôtre. Si elles affirment être heureuses, sur quelle base peut-on dire qu'elles se trompent ? On pourrait essayer la tactique des avocats et questionner leur aptitude à connaître, évaluer ou décrire leur propre expérience. On pourrait dire : « Elles *se croient* peut-être heureuses, mais c'est juste parce qu'elles ne savent pas ce qu'est vraiment le bonheur. » En d'autres termes, sous prétexte que Lori et Reba n'ont jamais connu certaines de nos expériences de non-siamois – faire la roue dans un pré, plonger sur la Grande Barrière de Corail, flâner dans la rue sans créer d'attroupement –, nous les soupçonnons d'avoir une toile de fond d'expériences heureuses appauvrie, laquelle les amène à évaluer leur vie autrement que nous ne le ferions. Imaginons que l'on donne aux jumelles un gâteau d'anniversaire et une échelle graduée de un à huit (sorte de lexique artificiel où huit mots correspondraient à différentes intensités de bonheur), et qu'on leur demande d'indiquer où se situe leur expérience subjective : elles nous répondraient sans doute qu'elles éprouvent un joyeux *huit*. Et si *leur* huit et *notre* huit figuraient des degrés de bonheur très différents, si leur emploi du lexique à huit mots était faussé par la situation difficile qui est la leur, cette situation qui ne leur a jamais permis de savoir jusqu'où on peut vraiment être heureux ? Lori et Reba utilisent peut-être les huit mots autrement que nous parce que, pour elles, un gâteau d'anniversaire, c'est ce qui se fait de mieux. Elles octroient à la plus heureuse de leurs expériences le mot le plus heureux du lexique à huit mots, mais n'oublions pas que ce qu'elles appellent *huit*, nous l'appellerions peut-être *quatre et demi*. Bref, le mot *heu-*

reux n'a pas le même sens pour elles que pour nous. La figure 6 montre comment une toile de fond expérientielle appauvrie peut « ratatiner le lexique » : toute la palette lexicale est exploitée pour décrire une palette expérientielle réduite. De ce point de vue, quand les jumelles se disent folles de joie, elles *éprouvent* la même chose que nous quand nous nous disons satisfaits.

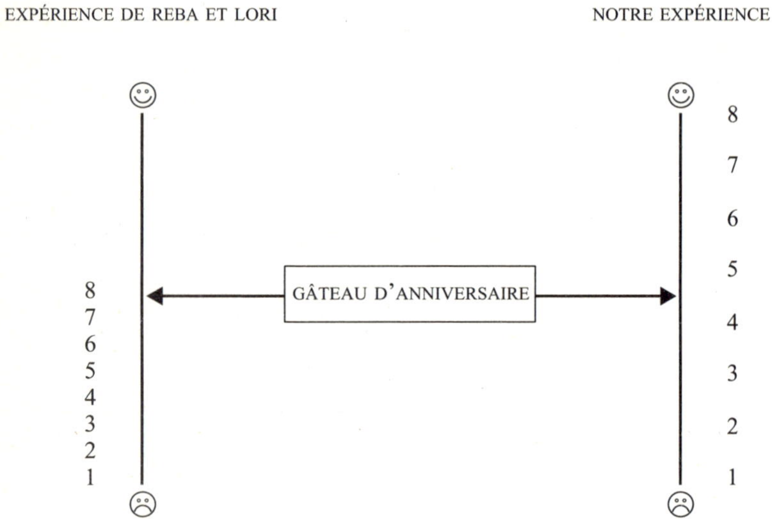

Fig. 6. Selon l'*hypothèse du « ratatinement lexical »*, quand on offre un gâteau d'anniversaire à Lori et Reba, elles éprouvent exactement la même chose que nous, mais l'expriment autrement.

Ratatiner le lexique

Les avantages de l'*hypothèse du ratatinement lexical* sont les suivants : *a)* elle laisse à penser que, face à un gâteau d'anniversaire, tout le monde vit partout la même expérience subjective, même si elle est décrite différemment : du coup, la Terre devient un endroit plutôt facile à vivre et où il fait bon faire de la pâtisserie ; *b)* elle nous permet de continuer à croire que, quoi qu'elles en disent, en fin de compte Lori et Reba ne sont pas *vraiment* heureuses : du coup, préférer notre vie à la leur est parfaitement légitime. Restent les inconvénients de l'hypothèse, et ils sont nombreux, car si on s'inquiète de ce que Lori et Reba n'emploient pas les huit mots comme nous, vu qu'elles n'ont jamais eu le plaisir de faire la roue, nous ferions bien de nous inquiéter aussi sur d'autres chapitres. Par exemple, nous n'avons jamais éprouvé le sentiment de paix et de sécurité absolues que confère le fait de savoir une sœur bien-aimée toujours à nos côtés, une sœur dont on ne perdra jamais l'affection, quelle que soit la bassesse qu'on pourra lui dire ou quel que soit le mauvais tour qu'on lui jouera, nous aurons toujours quelqu'un qui nous connaît comme nous nous connaissons, qui partage nos espoirs, se soucie de nos soucis, etc. Bref, si elles n'ont pas connu nos expériences, nous n'avons pas non plus connu les leurs. Et il est tout à fait possible que le lexique ratatiné soit *le nôtre*, qu'en nous disant fous de joie, nous ne sachions pas de quoi nous parlons, car nous n'avons jamais vécu ce compagnonnage aimant, cette union bienheureuse, cette pure fusion que connaissent Lori et Reba. Et nous tous – vous, moi, Lori, Reba –, nous ferions bien de songer qu'il existe des expériences encore meilleures que celles vécues par nous jusqu'ici : voler sans avion, par exemple, voir nos enfants remporter un Oscar ou un prix Pulitzer, rencontrer Dieu. La maîtrise du lexique à huit mots est défaillante chez tout le monde : *personne* ne sait ce qu'est réellement le bonheur. Avec ce raisonnement, nous devrions tous suivre le conseil de Solon et ne *jamais* dire que nous sommes heureux avant l'heure de notre mort ; sinon, si le vrai bonheur arrive un jour, on aura épuisé le mot, et alors plus moyen d'en parler dans les journaux.

Ce n'est pas tout. Si on voulait réaliser une expérience prouvant une bonne fois pour toutes que Lori et Reba ne savent pas ce qu'est vraiment le bonheur, peut-être faudrait-il imaginer qu'on puisse les séparer d'un coup de baguette magique et leur permettre de mener une vie de non-siamoises. Si, au bout de quelques semaines, elles venaient nous trouver en reniant leurs affirmations antérieures et en demandant à ne pas revenir à leur état de siamoises, cela devrait-il suffire à nous convaincre, comme elles-mêmes apparemment, qu'avant elles confondaient les quatre et les huit ? Nous connaissons tous un nouveau converti, nouveau divorcé ou rescapé d'une crise cardiaque qui affirme avoir enfin ouvert les yeux : en dépit de tout ce qu'il a pu penser et dire par le passé, il n'a jamais été *vraiment* heureux avant aujourd'hui. Doit-on croire sur parole les sujets de si merveilleuses métamorphoses ?

Pas forcément. Prenons cette étude dans laquelle on montrait les questions d'un jeu télévisé à des volontaires en leur demandant s'ils pensaient pouvoir y répondre correctement. À certains volontaires, on ne montrait que les questions (le groupe questions-seulement) ; aux autres, on montrait et les questions et les réponses (le groupe questions-réponses). Les volontaires du groupe questions-seulement trouvèrent les questions difficiles, mais ceux du groupe questions-réponses – qui voyaient à la fois les questions (« Quelle fut l'invention de Philo T. Farnsworth ? ») et les réponses (« Le téléviseur ») – pensèrent qu'ils auraient pu facilement y répondre, même sans avoir vu les réponses. Manifestement, quand les sujets connaissaient les réponses, les questions avaient l'air simples (« Bien sûr que c'était la télé, tout le monde sait ça ! »), et ils n'étaient plus capables d'en évaluer la difficulté réelle[28].

Des études comme celle-ci montrent que, dès lors qu'on a l'expérience d'une chose, il nous est impossible de la mettre de côté et de voir le monde comme si elle n'était jamais arrivée. Au grand dam du juge, les jurés ne peuvent pas ne pas tenir compte des remarques insidieuses du procureur. Nos expériences pénètrent illico dans la lentille à travers laquelle nous examinons passé, présent et futur ; et, comme toute lentille, elle forme et déforme ce que nous voyons. Cette lentille n'est pas une paire de lunettes qu'on peut poser sur la table de chevet quand bon nous semble : c'est une paire de verres de contact définitivement collés à la superglu sur nos yeux. Dès qu'on a appris à lire, on ne peut plus jamais voir les lettres comme de simples gribouillis. Dès qu'on connaît le free jazz, on ne peut plus jamais entendre le saxophone d'Ornette Coleman comme une nuisance sonore. Dès qu'on sait que Van Gogh était mentalement malade ou Ezra Pound antisémite, on ne peut plus jamais porter le même regard sur leur œuvre. Si Lori et Reba, séparées pendant quelques semaines, nous disaient être plus heureuses qu'avant, elles auraient peut-être raison. Ou pas. Elles nous diraient peut-être que, devenues non siamoises, elles voient désormais les siamois avec la même consternation que nous qui avons toujours été non siamois. Même si elles se rappelaient ce qu'elles pensaient, disaient et faisaient en tant que siamoises, leur récente expérience de non-siamoises fausserait leur évaluation de leur expérience de siamoises, et elles ne pourraient pas nous dire avec certitude ce que ressentent des siamoises n'ayant jamais été séparées. En un sens, l'expérience de la séparation les transformerait en *nous* ; de ce fait, elles se trouveraient dans la position délicate qui est la nôtre quand nous nous efforçons d'imaginer l'expérience siamoise. Devenir non siamoises affecterait leur vision du passé d'une manière inéluctable. Tout cela pour dire que, lorsque de nouvelles expériences nous font affirmer qu'on avait le lexique ratatiné – qu'on n'était pas vraiment heureux, même si on le disait et le pensait à l'époque –, on peut se tromper. Autrement dit, quand on prétend avoir fait erreur au passé, on peut faire erreur au présent.

Dilater l'expérience

Lori et Reba n'ont pas fait beaucoup des choses qui provoquent chez nous des sensations proches du sommet dans l'échelle du bonheur : roue, plongée sous-marine ou autre, je vous laisse le choix du hobby. Certes, cela doit faire une différence. Si une toile de fond expérientielle appauvrie ne ratatine pas fatalement le lexique, elle doit tout de même bien faire quelque chose. Mais quoi ? Mettons que Lori et Reba aient vraiment une toile de fond expérientielle appauvrie et qu'elles évaluent une chose aussi simple qu'un gâteau à l'aune de cette toile de fond. Première possibilité : leur toile de fond appauvrie ratatine leur lexique. Mais, deuxième possibilité : leur toile de fond appauvrie ratatine moins leur lexique qu'elle ne dilate leur expérience : leur *huit* veut dire exactement la même chose que notre *huit* car, quand on leur offre un gâteau, elles éprouvent la même chose que nous quand on fait la roue sur la Grande Barrière de Corail. La figure 7 illustre cette *hypothèse de la dilatation de l'expérience*.

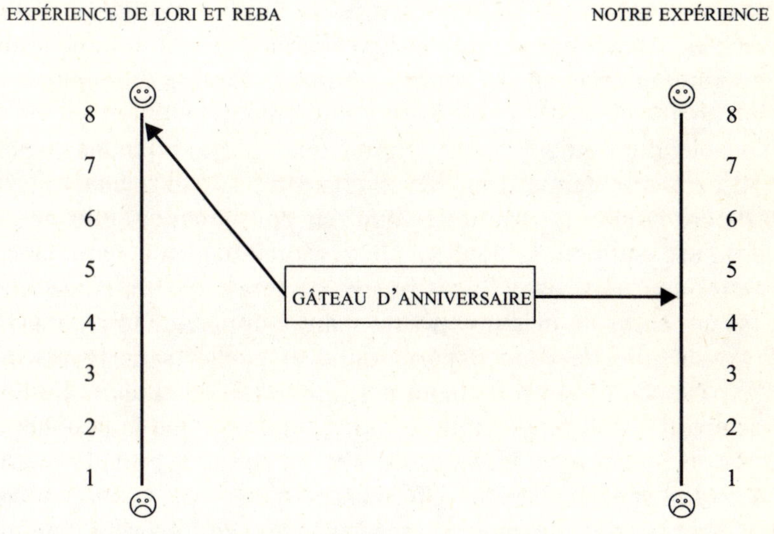

Fig. 7. Selon l'*hypothèse de la dilatation de l'expérience*, quand on offre un gâteau d'anniversaire à Lori et Reba, elles expriment comme nous ce qu'elles ressentent, mais éprouvent autre chose.

Si la *dilatation de l'expérience* est une expression bizarre, ce n'est pas, en revanche, une idée bizarre. On dit souvent de ceux qui prétendent être heureux dans des conditions selon nous incompatibles avec le bonheur : « Ils croient juste être heureux, parce qu'ils ne savent pas à côté de quoi ils passent. » OK, bien sûr, *justement*. Ne sachant pas à côté de quoi on passe, on peut vraiment être heureux, ce qui ne serait pas le cas si on avait l'expérience de la chose à côté de laquelle on passe. Ça *ne veut pas dire* que ceux qui ne savent pas à côté de quoi ils passent sont *moins heureux* que ceux qui en jouissent. Les exemples abondent dans ma vie comme dans la vôtre : alors parlons de ma vie. Il m'arrive de fumer le cigare parce que ça me rend heureux, et il arrive aussi que ma femme ne comprenne pas pourquoi il me faut un cigare pour être heureux, alors que, de toute évidence, elle l'est tout autant sans cigare (voire plus quand je ne fume pas). L'hypothèse de la dilatation de l'expérience laisse à penser que, moi aussi, j'aurais pu être heureux sans les cigares, si je n'en avais pas connu l'expérience au cours d'une jeunesse dissolue. Seulement, cette expérience, je l'ai connue, et parce que je sais désormais à côté de quoi je passe quand je m'en prive, ce merveilleux moment des vacances où, étendu dans un transat sur une plage dorée, je sirote un single malt en regardant le soleil glisser lentement dans une mer de taffetas, n'est pas aussi parfait si je n'ai à la bouche une chose puante et cubaine. Je pourrais défier la chance et risquer mon mariage en avançant l'hypothèse du ratatinement lexical : j'expliquerais consciencieusement à ma femme que, n'ayant jamais expérimenté l'âcre truculence d'un Montecristo n° 4, elle a une toile de fond expérientielle appauvrie, et que, en conséquence, elle ne sait pas ce qu'est vraiment le bonheur. Je perdrais, bien sûr, parce que je perds toujours mais, dans le cas précis, ce serait mérité. Ne serait-il pas plus cohérent de dire qu'en apprenant à apprécier le cigare, j'ai modifié ma toile de fond expérientielle et gâché, sans le vouloir, toute expérience future n'incluant pas le barreau de chaise ? Le coucher de soleil sur la plage était un *huit* jusqu'à ce que le coucher de soleil sur la plage avec Montecristo s'y substitue et ramène le coucher de soleil sans cigare à un simple sept[29].

Mais assez parlé de moi et de mes vacances. Parlons plutôt de moi et de ma guitare. J'ai joué de la guitare pendant des années et exécuté interminablement et sans trop de plaisir les mêmes trois accords. À l'adolescence, quand j'ai commencé à apprendre la guitare, je restais à l'étage, dans ma chambre, à gratter ces trois accords jusqu'à ce que mes parents cognent au plafond en invoquant la convention de Genève. J'imagine qu'on pourrait risquer ici l'hypothèse du ratatinement lexical, dire qu'une amélioration de mes aptitudes musicales m'a ouvert les yeux et que je m'aperçois maintenant que je n'étais pas *vraiment* heureux en ces jeunes années. Mais n'est-il pas plus rationnel d'invoquer la dilatation de l'expérience et de dire qu'une expérience qui m'apportait autrefois du plaisir ne m'en apporte plus aujourd'hui ? Un homme à qui l'on tend un verre d'eau après une semaine d'errance dans le désert peut, à cet instant-là, évaluer son bonheur par un *huit*. Un an plus tard, le même verre d'eau suscitera en lui une sensation qui ne dépassera pas *deux*. Faut-il en déduire pour autant qu'il s'est trompé sur l'intensité de son bonheur quand il a bu cette gorgée d'eau vitale dans une gamelle rouillée ? Ou est-il plus rationnel de dire qu'une gorgée d'eau peut être soit extase, soit hydratation, tout dépend de la toile de fond expérientielle que l'on a ? Si des toiles de fond expérientielles appauvries ratatinent notre lexique sans dilater notre expérience, alors les gosses qui se disent enchantés par le beurre de cacahuète et la confiture se trompent du tout au tout ; ils le reconnaîtront plus tard, quand ils mangeront leur première bouchée de foie gras, et là ils auront raison. Jusqu'à ce qu'ils vieillissent et commencent à avoir des problèmes de vésicule, et là ils comprendront qu'ils se trompaient aussi à l'époque. Chaque journée serait donc une répudiation de la veille, à mesure que nous connaissons des bonheurs toujours plus grands et que nous nous apercevons du leurre dans lequel nous vivions jusqu'à... ça tombe bien... jusqu'à aujourd'hui.

Alors quelle est la bonne hypothèse ? Impossible à dire. La seule chose qu'il soit *possible* de dire, c'est que toutes les allégations de bonheur sont faites du *point de vue* de quelqu'un : depuis la perspective d'un être humain unique, qui a une collection unique d'expériences passées, laquelle sert de contexte, de lentille, de toile de fond à son évaluation de l'expérience présente. Au grand regret des scientifiques, il n'existe aucune vue de nulle part. Une fois que l'on vit une expérience, on est incapable de voir le monde comme avant. L'innocence est perdue, impossible de revenir en arrière. On peut se souvenir de ses opinions ou de ses propos (et encore, pas forcément), on peut se souvenir de ses actes (là encore, pas forcément), mais nos chances de pouvoir ressusciter l'expérience pour l'évaluer comme on l'aurait fait avant sont extrêmement minces. En un sens, les fumeurs de cigare, joueurs de guitare et mangeurs de pâté que nous sommes devenus n'ont pas plus autorité pour parler au nom des personnes qu'ils étaient avant qu'un observateur extérieur. Les jumelles séparées peuvent nous raconter ce que ça leur fait *maintenant* d'avoir été siamoises, mais elles ne peuvent pas nous raconter ce qu'éprouvent des siamoises n'ayant jamais vécu la séparation. Personne ne sait si le *huit* de Reba et Lori correspond à notre *huit* à nous, et ceci est valable pour toutes les Reba et Lori du monde.

À venir

Le matin du 15 mai 1916, l'explorateur arctique Ernest Shackleton entama la dernière étape de l'une des aventures les plus éreintantes de l'histoire. Son navire, l'*Endurance*, avait sombré dans la mer de Weddell, l'échouant avec son équipage sur Elephant Island. Sept mois plus tard, l'explorateur et cinq de ses hommes embarquèrent sur un petit canot dans lequel ils passèrent trois semaines à parcourir huit cents milles sur un océan glacial et déchaîné. En atteignant South Georgia Island, affamés, transis, les hommes se préparèrent à débarquer pour traverser l'île à pied, dans l'espoir de rejoindre un port baleinier. Jamais personne n'avait survécu à cette marche. Shackleton, confronté à une mort quasi assurée ce matin-là, écrivit :

> « Nous avons franchi l'étroite entrée de la baie avec ses rochers hideux et le varech ondulant de chaque côté, puis nous avons mis cap à l'est et vogué gaiement, alors que le soleil perçant la brume faisait scintiller les flots agités. Nous étions curieux à voir par ce matin radieux, mais nous étions heureux. Nous nous sommes même mis à chanter et, n'étaient nos tenues de Robinson, on aurait pu nous prendre pour une bande d'amis partant pique-niquer dans un fjord norvégien ou sur l'un de ces beaux bras de mer que compte la côte occidentale de la Nouvelle-Zélande[30]. »

Shackleton pensait-il vraiment ce qu'il disait ? Se peut-il que ce *heureux* soit notre *heureux* à nous, et comment le savoir ? On l'a vu, le bonheur est une expérience subjective qu'il est difficile de se décrire à soi-même comme aux autres : ainsi, juger des allégations d'autrui quant à son propre bonheur est une affaire singulièrement épineuse. Mais ne vous en faites pas : car, avant de s'arranger, cette affaire-là va l'être encore beaucoup plus… épineuse.

3

VU DE L'EXTÉRIEUR

« Frappe ta poitrine,
Interroge ton cœur et demande-lui ce qu'il sait. »
SHAKESPEARE, *Mesure pour mesure*

Il n'existe pas beaucoup de blagues sur les profs de psycho, nous tenons donc beaucoup à nos rares boutades, celle-ci par exemple : un prof de psycho rencontre un autre prof de psycho, que lui dit-il? « Salut, toi tu vas bien. Et moi je vais comment ? » Je sais : elle n'est pas si franchement désopilante. Si elle est *supposée* l'être, c'est qu'on ne devrait pas savoir ce que ressent l'autre, mais ce qu'on ressent, soi-même. « Comment vas-tu ? » est aussi banal que « comment vais-je ? » est incongru. Seulement, incongru ou pas, on dirait parfois qu'on ne connaît pas son propre cœur. Quand les sœurs siamoises affirment être heureuses, on se demande si ce n'est pas juste *ce qu'elles croient* : elles peuvent toujours croire ce qu'elles racontent, mais ce qu'elles racontent peut être faux. Avant de décider de prêter foi ou non aux allégations de bonheur, il faut savoir si, sur le principe, les autres peuvent se tromper sur ce qu'ils éprouvent. On peut faire erreur sur une foule de choses – le cours du soja, la durée de vie des acariens, l'histoire de la flanelle –, mais sur sa propre expérience émotionnelle ? Peut-on croire éprouver une chose qu'on n'éprouve pas ? Y a-t-il quelqu'un qui soit capable de répondre avec exactitude à la question la plus banale du monde ?

Oui, il est là, dans le miroir ; il vous regarde. Poursuivez donc votre lecture.

La grande confusion

Mais, avant de poursuivre, faites une pause et contemplez longuement votre pouce. Je parie que vous ne l'avez pas fait. Je parie que vous avez continué à lire parce que regarder son pouce est un exercice si facile qu'il perd beaucoup de son intérêt. Alors, si regarder votre pouce vous paraît indigne de vous, réfléchissez un peu à toutes les conditions nécessaires pour voir une chose qui se trouve près de soi : pouce, beignet ou sanglier enragé. Entre l'instant où la lumière renvoyée par la surface de l'objet vient impressionner vos yeux et l'instant où vous identifiez l'objet, votre cerveau doit en dégager et en analyser les caractéristiques, puis confronter celles-ci aux renseignements contenus dans votre mémoire afin de déterminer ce qu'est cet objet et quoi en faire. C'est un processus complexe – si complexe qu'aucun scientifique ne comprend encore exactement son fonctionnement et qu'aucun ordinateur n'est capable de le simuler –, et c'est justement le genre de processus complexe que le cerveau exécute à une vitesse et avec une netteté exceptionnelles. En fait, il procède à ces analyses avec une telle virtuosité, que tout ce qu'on sait, c'est : coup d'œil à gauche, vision d'un sanglier, grosse frousse et nécessité de remettre toute analyse complémentaire à plus tard, quand on sera en sécurité dans un arbre, par exemple…

Maintenant, pensez un peu à comment la vision *devrait se faire*. Si vous deviez fabriquer un cerveau à partir de rien, vous vous arrangeriez sans doute pour qu'il identifie *d'abord* ce qui l'entoure (« Défenses acérées, poil brun, grognement bizarre, bave écumante : bon sang, un sanglier enragé ! ») et qu'*ensuite* seulement il trouve quoi faire (« Une bonne idée serait de foutre le camp immédiatement »). Sauf que le cerveau humain n'a pas été conçu à partir de rien. Ses fonctions les plus décisives ont été fabriquées en premier, les moins décisives étant venues s'ajouter au fil des millénaires. C'est la raison pour laquelle les parties vraiment importantes de votre cerveau (celles qui contrôlent la respiration, par exemple) se trouvent tout en bas et les parties dont vous pourriez probablement vous passer (exemple, celles qui contrôlent l'humeur) au-dessus des précédentes, comme une glace dans son cône. Or, fuir en toute hâte un sanglier enragé est beaucoup plus important que de savoir ce qu'il est. Des actions comme la fuite sont si essentielles à la survie des mammifères terrestres dont nous descendons que l'évolution n'a pris aucun risque : elle a conçu le cerveau de sorte qu'il réponde à la question « qu'est-ce que je dois faire ? » *avant* de répondre à « qu'est-ce que c'est que ce truc ? » [1]. L'expérimentation a démontré qu'à l'instant même où l'on rencontre une chose, le cerveau analyse instantanément certaines de ses caractéristiques clefs, puis utilise la présence ou l'absence de ces caractéristiques pour prendre une décision très rapide et très simple : « Cette chose est-elle un élément important auquel il faut tout de suite réagir [2] ? » Un sanglier enragé, un bébé qui pleure, un projectile, l'appel d'un copain, une proie tapie dans l'ombre : autant d'éléments essentiels dans le jeu de la survie, lequel exige qu'on prenne illico des mesures sans s'attarder aux subtilités de leurs identités. Notre cerveau est donc conçu pour décider *d'abord et avant tout* si une chose compte et, ensuite seulement, quelle est cette chose. En conséquence, quand vous tournez la tête sur la gauche, l'espace d'une fraction de seconde votre cerveau *ne sait pas* qu'il voit un sanglier ; en revanche, il *sait* qu'il voit un truc effrayant.

Comment est-ce possible? Comment savoir qu'une chose est effrayante si on ignore ce qu'elle est ? Pour comprendre, pensez à la manière dont vous vous y prendriez pour identifier quelqu'un marchant vers vous depuis l'autre bout d'une étendue désertique. La première chose qui vous attirerait l'œil serait un petit tremblotement à l'horizon. En regardant, vous remarqueriez bientôt que le tremblotement est un objet qui se dirige vers vous. Il se rapprocherait, vous verriez alors que l'objet est vivant, ensuite que c'est un bipède, ensuite un humain, ensuite une femelle, ensuite une femelle humaine avec une chevelure noire et un T-shirt moulant, et enfin : eh ! mais qu'est-ce que tante Odette fiche en plein Sahara ? Votre identification de tante Odette *progresserait :* elle commencerait de manière très générale pour devenir de plus en plus précise avec le temps et s'achever en réunion de famille. Il en va de même de l'identification du sanglier : elle progresse avec le temps – même s'il s'agit en l'occurrence de millisecondes – et du général au particulier. La recherche nous apprend que les stades premiers et très généraux du processus d'identification nous apportent assez de renseignements pour qu'on décide si l'objet est effrayant, mais pas assez pour qu'on sache ce qu'il est. Une fois que notre cerveau se juge en présence d'une chose effrayante, il ordonne à nos glandes de produire des hormones créant un état d'excitation physiologique exacerbé ; la tension artérielle augmente, le rythme cardiaque s'accélère, les pupilles se contractent, les muscles se bandent : nous sommes prêts à passer à l'action. Avant d'en avoir fini avec l'analyse approfondie qui nous permettra de savoir que la chose est un sanglier, notre cerveau a déjà mis notre corps sur le mode « prêt-à-décamper » : galvanisé et piaffant d'impatience.

Le fait de pouvoir être excités sans savoir précisément pourquoi n'est pas sans conséquences sur notre aptitude à reconnaître nos propres émotions[3]. Des chercheurs ont étudié les réactions de jeunes hommes occupés à franchir un long pont suspendu bricolé de planches et de câbles, se balançant à soixante-dix mètres au-dessus de la rivière Capilano dans Vancouver-Nord[4]. Une jeune femme abordait chacun d'eux en lui demandant de répondre à un questionnaire. Quand il avait fini, elle lui donnait son numéro de téléphone et lui proposait de mieux lui expliquer son enquête s'il lui passait un coup de fil. Maintenant, voici l'astuce : elle abordait certains garçons alors qu'ils étaient sur le pont; les autres, seulement une fois le pont franchi. Or, ceux qui lui avaient parlé pendant qu'ils passaient le pont se révélèrent beaucoup plus susceptibles de l'appeler les jours suivants. Pourquoi ? Parce que, ayant rencontré la femme sur un pont instable, dans un équilibre précaire, ils avaient ressenti une forte excitation physiologique qu'en temps normal ils auraient identifiée comme de la peur. Mais, interrogés par une femme séduisante, ils prirent leur excitation pour une attirance sexuelle. À l'évidence, une émotion interprétée comme de la peur face au vide pourra être interprétée comme du désir face à un décolleté – ce qui signifie tout simplement qu'il est *possible* de se tromper sur ce que l'on ressent[5].

Cécité émotionnelle

« La haine fait travailler, semble-t-il, les mêmes glandes que l'amour[6] », écrivait le romancier Graham Greene. En effet, la recherche nous démontre qu'une excitation physiologique peut être diversement interprétée, tout dépend de ce qui, selon nous, a provoqué cette excitation. On peut prendre la peur pour du désir, l'appréhension pour de la culpabilité[7], la honte pour de l'angoisse[8]. Mais ne pas toujours savoir *nommer* une expérience émotionnelle ne signifie pas qu'on ignore *ce qu'elle nous fait*, pas vrai ? On ne sait peut-être pas dire son nom, on ne sait peut-être pas ce qui l'a causée, mais on sait toujours ce qu'elle nous fait, d'accord ? Alors est-il possible de croire ressentir *quelque chose* quand, en réalité, on ne ressent *rien du tout* ? Le philosophe Daniel Dennett pose ainsi la question :

> « Imaginez une personne à qui on suggère sous hypnose qu'à son réveil *elle aura mal* au poignet. Si la suggestion hypnotique fonctionne, s'agit-il d'une douleur provoquée par hypnose, ou juste d'une personne poussée à *croire* qu'elle a mal ? Si vous répondez que l'hypnose a provoqué une douleur réelle, imaginez ce qui se serait produit si la suggestion hypnotique avait été : "À votre réveil, vous *croirez avoir mal* au poignet." Si cette dernière suggestion fonctionne, n'est-on pas dans le même cas que précédemment ? Croire que l'on souffre, n'est-ce pas souffrir[9] ? »

À première vue, l'idée qu'on puisse croire avoir mal et se tromper semble grotesque : *avoir mal, croire avoir mal*, c'est jouer sur les mots. Bien. Maintenant, prenez le scénario suivant. Assis à la terrasse d'un café, vous sirotez un petit noir en parcourant benoîtement le journal du dimanche. Les passants profitent de cette radieuse matinée pour flâner, et l'enthousiasme amoureux du jeune couple à la table d'à côté témoigne de l'éternel miracle du printemps. Sur fond de chants d'oiseaux, un parfum de croissants chauds s'échappe de la boulangerie. Vous êtes en train de lire un article passionnant sur la réforme du financement des campagnes électorales, et tout va pour le mieux… jusqu'au moment où, soudain, vous vous apercevez que vous en êtes déjà au troisième paragraphe : quelque part au milieu du premier, vous vous êtes mis à humer des viennoiseries, à écouter des piafs, et voilà que vous ne savez plus ce que vous êtes en train de lire. Avez-vous effectivement lu ce deuxième paragraphe ou l'avez-vous rêvé ? Vous y jetez un rapide coup d'œil : en effet, tous les mots vous sont familiers. À la relecture, vous vous rappelez même les avoir entendu prononcer il y a peu par cette voix dans votre tête qui ressemble à s'y méprendre à la vôtre, une voix couverte, l'espace d'un paragraphe ou deux, par de délicieuses diversions printanières.

Deux questions se posent. Première question : avez-vous « vécu l'expérience » du paragraphe la première fois que vous l'avez lu ? Seconde question : si oui, le saviez-vous ? Les réponses sont respectivement oui et non. Oui, vous avez vécu l'expérience du paragraphe ; c'est pourquoi il vous a été si familier quand vous l'avez à nouveau parcouru. Si un appareil avait suivi vos mouvements oculaires, il aurait révélé qu'à aucun moment vous n'avez interrompu votre lecture. En fait, vous y étiez bel et bien plongé quand vous vous êtes soudain surpris… surpris *à quoi* ? À vivre l'expérience d'une chose sans en avoir conscience, voilà. À présent, permettez-moi une courte pause : j'aimerais revenir sur ces mots, de peur que vous ne vous remettiez à écouter les oiseaux. Le mot *expérience* vient du latin *experientia*, qui signifie « essai », « tentative », tandis que le mot *conscience* (*conscientia*) signifie la « connaissance d'une chose ». L'expérience suppose la participation à un événement ; la conscience son constat. Dans la conversation courante, les deux mots peuvent sans grand dommage se substituer l'un à l'autre, mais leurs inflexions sont différentes. L'un nous engage ; l'autre nous instruit de cet engagement. En fait, on peut considérer la conscience comme une sorte d'expérience de l'expérience[10]. Quand deux personnes se disputent pour savoir si les chiens sont intelligents ou pas, d'ordinaire l'une emploie ce mot sérieusement cabossé pour dire « capable d'expérience », l'autre pour dire « capable de conscience ». Les chiens ne sont pas des pierres, dit l'une, donc bien sûr qu'ils sont intelligents. Les chiens ne sont pas des hommes, réplique l'autre, donc bien sûr qu'ils ne le sont pas. Les deux ont probablement raison. Les chiens ont sans doute une expérience du blanc et du sucré : il existe un état comparable au fait d'être un chien face à une chose blanche et sucrée, même si les humains ne pourront jamais savoir ce qu'est cet état. Mais le chien en train de vivre cette expérience n'a pas simultanément conscience d'être en train de la vivre ; il ne pense pas en le croquant : « Ce qu'il est bon ce morceau de sucre ! »

La distinction entre expérience et conscience est difficilement saisissable car, le plus souvent, elles coïncident. On met un bonbon dans sa bouche, on vit l'expérience du sucré, on sait qu'on la vit, et rien de tout cela ne présente pour nous la moindre difficulté. Mais si l'étroitesse du lien qui unit expérience et conscience vous décourage de les distinguer, rembobinez donc le film et imaginez-vous au café à l'instant précis où vos yeux parcouraient le journal et où votre esprit s'apprêtait à partir se balader du côté des sons et parfums environnants. Maintenant, appuyez sur la touche *play* et imaginez que votre esprit part, se perd et ne revient jamais. Alors que vous êtes en train de vivre l'expérience de l'article, votre conscience se détache définitivement de votre expérience et vous ne vous prenez jamais en flagrant délit de distraction : non, vous ne revenez jamais vous apercevoir dans un sursaut que vous étiez en train de lire. Le jeune couple d'à côté interrompt sa séance de papouilles pour vous demander quelles sont les dernières nouvelles sur la réforme du financement des campagnes électorales. Vous expliquez alors patiemment que vous ne pouvez pas le savoir : ils n'auraient pas manqué de le remarquer si leurs hormones n'avaient pas mobilisé toute leur attention, mais vous êtes en train d'écouter le bruissement du printemps, *et non de lire le journal.* Cette réponse plonge les jeunes gens dans la perplexité car, autant qu'ils puissent en juger, vous avez bien un journal entre les mains et vos yeux parcourent la page alors même que vous le niez. Après quelques messes basses et papouilles renouvelées, ils décident de faire un test pour savoir si vous dites vrai : « Pardonnez-nous de vous déranger encore une fois, mais nous tenons vraiment beaucoup à savoir combien de sénateurs ont voté le projet de réforme. Auriez-vous la gentillesse de hasarder une réponse ? » Comme vous humez les croissants, écoutez les oiseaux et *ne lisez pas le journal*, vous n'avez aucune idée du nombre de sénateurs ayant voté la réforme. Mais, manifestement, le seul moyen d'amener ces gêneurs à vous ficher la paix, c'est de leur répondre *quelque chose.* Vous prononcez donc un chiffre au hasard : « Mettons quarante et un. » Le chiffre est exact, ce qui ne surprend personne, sauf vous.

Ce scénario peut vous paraître trop abracadabrant pour être réel (en effet, il y a peu de chances pour que quarante et un sénateurs votent une réforme du financement électoral...) ; pourtant il est à la fois abracadabrant et réel. Ce sont différentes parties du cerveau qui produisent l'expérience visuelle et la conscience de cette expérience. De ce fait, certaines lésions (en particulier au niveau du cortex, dans l'aire primaire de la vision connue sous le nom de V1) peuvent affecter l'une sans affecter l'autre, et dissocier l'expérience de la conscience. Par exemple, les gens atteints de cécité corticale n'ont pas conscience de voir : ils vous diront sans mentir qu'ils sont complètement aveugles [11]. Les scanographies de leur cerveau viennent confirmer leurs dires puisqu'elles révèlent une faible activité dans les zones normalement associées à la conscience de l'expérience visuelle, alors même qu'elles révèlent une activité relativement normale dans les zones associées à la vision [12]. Par conséquent, si on projette un faisceau lumineux sur un point précis d'un mur et qu'on demande à une personne atteinte de cécité corticale si elle a vu la lumière, elle nous répond : « Bien sûr que non. Ma canne blanche aurait pu vous mettre sur la voie : je suis aveugle ! » Mais quand on lui demande de deviner approximativement l'endroit où la lumière a pu se poser – *tentez le coup, dites n'importe quoi, désignez un point au hasard si vous voulez* –, elle « devine » juste, et ce bien trop souvent pour que ce soit le seul fruit du hasard.

Elle *voit*, si, par *voir*, on entend éprouver l'expérience du faisceau lumineux et savoir où le localiser, mais elle est *aveugle*, si, par *aveugle*, on entend qu'elle n'a pas conscience d'avoir vu. Ses yeux projettent le film du monde sur le petit écran tendu dans sa tête, mais les spectateurs sont partis chercher du pop-corn dans le hall.

Cette dissociation entre conscience et expérience peut provoquer le même genre d'excentricités du côté de nos émotions. Certains d'entre nous semblent avoir une conscience aiguë de leurs humeurs et sensations, ils peuvent même développer un véritable talent de romancier pour en décrire chaque nuance. D'autres sont équipés d'un vocabulaire émotionnel plus rudimentaire qui, au grand dam de leurs partenaires romantiques, se résume essentiellement à : *bon*, *pas bon*, et *je te l'ai déjà dit*. Si notre déficit expressif est si profond et durable qu'il se prolonge après la coupe du monde de foot, on est peut-être atteint d'*alexithymie*, c'est-à-dire, littéralement, d'une « absence de mots pour décrire des états émotionnels ». Quand on demande à des alexithymiques *ce qu'ils ressentent*, ils répondent : « rien », et quand on leur demande *comment ils se sentent*, ils répondent : « Je ne sais pas. » Hélas, leur maladie n'est pas de celles qui se soignent avec un dictionnaire de synonymes ou des cours intensifs d'expression, car ce n'est pas tant le vocabulaire affectif traditionnel qui leur fait défaut, mais la conscience introspective de leurs états émotionnels. Les émotions, *ils les éprouvent*, semble-t-il : ils ont juste l'air de ne pas le savoir. Par exemple, quand des chercheurs leur montrent des photos émotionnellement évocatrices d'amputations et de carcasses de voitures, les alexithymiques ont les mêmes réactions physiologiques que les gens normaux. Mais si on leur demande une appréciation verbale sur le caractère déplaisant de ces clichés, ils sont bien moins capables que d'autres de les distinguer d'une image d'arc-en-ciel ou de bébé chien [13]. On pense que l'alexithymie a pour cause un dysfonctionnement du cortex cingulaire antérieur, une partie de notre cerveau qui sert de médiateur à notre conscience de beaucoup de choses, notamment nos états intérieurs [14]. Tout comme la dissociation entre conscience et expérience visuelle peut provoquer la cécité corticale, la dissociation entre conscience et expérience émotionnelle provoque ce qu'on pourrait appeler une cécité émotionnelle. Il est apparemment possible – en tout cas à certaines personnes et à certains moments – d'être heureux, triste, ennuyé ou curieux, et de ne pas le savoir.

Faites chauffer le bonheuromètre

Il était une fois un Dieu barbu qui, ayant fabriqué une petite terre plate, la colla au beau milieu du ciel afin que les humains soient au centre de tout. Puis les sciences physiques débarquèrent et vinrent compliquer le tableau à coups de big-bang, de quarks, de p-branes et de supercordes, et ce qu'on a gagné dans tout ça, c'est qu'aujourd'hui, des centaines d'années plus tard, la plupart des gens ne savent pas du tout où ils en sont. La psychologie aussi a créé des problèmes qui n'existaient pas autrefois, et ce en dévoilant les failles que recèle notre compréhension intuitive de nous-mêmes. Il est possible que l'univers comprenne plusieurs petites dimensions emboîtées dans les grandes, possible que le temps finisse par s'arrêter ou reculer, possible aussi que les gens comme vous et moi ne soient pas censés y piger quoi que ce soit. En revanche, il est une chose sur laquelle on peut toujours compter : notre expérience vécue. Pour Descartes, elle est la *seule* chose dont on puisse être absolument sûr : tout ce qu'on pense savoir d'autre ne fait qu'en découler. Pourtant, on l'a vu, même en définissant très approximativement le mot *bonheur*, on ne peut pas savoir si deux personnes qui se disent heureuses vivent la même expérience, ni si notre expérience actuelle du bonheur est vraiment différente de notre expérience passée, ni si on est tout bonnement *en train de vivre* une expérience de bonheur. Si le but de la science est de nous plonger dans l'embarras et dans l'ignorance face à des choses que l'on comprenait fort bien autrefois, alors la psychologie est une science qui a encore mieux réussi que les autres.

Mais, comme le mot *bonheur*, le mot *science* fait partie de ces vocables qui, recouvrant trop de significations pour trop de monde, courent le risque de ne plus en avoir aucune. Mon père est un éminent biologiste qui, après quelques décennies de réflexion, m'a récemment révélé que la psychologie ne pouvait pas vraiment être une science car la science exige l'usage de l'électricité. À l'évidence, les électrochocs comptent pour des prunes. Ma définition personnelle de la science est un peu plus éclectique. Cela dit, il est un point sur lequel papa, la plupart des scientifiques et moi pouvons tomber d'accord : si une chose ne peut être mesurée, on ne peut l'étudier scientifiquement. On peut l'étudier, on pourrait même soutenir qu'étudier l'inquantifiable vaut toutes les sciences. Seulement, ce n'est pas de la science parce que la science mesure ; et si une chose ne peut être mesurée – si on ne peut la confronter à une pendule, une règle, ou quoi que ce soit d'autre qu'elle-même –, elle n'est pas un objet d'investigation scientifique possible. On l'a vu, il est extrêmement difficile de mesurer le bonheur d'un individu et d'avoir confiance dans la validité et la fiabilité de cette mesure. Parfois, les gens ignorent ce qu'ils éprouvent ou ne se rappellent pas ce qu'ils ont éprouvé, et même quand ils s'en souviennent, les scientifiques ne peuvent jamais savoir dans quelle mesure l'expérience présente ne vient pas se décalquer sur la description de l'expérience passée ; de ce fait, ils ne peuvent pas savoir exactement comment interpréter les allégations de bonheur. Autant de raisons qui font de l'étude scientifique de l'expérience subjective une rude besogne.

Rude, oui, mais pas impossible, parce qu'on peut jeter un pont sur le gouffre qui isole les expériences – pas un pont avec des poutrelles d'acier ni une route à six voies, mais un pont en corde assez robuste –, à condition toutefois d'accepter trois prémisses.

Mesurer juste

La première prémisse, n'importe quel menuisier pourrait vous la donner : avoir de mauvais outils est une calamité, mais c'est toujours mieux que de planter des clous avec ses dents. La nature même de l'expérience subjective fait qu'il n'existera jamais de *bonheuromètre*, c'est-à-dire jamais d'instrument parfaitement fiable permettant à l'observateur de mesurer avec exactitude l'expérience subjective d'un individu de sorte que cette mesure puisse être enregistrée et comparée à une autre[15]. Si nous exigeons un tel degré de perfection de nos outils, autant laisser tomber nos traceurs oculaires, scanographies du cerveau et échantillons de couleur, et confier l'étude de l'expérience subjective aux poètes : ils s'en sont fort bien acquittés pendant quelques milliers d'années. Mais, dans ce cas, il ne serait que justice de leur refiler aussi l'étude du reste. Les chronomètres, thermomètres, baromètres, spectromètres et autres instruments utilisés par les scientifiques pour mesurer ce qui les intéresse sont également imparfaits. Tous introduisent un certain degré d'erreur dans les observations qu'ils permettent, c'est pourquoi gouvernements et universités dépensent tous les ans des sommes pharaoniques afin d'en acquérir des versions chaque fois un peu plus parfaites. Si on décide de se débarrasser de tout ce qui n'offre qu'une approximation de la vérité, il faut liquider aussi la psychologie, les sciences physiques, le droit, l'économie et l'histoire. Bref, si la perfection devient la norme dans toutes nos entreprises, il ne nous reste plus que les maths et le Double Blanc des Beatles. Alors, peut-être vaut-il mieux accepter un peu de flou et cesser de se plaindre.

Deuxième prémisse : la moins faussée de toutes les mesures faussées d'une expérience subjective est encore le compte rendu sincère, en temps réel, qu'en donne la personne attentive[16]. Il existe bien sûr beaucoup d'autres moyens de mesurer le bonheur, dont certains *ont l'air* tellement plus rigoureux, scientifiques et objectifs que les déclarations d'un individu. L'électromyographie, par exemple : grâce à elle, on mesure les signaux électriques produits par les muscles striés du visage, comme le *corrugator supercilii* qui fronce les sourcils quand on éprouve un désagrément, ou le grand zygomatique qui tire la bouche vers les oreilles quand on sourit. Ou encore la physiographie qui mesure l'activité électrodermale, respiratoire et cardiaque du système nerveux autonome, laquelle change du tout au tout en cas d'émotions fortes. L'électroencéphalographie, la tomographie à positrons et l'imagerie par résonance magnétique mesurent l'activité électrique et le débit sanguin dans différentes régions du cerveau : le cortex préfrontal gauche, par exemple, a tendance à être actif quand on éprouve des émotions positives et le cortex préfrontal droit quand on éprouve des émotions négatives. Même une pendule peut être utile pour mesurer le bonheur : sous le coup de la surprise, on cligne les paupières plus lentement quand on est heureux que lorsqu'on est apeuré ou inquiet[17].

Les scientifiques qui se fondent sur les comptes rendus sincères, en temps réel, de la personne ressentent souvent le besoin de légitimer leur choix en soulignant que d'autres mesures du bonheur attestent leur véracité. C'est prendre le problème à l'envers : après tout, si on considère ces événements corporels – mouvement musculaire, vascularisation du cerveau… – comme des indices de bonheur, c'est bien *parce que les gens nous disent qu'ils sont heureux*. Si tous déclaraient ressentir une rage folle ou une dépression noire quand leurs zygomatiques se contractent, que leurs paupières clignent au ralenti et que leur cortex antérieur gauche se gonfle de sang, il nous faudrait réviser notre interprétation de ces changements physiologiques et les tenir, au contraire, pour des indices de tristesse. Pour savoir ce qu'éprouve quelqu'un, il faut commencer par admettre qu'il soit le seul et unique observateur posté à un point de vue décisif. Il peut ne pas se rappeler ce qu'il a ressenti auparavant et ne pas savoir ce qu'il ressent maintenant. Nous, on peut douter de ce qu'il raconte, de sa mémoire et se demander s'il emploie bien le même langage que nous. Mais une fois finies nos contorsions, il nous faut bien reconnaître qu'il est la *seule* personne ayant ne serait-ce que *la plus petite chance* de décrire la situation « vue de l'intérieur » : c'est pourquoi ses déclarations sont l'étalon qui sert à mesurer toutes les autres mesures. On s'y fiera davantage quand elles coïncideront avec ce que rapportent d'autres observateurs moins privilégiés, quand on saura qu'il évalue son expérience sur une toile de fond identique à la nôtre, quand son corps réagira comme les autres corps vivant l'expérience qu'il dit vivre, etc. Pourtant, alors même que tous ces indices de bonheur concorderont, on ne pourra jamais avoir l'absolue certitude de connaître la vérité sur son monde intérieur. En revanche, on pourra être sûr de s'en être approché le plus possible. Et cela doit *obligatoirement* nous suffire.

Mesurer souvent

Troisième prémisse : les défauts de mesure sont un problème, mais il n'est insurmontable que s'il est ignoré. Si notre verre de lunette est rayé et que nous ne le savons pas, nous pouvons conclure à tort qu'une petite faille s'est ouverte dans l'espace et qu'elle nous suit partout. Mais, si nous le savons, nous allons faire notre possible pour ne pas en tenir compte et nous rappeler que ce qui semble un accroc dans l'espace n'est en réalité qu'un défaut de l'appareil utilisé pour l'observer. Comment les scientifiques peuvent-ils donc « passer outre » les inévitables déformations contenues dans les récits d'expériences subjectives ? La réponse se trouve dans un phénomène que les statisticiens appellent la *loi des grands nombres*.

Beaucoup d'entre nous ont une idée fausse sur les grands nombres : à savoir qu'ils sont comme les petits, mais en plus grand. C'est pourquoi on s'attend à ce qu'ils fassent *plus* que les petits, mais pas à ce qu'ils fassent *autrement*. Exemple : on sait que deux neurones qui échangent des signaux électrochimiques par leurs axones et leurs dendrites ne peuvent pas être conscients. Les cellules nerveuses sont des machines simples, beaucoup moins compliquées que les talkies-walkies, et elles font une chose unique et simple : elles réagissent aux substances chimiques qui les atteignent en libérant leurs propres substances chimiques. Si on continue à tranquillement supposer que dix milliards de ces machines très simples ne peuvent faire que dix milliards de choses très simples, on ne saura jamais qu'elles sont des milliards à posséder une propriété qu'elles ne sont pas deux, dix ou dix mille à avoir. Or, la conscience est précisément cette *propriété émergente* : c'est-à-dire un phénomène qui résulte, entre autres, du *nombre* d'interconnexions neuronales dans le cerveau et qui n'existe ni dans toutes les parties des neurones, ni dans la seule interconnexion de quelques-uns d'entre eux [18]. La physique quantique offre une leçon similaire. On sait que les particules subatomiques ont l'étrange et charmante capacité d'exister dans deux endroits à la fois. Si on suppose que tout ce qui est composé de ces particules doit faire de même, il faut s'attendre à retrouver simultanément toutes les vaches du monde dans toutes les étables du monde. Or ce n'est manifestement pas le cas, car la fixité compte parmi ces propriétés qui naissent de l'interaction entre un très grand nombre de très petites parties ne possédant pas elles-mêmes cette propriété. Bref, davantage n'est pas seulement davantage : davantage est parfois *autre*.

Jointes à la magie des grands nombres, les lois de la probabilité pallient beaucoup des imperfections inhérentes à la mesure de l'expérience subjective. Vous savez que, si on lance plusieurs fois une pièce à pile ou face, à peu près la moitié du temps, elle tombe sur face. Maintenant, si vous n'avez rien de mieux à faire mardi soir, je vous invite dans mon pub sur Harvard Square ; on y pratique un jeu d'une bêtise très attachante : on joue les tournées à pile ou face. On lance une pièce, je dis face, vous dites pile, et le perdant paie chaque fois les deux bières au barman. Bien. Mettons que, sur quatre lancers, je gagne trois fois, vous allez mettre ça sur le compte de la malchance et me proposer une partie de fléchettes. Mais, si on lance la pièce quatre millions de fois et que je gagne trois millions de fois, vous et vos potes allez sans doute passer pour moi une grosse commande de goudron et de plumes. Pourquoi ? Parce que, même si vous ignorez tout des probabilités, vous savez intuitivement que, lorsque les nombres sont petits, de petites imperfections – un courant d'air, un peu de sueur sur un doigt – peuvent influencer le résultat et faire tomber la pièce du même côté. Mais, avec les grands nombres, ces petites imperfections n'ont plus d'incidence. Quelques gouttes de sueur ou un souffle d'air incontrôlable peuvent expliquer que la pièce tombe sur face trois fois sur quatre, soit une de plus que prévu. Mais quelles sont les chances pour que pareilles imperfections fassent tomber la pièce du même côté un million de fois de plus que prévu ? Elles sont infinitésimales, vous dit votre intuition, et votre intuition a raison : elles sont aussi proches de l'infinitésimal que peut l'être toute chose sur cette Terre sans disparaître totalement.

La même logique s'applique à la question de l'expérience subjective. Supposez deux volontaires auxquels on propose deux expériences censées provoquer le bonheur : un million de dollars pour l'un et un revolver de petit calibre pour l'autre. On demande à chacun de nous dire son bonheur. Le nouveau riche témoigne de son ravissement, et le sujet armé dit qu'il est modérément satisfait (en tout cas, pas aussi satisfait que devrait l'être un sujet d'expérience équipé d'une arme). Est-il possible qu'ils vivent la même expérience émotionnelle, mais la décrivent différemment ? Oui. Le nouveau millionnaire peut avoir exprimé de la politesse, pas de la joie. Quant au récent propriétaire d'un pistolet, peut-être est-il ravi, mais, ayant récemment vécu l'extase sur la Grande Barrière de Corail, il décrit son ravissement comme une simple satisfaction. Ces questions sont de vraies questions, des questions essentielles : il serait stupide de conclure, sur la base de ces deux témoignages, qu'une arme à feu ne fait pas le bonheur. En revanche, si on distribue d'un côté *un million de pistolets*, et de l'autre *un million d'enveloppes pleines de billets*, et si quatre-vingt-dix pour cent des gens ayant reçu l'argent se disent plus heureux que quatre-vingt-dix pour cent de ceux ayant reçu les flingues, on a fort peu de risque d'être trompé par les particularismes des descriptions verbales. De même, si une personne se déclare plus heureuse de l'éclair au café d'aujourd'hui que de l'éclair au chocolat d'hier, on peut légitimement se demander si elle se rappelle bien la première expérience. Mais si la chose se reproduit avec des centaines, voire des milliers de personnes, dont certaines goûteront l'éclair au café avant l'éclair au chocolat et d'autres après, on aura de bonnes raisons de penser que deux éclairs différents provoquent deux expériences différentes, dont l'une est plus agréable que l'autre. Quelles sont les probabilités pour que *tout le monde* soit leurré par sa mémoire et se rappelle l'éclair au café comme meilleur qu'il n'était ?

Le problème fondamental avec la science de l'expérience, c'est que, si les hypothèses du ratatinement lexical ou de la dilatation de l'expérience sont exactes, on peut tous projeter différemment ce qu'on vit dans ce qu'on dit. Or, les expériences subjectives ne peuvent se partager que par la parole : leur nature véritable ne peut donc jamais faire l'objet d'une mesure parfaite. En d'autres termes, si, pour chaque personne, la balance de l'expérience n'est pas tout à fait étalonnée comme la balance de la description, *il est impossible aux scientifiques de comparer les déclarations de deux individus*. Ça, c'est un problème, seulement il ne tient pas au mot *comparer*, mais au mot *deux*. Deux est un trop petit nombre ; quand deux devient deux cents ou deux mille, les étalonnages différents d'individus différents se neutralisent. Si, dans l'usine où l'on fabrique les mètres, règles et autres instruments de mesure du monde entier, les ouvriers prenaient une cuite et se mettaient à fabriquer des étalons de dimensions légèrement différentes, quand vous mesureriez un dinosaure et moi un navet, on ne saurait pas lequel est le plus gros. On aurait peut-être eu entre les mains des règles complètement pompettes. Mais, si des centaines de personnes équipées de centaines de règles mesuraient dinosaure ou navet, on pourrait faire la moyenne des mesures et raisonnablement penser qu'en effet le tyrannosaure est plus gros qu'un légume. Quelles seraient les probabilités pour que les règles de tous les mesureurs de dinosaure aient été dilatées, et celles de tous les mesureurs de navet ratatinées ? D'accord, la chose *serait possible*, et ces probabilités peuvent se chiffrer assez précisément, mais je vous épargnerai le calcul. Croyez-moi sur parole : elles sont si minces que les mettre noir sur blanc compromettrait les réserves mondiales de zéros.

Le fond de la question est celui-ci : le compte rendu sincère, réalisé en temps réel, par une personne attentive, est certes une approximation imparfaite de son expérience subjective, mais on n'a pas le choix. Quand on trouve une salade de fruits, un partenaire amoureux ou un trio de jazz trop imparfait, on arrête de manger, bécoter ou écouter. Or, la loi des grands nombres nous dit que, si une mesure est trop imparfaite, il ne faut pas s'arrêter de mesurer, au contraire : il faut remesurer et re-remesurer jusqu'à ce que les insidieuses imperfections cèdent sous l'assaut des données. Ces particules subatomiques qui adorent être partout en même temps semblent se neutraliser les unes les autres, et le gros agrégat de particules qu'on appelle vaches, voitures et Canadiens francophones reste pile là où on l'a posé. Dans la même logique, la collecte minutieuse d'un grand nombre de récits expérientiels permet aux imperfections de l'un de neutraliser celles de l'autre. Aucun récit – ni le vôtre, ni le mien – ne peut être tenu pour le révélateur infaillible et parfaitement étalonné de nos expériences, mais, en posant la même question à un nombre suffisant d'individus, on peut acquérir la certitude que la réponse moyenne reflétera en gros l'expérience moyenne. La science du bonheur nous oblige à jouer à pile ou face, et les renseignements qu'elle nous fournit courent toujours le risque d'être faux. Mais si vous voulez parier contre elle, lancez la pièce, sortez votre portefeuille et dites au barman de me préparer une Guinness.

À venir

L'une des scies de la musique de variétés, qui n'en manque pas, commence par ces paroles : « *Feelings, nothing more than feelings.* » Je grimace chaque fois que je l'entends ; c'est comme si on entamait un cantique par : « Jésus, rien de plus que Jésus. » Rien de *plus* que des émotions ? Que pourrait-il y avoir de plus important que les sentiments, les émotions ? *Et la guerre ? Et la paix ?* me direz-vous. Mais la guerre et la paix sont-elles importantes pour une autre raison que les émotions qu'elles provoquent ? Si la guerre ne provoquait pas souffrance et angoisse, si la paix n'était pas promesse de plaisirs spirituels et charnels, auraient-elles l'une et l'autre une quelconque importance pour nous ? La guerre, la paix, l'art, l'argent, le mariage, la naissance, la mort, la maladie, la religion : on a versé des océans de sang et d'encre sur ces quelques Très Grandes Questions. Or elles ne sont très grandes questions que pour une seule raison : elles sont un puissant vivier d'émotions humaines. Si elles ne nous faisaient *éprouver* ni enthousiasme, ni rage, ni gratitude, ni désespoir, nous ne verserions ni toute cette encre ni tout ce sang. Platon demandait : « Ces choses sont-elles bonnes pour une autre raison que parce qu'elles se terminent au plaisir et délivrent ou préservent de la douleur, ou avez-vous en vue quelque autre fin que le plaisir et la douleur pour les appeler bonnes[19] ? » En effet, les sensations ne sont pas seulement importantes : elles sont le *sens même* de ce qui importe. On attend de toute créature ressentant de la douleur en se brûlant et du plaisir en mangeant qu'elle désigne la brûlure et la nourriture comme respectivement *mauvaise* et *bonne*, et on attendrait d'une créature en amiante dépourvue d'appareil digestif qu'elle trouve pareilles qualifications arbitraires. Pendant des siècles, les philosophes moralistes ont tenté de trouver un autre moyen de définir le *bon* et le *mauvais :* aucun n'a jamais convaincu les autres (ni moi non plus, d'ailleurs). On ne peut dire d'une chose qu'elle est bonne sans dire *à quoi* elle est bonne, et si on examine toutes les choses et expériences que notre espèce dit bonnes et qu'on se demande *à quoi* elles sont bonnes, la réponse est claire : en général, elles sont bonnes à nous rendre heureux.

Vu l'importance des sensations, on aimerait pouvoir dire avec précision ce qu'elles sont et comment les mesurer. Mais, on l'a vu, il est impossible de le faire avec la précision convoitée par les scientifiques. Alors, si les outils méthodologiques et conceptuels développés par la science ne nous permettent pas de mesurer les sensations d'un individu avec minutie, ils nous permettent au moins de mesurer tant bien que mal et remesurer encore des dizaines d'individus à coups de règles complètement pompettes. Le problème auquel nous sommes confrontés est certes ardu, mais trop important pour être négligé : pourquoi sommes-nous si souvent incapables de savoir ce qui nous rendra heureux dans l'avenir ? La science apporte à cette question certaines réponses curieuses. Maintenant que nous savons poser le problème et disposons d'une méthode générale pour le résoudre, nous voici prêts à examiner ces réponses.

Troisième partie

RÉALISME

Réalisme (ré-a-lizm)
Croyance selon laquelle les choses sont dans la réalité ce qu'elles semblent être dans la tête.

4

DANS L'ANGLE MORT DE L'IMAGINATION

> « Et de même que l'imagination prête un corps
> Aux choses inconnues, la plume du poète
> Leur donne forme et octroie au néant impalpable
> Une demeure et un nom. »
>
> SHAKESPEARE, *Le Songe d'une nuit d'été*

On est sûr d'une chose : Adolph Fischer n'a pas fomenté l'émeute. Il n'en a pas été l'instigateur. En fait, il n'était pas dans le coin la nuit où les policiers ont été tués. Mais son syndicat avait bravé les tout-puissants industriels de Chicago, qui avaient la haute main sur les hommes, femmes et enfants suant sang et eau dans leurs ateliers : il fallait donc lui donner une leçon. Adolph Fischer fut jugé et condamné à mort pour un crime qu'il n'avait pas commis, grâce à un témoin parjure soudoyé par la partie adverse. Le 11 novembre 1887, sur la potence, ses dernières paroles laissèrent tout le monde pantois : « Voici le moment le plus heureux de ma vie. » Quelques secondes plus tard, la trappe s'ouvrait sous ses pieds et la corde lui brisait le cou : il était mort[1].

Par bonheur, ses rêves de justice en Amérique ne furent pas si faciles à éliminer. Un an après son exécution, un jeune garçon brillant perfectionna la photographie sur plaque sèche, lança son appareil Kodak révolutionnaire et devint illico l'un des hommes les plus riches du monde. Dans les décennies qui suivirent, George Eastman développa une philosophie d'entreprise tout aussi révolutionnaire : il réduisit les horaires de travail de ses ouvriers, leur octroya des pensions d'invalidité, des retraites, des assurances vie, un intéressement et, pour finir, leur céda un tiers des actions de sa société. Le 14 mars 1932, l'inventeur et philanthrope aimé de tous s'assit à son bureau, rédigea un court message, reboucha soigneusement son stylo, fuma une cigarette et, à la stupeur générale, se donna la mort[2].

Fischer et Eastman forment un contraste fascinant. Pour l'un comme pour l'autre, les travailleurs avaient droit à des salaires équitables et à des conditions de travail décentes, et ils ont l'un et l'autre consacré leur vie à déclencher l'évolution sociale à l'aube de l'ère industrielle. Fischer a atrocement échoué : il est mort en criminel, pauvre et vilipendé. Eastman a pleinement réussi : il est mort en champion, riche et vénéré. Dans ce cas, pourquoi le pauvre qui avait si peu réussi accueillait-il avec joie son lynchage, et pourquoi le riche était-il poussé à s'ôter la vie en pleine réussite ? Les réactions de Fischer et d'Eastman face à leurs situations respectives paraissent si opposées, si parfaitement inverses, que l'on serait tenté de les mettre sur le compte de la bravade pour l'un et de l'aberration mentale pour l'autre. Apparemment, Fischer était heureux au dernier jour d'une existence misérable, et Eastman malheureux au dernier jour d'une vie épanouissante. Or nous savons qu'à la place de l'un ou de l'autre, *nous*, nous aurions éprouvé des émotions diamétralement opposées. Alors, qu'est-ce qui ne tournait pas rond chez ces gars-là ? Tout tournait rond chez eux, c'est chez vous que ça ne tourne pas rond. Et chez moi. Et ce qui ne tourne pas rond chez nous, c'est qu'on fait systématiquement des erreurs quand on s'efforce d'imaginer « comment ça ferait si ».

Imaginer « comment ça ferait si » semble une rêverie légère, c'est pourtant l'une des actions mentales les plus essentielles, et on l'accomplit tous les jours. Nous décidons qui épouser, où travailler, quand procréer, où prendre notre retraite et, dans une large mesure, fondons ces décisions sur « comment ça ferait », selon nous, si *tel événement* se produisait plutôt que *tel autre*[3]. Notre vie n'a peut-être pas toujours tourné comme on le souhaitait ou comme on le projetait, mais on en est sûr, si elle l'avait fait, notre bonheur aurait été sans nuages, nos chagrins légers et éphémères. Cependant, si on ne peut pas toujours avoir ce qu'on veut, au moins est-on convaincu de savoir ce qu'il faut vouloir. On sait qu'il faut chercher le bonheur sur un green et pas sur une chaîne de montage, avec Lana mais pas avec Lisa, comme potier mais pas comme plombier, en Floride plutôt qu'en Afghanistan, et tout cela, on le sait parce qu'on peut se projeter dans le temps et simuler des mondes qui n'existent pas encore. Chaque fois qu'on se trouve face à une décision – « Je reprends un poisson pané ou je passe directement au dessert ? », « J'accepte ce job à l'autre bout du pays ou je reste ici à attendre une promotion ? », « Je me fais opérer du genou ou j'essaie d'abord la kiné ? » –, on imagine les avenirs offerts par les alternatives à notre disposition avant d'imaginer ce qu'on éprouverait dans chaque option (« Si la chirurgie ne marche pas, je regretterai toujours de ne pas avoir essayé la kiné »). Et nul besoin de fournir un gros effort d'imagination pour savoir qu'on serait plus heureux en directeur d'une société figurant au CAC 40 qu'en pendu au bout d'une corde. En bons singes qui regardent vers l'avenir, il ne nous est pas nécessaire de *vivre vraiment* les vies d'Adolph Fischer ou de George Eastman pour savoir « comment ça ferait si »... on était à leur place.

Seulement il y a un hic : à l'évidence, Fischer et Eastman n'étaient pas d'accord avec nos conclusions. Fischer s'est proclamé heureux, et Eastman a agi en homme qui ne l'était pas. Par conséquent, sauf à penser que ces gars se sont trompés, qu'ils ne savaient pas ce que ça faisait de vivre leur vie, force est d'envisager la possibilité que nous soyons, nous, dans l'erreur. Quand nous avons tenté d'imaginer comment ça ferait d'être dans la peau de Fischer ou d'Eastman, notre imagination nous a fait faux bond, et d'une bien curieuse manière. Force est d'envisager la possibilité que la meilleure vie en apparence puisse être la pire en réalité. Force est d'envisager la possibilité qu'en songeant aux différentes vies que nous pourrions mener, *nous*, nous ne soyons pas toujours à même de reconnaître la meilleure. Notre erreur a été de vouloir nous mettre à la place de Fischer et d'Eastman, et cette erreur fondamentale peut nous amener à choisir un mauvais avenir.

L'imagination est un outil puissant qui nous permet de faire surgir des images du « néant impalpable ». Seulement, comme tous les outils, l'imagination a ses faiblesses. Dans ce chapitre et dans le suivant, je me propose d'évoquer pour vous la première. Le meilleur moyen de comprendre cette première faiblesse de l'*imagination* (faculté qui nous permet de voir l'avenir), c'est de comprendre les faiblesses de la *mémoire* (faculté qui nous permet de voir le passé) et celles de la *perception* (faculté qui nous permet de voir le présent). Comme vous allez le constater, cette même faiblesse nous fait nous rappeler de travers le passé, percevoir de travers le présent... et imaginer l'avenir de travers. Elle a pour origine un tour que vous joue votre cerveau à chaque minute de chaque heure, et chaque jour : un tour qu'il vous joue à l'instant même. Laissez-moi vous raconter ses sales petits secrets.

Gros cerveau et petite tête

Dans les premiers films des Marx Brothers, il y a un moment merveilleux : celui où Harpo, le mime angélique, plonge profondément la main dans les plis de son grand imper et en sort un cornet à pistons, une tasse de café fumante, un lavabo ou un mouton. Dès l'âge de trois ans, on sait tous que les grosses choses ne peuvent pas rentrer dans les petites et que, quand quelqu'un tire de ses poches des tuyaux de plomberie ou du bétail, le discernement est sacrifié sur l'autel du comique. Comment est-il possible qu'un cornet à pistons entre dans un imper ? Comment est-il possible que cette minuscule voiture contienne tous ces joyeux clowns ? Comment est-il possible que l'assistante du magicien tienne dans cette petite boîte ? Ce n'est pas possible, bien sûr, et on le sait : c'est bien pourquoi on admire tant l'illusion.

Boucher les trous de la mémoire

Le cerveau humain crée une illusion similaire. S'il vous est arrivé d'essayer de stocker sur le disque dur de votre ordinateur une saison de votre série télévisée préférée, vous savez déjà qu'une représentation fidèle du réel exige énormément de place. Notre cerveau prend des millions de photos, enregistre des millions de sons, y ajoute des odeurs, des saveurs, des textures, une troisième dimension spatiale, une suite temporelle, et un commentaire détaillé continu. Il fait cela toute la journée, chaque jour, année après année : il stocke ces représentations du réel dans un bloc mémoire qui, semble-t-il, ne déborde jamais et nous permet de nous remémorer instantanément ce jour horrible où, en troisième, on a chambré sur son appareil dentaire un copain qui a promis de nous casser la gueule à la récré. Comment fait-on pour fourrer le vaste univers de notre expérience dans le stockage assez limité compris entre nos deux oreilles ? Eh bien, on fait comme Harpo : on triche. Vous l'avez appris dans les chapitres précédents : la tapisserie sophistiquée de notre expérience n'est pas stockée dans la mémoire – en tout cas, pas intégralement. Non, elle est compactée pour le stockage et réduite à quelques fils de trame : un résumé (« Le dîner était décevant ») ou une petite série de particularités (steak dur, vin bouchonné, maître d'hôtel crâneur). Plus tard, quand on veut se remémorer l'expérience, notre cerveau retisse rapidement les fils : il élabore – sans les récupérer effectivement – le gros des informations que nous vivons comme un souvenir[4]. Cette élaboration se fait si vite et si naturellement qu'elle donne l'illusion (comme toujours avec un bon prestidigitateur) que l'affaire était intégralement et en permanence dans notre tête.

Or elle ne l'était pas, la chose a été maintes fois prouvée. Exemple : dans le cadre d'une expérience, on montre à des volontaires une série de diapositives dans lesquelles une voiture rouge roule vers un cédez-le-passage, tourne à droite et renverse un piéton[5]. Après visionnage des diapos, on ne pose aucune question à certains volontaires (groupe sans question) et une question aux autres (groupe avec question). La question est la suivante : « Une autre voiture a-t-elle doublé la rouge pendant que cette dernière était arrêtée au stop ? » Ensuite, on montre deux photos à tous les volontaires : sur l'une la voiture rouge approche d'un cédez-le-passage, sur l'autre elle approche d'un stop ; et on leur demande de dire quelle image ils ont effectivement visionnée. Si les volontaires stockaient leur expérience dans leur mémoire, ils devraient désigner la photo où la voiture approche d'un cédez-le-passage : et c'est ce qu'a fait à plus de quatre-vingt-dix pour cent le groupe sans question. Mais quatre-vingts pour cent des sujets du groupe avec question ont désigné la photo de la voiture arrivant à un stop. De toute évidence, la question a modifié les souvenirs de l'expérience vécue antérieurement : c'est ce que l'on peut attendre d'un cerveau qui *retisse* les expériences – et non d'un cerveau qui les *récupère*.

Ce résultat – à savoir que les informations obtenues *après* un événement altèrent le souvenir de cet événement – a été reproduit si souvent, dans tant de laboratoires et de champs d'application différents, qu'il a convaincu les scientifiques de deux choses[6]. La première, c'est que la remémoration implique de « boucher les trous » avec des détails qui n'étaient pas stockés en mémoire ; la deuxième, c'est qu'on est généralement incapable de dire quand on « bouche les trous », l'opération se faisant rapidement et à notre insu[7]. En fait, le phénomène est si puissant qu'il se produit même quand on sait qu'on est en train de se faire piéger. Par exemple, lisez donc la liste de mots ci-dessous et, lorsque vous aurez terminé, couvrez-la vite avec votre main. Après, je vous piégerai.

Lit
Repos
Réveillé
Fatigué
Rêve
Veillée
Somme
Couverture
Somnolence
Sommeil
Ronflement
Sieste
Paix
Bâillement
Endormi

Parmi les mots suivants, lequel ne figurait pas dans la liste ? *Lit*, *sommeil*, *dormir* ou *essence* ? La bonne réponse est *essence*, bien sûr. Mais l'autre bonne réponse est aussi *dormir*. Vous ne me croyez pas ? Soulevez donc votre main. (En fait, soulevez-la, que vous me croyiez ou non, car il faut vraiment qu'on avance.) Comme la plupart des gens, vous saviez qu'*essence* n'était pas dans la liste, mais vous vous êtes rappelé à tort avoir lu le mot *dormir*[8]. Les mots figurant dans cette liste étant étroitement associés, votre cerveau a stocké l'idée générale (« un tas de mots sur le sommeil »), au lieu de stocker chaque mot. En temps normal, ce serait là une stratégie intelligente et économique pour se remémorer les choses : l'idée générale ferait office de directive permettant à votre cerveau de retisser la tapisserie de l'expérience et, à vous, elle vous permettrait de « vous rappeler » avoir lu les mots. Seulement, dans le cas précis, votre cerveau a été piégé : le mot fondateur de l'idée générale, le mot clef, ne figurait pas dans la liste. Alors, en retissant la tapisserie de votre expérience, votre cerveau y a inclus à tort un mot impliqué par l'idée générale, sauf qu'en fait il n'y figurait pas (tout comme les volontaires ont inclus à tort le panneau stop impliqué par la question qu'on leur posait, sauf qu'il ne figurait pas sur les diapositives visionnées).

Cette expérience a été menée des dizaines de fois avec des dizaines de listes différentes, et elle a révélé deux résultats surprenants. Primo, les gens ne se rappellent pas vaguement avoir lu le mot clef, ils ne le supposent pas. Non, ils s'en souviennent nettement, ils sont persuadés qu'il était dans la liste[9]. Secundo, le phénomène se produit même quand ils sont avertis[10]. Savoir qu'un chercheur essaie de vous faire vous rappeler à tort la présence d'un mot n'empêche pas le faux souvenir de se produire.

Boucher les trous de la perception

Cette tendance si puissante et indécelable à boucher les trous dans nos souvenirs passés touche aussi notre perception présente. Exemple : si, un jour de désœuvrement, vous entrepreniez de disséquer votre globe oculaire, vous finiriez par tomber sur un point, à l'arrière de la rétine, où votre nerf optique quitte votre œil pour cheminer vers votre cerveau. Bien sûr, le globe oculaire ne peut enregistrer aucune image au point d'attache du nerf optique : c'est un *angle mort*. Les objets qui y apparaissent ne sont pas visibles car il n'existe aucun récepteur visuel à cet endroit. Pourtant, si vous regardez attentivement votre salon, vous ne voyez aucun trou noir dans l'image parfaitement lisse de votre beau-frère en train de s'empiffrer sur le canapé. Pourquoi ? Parce que, utilisant les informations fournies par les zones autour de l'angle mort pour supposer ce que verrait celui-ci si seulement il n'était pas mort, votre cerveau en remplit la scène. Il invente, il crée, il bouche les trous ! Il ne vous consulte pas, il ne vous demande pas votre avis. Il se contente de présumer au mieux quelles sont les informations manquantes et il remplit : votre véritable expérience visuelle du beau-frère, causée par une lumière réelle se réfléchissant sur un visage réel, et les inventions de votre cerveau sont *du pareil au même* pour vous. Pour vous en convaincre, fermez l'œil gauche et fixez le droit sur le magicien de la figure 8, puis approchez lentement le livre de votre nez. Continuez de fixer le magicien, et vous remarquerez qu'en entrant dans votre angle mort le globe semble disparaître. Tout d'un coup, vous voyez du blanc à la place : votre cerveau, voyant du blanc tout autour, présume à tort qu'il y a aussi du blanc dans votre angle mort. Si vous continuez d'approcher le livre, le globe réapparaît. À la fin, bien sûr, votre nez va toucher le lapin, et vous n'aurez pas l'air malin.

Le truc du bouche-trou ne se limite pas au monde visuel. Des chercheurs ont enregistré la phrase suivante sur un magnétophone : *Les gouverneurs ont rencontré le corps législatif réuni dans la capitale.*

Fig. 8. Si vous fixez le magicien avec l'œil droit et approchez lentement le livre de votre nez, le globe va disparaître dans votre angle mort.

Ensuite, ils ont truqué la bande et substitué une toux au *s* de *législatif*[11]. Les sujets de l'expérience ont bien entendu la toux, mais ils l'ont entendue *entre* les mots, car ils ont aussi entendu le *s* manquant. Alors on leur a demandé d'écouter précisément le son manquant, et même après des milliers d'essais, ils ont été incapables de nommer la lettre absente : sachant qu'elle devait se trouver là, leur cerveau la leur avait obligeamment fournie[12]. Dans une étude encore plus frappante, des volontaires ont écouté un enregistrement du son *lon* précédé d'une toux (que je désignerai par un *). Ils ont entendu le mot *melon* lorsqu'il était inséré dans la phrase : « Le *lon était sur la desserte », mais ils ont entendu *galon* dans la phrase : « Le *lon était sur l'épaulette »[13]. C'est un résultat saisissant dans la mesure où seul le dernier mot diffère dans les deux phrases : les cerveaux des volontaires ont dû attendre ce dernier mot avant de pouvoir fournir une information qui faisait défaut dès le deuxième. Mais ils l'ont fait, sans heurt et avec une rapidité telle que leurs propriétaires ont *entendu* prononcer l'information manquante.

Des expériences comme celles-ci sont un laissez-passer pour les coulisses du cerveau ; grâce à elles, on peut voir comment il s'y prend pour réaliser ses étonnants tours de passe-passe. Bien sûr, si vous pénétrez dans les coulisses d'un spectacle de magie et examinez méticuleusement tous les câbles, miroirs et trappes dérobées, une fois revenu dans la salle, vous prendrez beaucoup moins de plaisir à la représentation. Quand on sait comment fonctionne un tour de magie, on ne s'y laisse plus prendre, pas vrai ? Eh bien, retournez donc à la figure 8 et vous constaterez qu'en dépit de votre toute récente compréhension scientifique de l'angle mort visuel, le truc marche toujours aussi bien. En fait, vous pouvez être un spécialiste de l'optique et passer un temps infini le nez collé sur le lapin, le tour ne loupe jamais. Comment est-ce possible ?

Je viens de vous montrer que les choses ne sont pas toujours ce qu'elles paraissent, j'ai du moins essayé de vous en convaincre. Maintenant, je vais vous montrer que vous ne pouvez pas faire autrement que de les croire ce qu'elles paraissent.

Le pain de viande du magicien d'Oz

À moins que vous n'ayez sauté l'enfance pour passer directement de la purée de carottes au crédit immobilier, vous vous rappelez sans doute cette scène du *Magicien d'Oz* dans laquelle Dorothée et ses copains tremblent de peur devant Oz le Grand et le Terrible, qui surgit, l'air menaçant, sous la forme d'une tête géante flottant dans les airs. C'est alors que Toto le chien s'échappe, renverse un paravent et révèle à la vue de tous un petit bonhomme aux commandes d'une machine. Les protagonistes sont stupéfaits, et l'Épouvantail accuse le bonhomme d'être un charlatan.

> « — C'est cela même ! déclara le petit homme en se frottant les mains comme si cela lui faisait plaisir. Je suis un charlatan ! […]
> — Personne d'autre ne sait-il donc que tu es un charlatan ? demanda Dorothée.
> — Personne ne le sait que vous quatre… et moi-même. Je berne tout le monde depuis si longtemps que je pensais ne jamais être démasqué. […]
> — Mais je ne comprends pas, dit Dorothée abasourdie. Comment se fait-il que tu me sois apparu sous la forme d'une grande tête ?
> — C'est un de mes tours, répondit Oz. […]
> — Je pense que tu es un très vilain monsieur, dit Dorothée.
> — Oh non, ma chère ! Je suis un homme très bon, en réalité, mais je dois avouer que je suis un très mauvais magicien[14]. »

À la découverte de l'idéalisme

Vers la fin du dix-huitième siècle, certains philosophes ont eu à peu près la même révélation que Dorothée. Ils en ont conclu (non sans réticence) que, pour être un excellent organe, le cerveau humain n'en était pas moins un piètre magicien. Avant cette époque, ils voyaient les sens comme des conduits permettant aux informations sur un objet du réel de voyager depuis l'objet jusqu'à l'esprit. L'esprit était un écran de cinéma sur lequel était projeté l'objet. Parfois, l'opération échouait : il arrivait alors que les gens voient les choses comme elles n'étaient pas. Mais, quand ils fonctionnaient correctement, les sens montraient ce qui était. Cette théorie du *réalisme* fut décrite en 1690 par le philosophe John Locke :

> « Quand les sens introduisent dans l'entendement une idée, on ne peut qu'être convaincu que quelque chose existe à ce moment en dehors de nous, qui affecte les sens, qui par leur intermédiaire informe les facultés perceptives de son existence, puis qui produit effectivement cette idée que nous percevons alors. Et l'on ne peut se défier de leur témoignage jusqu'à mettre en doute que ces collections d'idées simples, dont les sens ont observé l'unité, existent réellement ensemble[15]. »

En d'autres termes, le cerveau croit, mais ne fait pas *semblant*. Quand on voit une tête géante flotter dans les airs, c'est qu'une tête géante flotte effectivement dans notre champ de vision. La seule question pour un philosophe doté du sens de la psychologie était alors la suivante : comment le cerveau s'y prend-il pour réaliser une représentation si incroyablement fidèle ? Seulement, en 1781, un professeur allemand solitaire répondant au nom d'Emmanuel Kant s'échappa, renversa le paravent et démasqua le cerveau comme un parfait charlatan. Selon sa théorie, l'*idéalisme*, nos perceptions ne résultent pas d'un processus physiologique par lequel nos yeux transmettraient une image du réel à notre cerveau, mais d'un processus psychologique qui combine ce que nos yeux voient avec ce que nous pensons, sentons, savons, voulons et croyons déjà ; et c'est ce mélange d'informations sensorielles et de savoir préexistant qui construit notre perception de la réalité. « L'entendement ne peut avoir l'intuition de rien, ni les sens rien penser, écrivait-il. La connaissance ne peut résulter que de leur union[16]. » L'historien Will Durant a réussi le tour de force de résumer la pensée de Kant en une seule phrase : « Le monde tel que nous le connaissons est une construction, un produit fini, presque – pourrait-on dire – un article manufacturé que l'esprit contribue à façonner par ses formes autant que l'objet par ses stimuli[17]. » Pour Kant, la perception d'une tête flottant dans l'air *se construit* à partir de ce que la personne sait des têtes flottantes, de ses souvenirs de têtes flottantes, de sa croyance dans les têtes flottantes, de son besoin de têtes flottantes et parfois – mais pas toujours – de la présence effective d'une tête flottante. Les perceptions sont des tableaux, pas des photos : leur forme révèle la main de l'artiste autant que l'objet représenté.

Cette théorie fut une révélation. Dans les siècles suivants, les psychologues lui ont offert un prolongement en suggérant que chaque individu effectuait en gros le même voyage d'exploration que celui déjà réalisé par la philosophie. Dans les années 1920, le psychologue Jean Piaget remarque que le petit enfant parvient rarement à distinguer ce qui relève de sa perception d'un objet des propriétés réelles de l'objet : ayant tendance à croire que les choses sont vraiment ce qu'elles paraissent, il pense que les autres les voient comme lui les voit. Quand un enfant de deux ans voit son camarade de jeu quitter la pièce, puis un adulte sortir un biscuit d'un bocal et le cacher dans un tiroir, il s'attend à ce que, plus tard, l'autre enfant aille chercher le biscuit dans le tiroir – même si ce dernier était absent quand l'adulte a caché le biscuit dans le tiroir[18]. Pourquoi ? Parce que l'enfant de deux ans sait que le biscuit est dans le tiroir et s'attend à ce que tout le monde le sache aussi. Or, s'il ne distingue pas les *choses dans le réel* des *choses dans l'esprit*, l'enfant ne peut pas comprendre que des esprits différents contiennent des choses différentes. Bien sûr, en grandissant, les enfants passent du réalisme à l'idéalisme : ils s'aperçoivent que les perceptions sont de simples points de vue, que ce qu'ils voient n'est pas nécessairement ce qui est, et que, de ce fait, deux personnes peuvent avoir, sur un même objet, des perceptions ou des certitudes différentes. Piaget concluait que « la pensée de l'enfant a toutes les apparences d'un souci exclusif de réalisme[19] » et que son progrès consistait à se débarrasser de ce réalisme primitif. Autrement dit, à l'instar des philosophes, le commun des mortels débute comme un réaliste… mais ça lui passe assez vite.

Échapper au réalisme

Certes, le réalisme s'en va… mais pas bien loin. La recherche nous apprend que, dans certaines circonstances, les adultes eux-mêmes se comportent en réalistes. Un exemple : dans le cadre d'une expérience, on a assis deux sujets adultes chacun d'un côté d'une série de casiers, comme sur la figure 9[20]. Quelques objets quotidiens ont été placés dans plusieurs cases. Certaines étaient ouvertes des deux côtés : des objets comme le gros camion et le camion moyen étaient donc visibles par les deux volontaires. D'autres étaient ouvertes sur un seul côté : des objets comme le petit camion ne pouvaient être vus que par un seul des deux sujets. Ensuite, ils ont joué à un jeu dans lequel celui qui ne voyait pas (le dirigeur) disait à celui qui voyait (le déplaceur) de déplacer certains objets à certains endroits. Qu'aurait-il dû se passer quand le dirigeur a dit : « Pose le petit camion sur la rangée du bas ? » Si le déplaceur était un idéaliste, il déplaçait le camion moyen, car il s'apercevait que le dirigeur ne pouvait pas voir le petit camion : celui-ci devait donc faire référence au camion moyen, lequel, *de son point de vue de dirigeur,* était le plus petit. Mais si le déplaceur était un réaliste, il déplaçait le petit camion sans tenir compte du fait que, le dirigeur ne pouvant pas le voir, il ne pouvait pas non plus y faire référence dans ses instructions. Alors, quel camion les déplaceurs ont-ils bougé ?

Le camion moyen, bien sûr. Comment ? Vous les avez pris pour des idiots ? Ces gens étaient des adultes normaux. Ils avaient des cer-

Fig. 9.

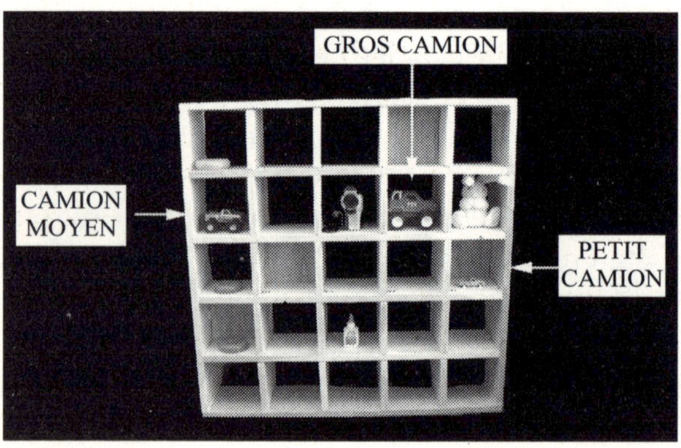

veaux intacts, de bons métiers, des comptes en banque garnis, savaient se tenir à table, et tout et tout. Ils savaient que le dirigeur avait un point de vue différent du leur et qu'il devait parler du camion moyen quand il disait : « Déplacez le petit camion. » Mais, si ces adultes normaux aux cerveaux intacts *se comportaient* en parfaits idéalistes, leurs mains, elles, racontaient une autre histoire. En plus de mesurer les mouvements des mains du déplaceur, les expérimentateurs utilisèrent un dispositif qui mesurait les mouvements de ses yeux. Et il révéla la chose suivante : à l'instant où le déplaceur entendait la phrase « Bougez le petit camion », il jetait un rapide coup d'œil vers le petit camion – pas vers le camion moyen, plus petit camion visible par le dirigeur, mais vers le tout petit camion, celui que lui, *le déplaceur*, voyait. En d'autres termes, le cerveau du déplaceur commençait par interpréter l'expression « petit camion » comme se référant au camion le plus petit *de son point de vue à lui*, sans tenir compte du fait que le dirigeur avait, lui, une vision différente. Ce n'est qu'après avoir flirté un court instant avec l'idée de déplacer le petit camion, que le cerveau du déplaceur considérait qu'ayant un autre point de vue, le dirigeur devait parler du camion moyen. À ce moment-là seulement son cerveau commandait à sa main de déplacer le bon camion. La main se comportait en idéaliste, mais l'œil révélait un cerveau momentanément réaliste.

Des expérimentations comme celle-ci montrent que le réalisme ne nous passe pas : on apprend à se montrer plus malin que lui, mais, même à l'âge adulte, nos perceptions se caractérisent par un premier mouvement de réalisme[21]. Dans la foulée, on suppose automatiquement que notre expérience subjective d'une chose la représente fidèlement. Plus tard seulement – si on en a le temps, l'énergie et la capacité –, on répudie vite cette supposition pour envisager la possibilité que le monde réel puisse ne pas être tel qu'il nous apparaît[22]. Piaget décrivait le réalisme comme une « tendance spontanée et immédiate à confondre le signe et le signifié[23] ». La recherche prouve que cette tendance à assimiler la perception subjective d'une chose à ses propriétés objectives reste spontanée et immédiate tout au long de notre vie. Elle ne disparaît pas pour toujours, pas plus qu'elle ne disparaît de temps en temps. Non, elle est rapide, confuse et vite battue en brèche, mais elle est toujours la première étape de notre perception du monde. On croit ce qu'on voit puis, quand il le faut, on n'y croit plus.

Voilà qui semble donner raison au psychologue George Miller : « L'accomplissement intellectuel suprême pour le cerveau, c'est le monde réel[24].» Le pain de viande d'un kilo six situé entre nos oreilles n'est pas un simple appareil enregistreur, mais un ordinateur d'une remarquable intelligence, qui collecte des informations, émet des jugements perspicaces, des conjectures plus perspicaces encore, et nous offre sa meilleure interprétation de ce que sont les choses. Ses interprétations sont si justes d'ordinaire, elles offrent une ressemblance si frappante avec le monde tel qu'il est effectivement, qu'*on voit une interprétation sans s'en s'apercevoir*. On a l'impression d'être confortablement installé dans notre tête, à observer le monde tel qu'il est de l'autre côté du pare-brise transparent de nos yeux. On a tendance à oublier que le cerveau est un faussaire talentueux qui tisse une tapisserie de souvenirs et de perceptions dont les détails sont si convaincants qu'on en décèle rarement l'inauthenticité. En un sens, nous sommes tous des faussaires : nous imprimons une monnaie de singe que nous acceptons ensuite allègrement pour paiement, inconscients d'être à la fois auteurs et victimes d'une fraude bien orchestrée. Vous allez le voir : on paie parfois le prix fort en l'oubliant. Oui, l'erreur qui consiste à oublier le truc du bouche-trou et à se fier inconsidérément à ses souvenirs et perceptions, on la commet aussi quand on imagine l'avenir.

Embarras du choix dans les lendemains

Lorsque John Lennon nous disait « imagine », il s'empressait d'ajouter : « ce n'est pas difficile ». En effet, l'imagination n'exige aucun effort. Quand on pense au jambon-beurre qui va faire notre déjeuner, ou au pyjama en pilou tout neuf que maman jure nous avoir expédié la semaine dernière, on n'a pas besoin de dégager du temps entre deux rendez-vous, ni de retrousser les manches pour s'atteler à ce travail sérieux : convoquer des images de sandwichs et de vêtements de nuit. Non, dès l'instant où nous vient l'envie, si mince soit-elle, de songer à ces choses, notre cerveau utilise sans effort son savoir sur les boulangeries et les déjeuners, sur les colis et les mamans, pour élaborer des images mentales (jambon fumé, pain de seigle, pyjama à carreaux) que nous vivons comme autant de produits de l'imagination. De même que les perceptions et les souvenirs, elles surgissent toutes faites dans notre conscience. On devrait se réjouir de l'aisance avec laquelle l'imagination nous rend un service aussi utile. Seulement, comme on n'en supervise pas consciemment l'élaboration, on a tendance à traiter ces images mentales comme on traite les souvenirs et les perceptions : en les présumant des *représentations exactes* des objets imaginés.

Exemple : à l'instant où je vous parle, vous pouvez sans doute imaginer un plat de spaghettis et imaginer si vous aimeriez l'avoir à dîner demain soir. Bien. Maintenant, remarquez deux choses. La première, c'est que ce n'était pas particulièrement épuisant. Vous pourriez sans doute imaginer des pâtes à longueur de journée sans jamais prendre une suée, laissant votre cerveau effectuer le lourd travail d'élaboration pendant que vous, vous paressez dans votre pyjama tout neuf. Deuxièmement, les spaghettis que vous avez imaginés étaient beaucoup plus riches que ceux dont je vous ai parlé. Peut-être ces spaghettis imaginaires étaient-ils un infâme magma sorti d'une boîte de conserve, ou bien des pâtes fraîches au romarin et au basilic avec une moelleuse bolognaise pour couronner le tout. La sauce aurait pu être à la tomate, à la crème, aux fruits de mer ou même une gelée de raisin. Les nouilles auraient pu être en tas sous leurs deux inévitables boulettes de viande, ou parsemées d'une demi-douzaine de fines tranches de canard garnies de câpres et de pignons de pin. Peut-être vous êtes-vous imaginé en train de manger vos spaghettis debout sur le plan de travail de la cuisine, un journal dans une main et un Coca dans l'autre, ou alors vous vous êtes vu dans votre trattoria préférée : votre serveur vous avait donné la petite table près de la cheminée et vous servait un Barolo 1990. Quoi que vous ayez imaginé, quand j'ai dit *spaghettis*, vous n'avez ressenti le besoin de m'interroger ni sur la nature de la sauce ni sur le lieu, pour voir apparaître la première nouille. Non, votre cerveau s'est comporté comme un artiste auquel on aurait commandé de peindre un portrait en couleurs à partir d'un simple croquis au fusain : il a bouché les trous de tous les détails absents de ma question et vous a servi un joli monticule de pâtes imaginaires. Et quand vous avez évalué le plaisir que vous prendriez à ces spaghettis futurs, c'est à cette image mentale-là que vous avez réagi, tout comme vous réagissez à certains souvenirs, à certaines perceptions, comme si les détails étaient le fait de l'objet imaginé et non une création de votre cerveau.

Ce faisant, vous avez commis une erreur que votre moi futur mangeur de spaghettis risque de regretter[25]. L'expression « spaghettis à dîner demain soir » décrit moins un événement qu'une famille d'événements, et le membre de la famille que vous avez imaginé a influencé vos prévisions quant au plaisir que vous pourriez y prendre.

En effet, essayer de prévoir le plaisir qu'on tirera d'un plat de spaghettis sans savoir de *quel* plat de spaghettis il s'agit, c'est comme essayer de prévoir combien on va payer une voiture sans savoir de *quelle* voiture il s'agit (Ferrari ou vieux tacot ?) ; c'est comme essayer de prévoir si on sera fier de la réussite de son conjoint sans savoir de *quelle* réussite il s'agit (il ou elle a obtenu le Nobel ou déniché le meilleur avocat de la ville en matière de divorce ?) ; c'est comme essayer de prévoir si on sera triste à la mort d'un parent sans savoir de *quel* parent il s'agit (notre vieux papa chéri ou ce grand-oncle grincheux, cousin au deuxième degré du côté de la tante Ida ?). Il existe d'innombrables variantes pour les spaghettis, et celle que vous avez imaginée a certainement influencé le plaisir que vous escomptiez. Les détails sont essentiels pour pouvoir prévoir avec précision votre réaction à l'événement imaginé, or les détails essentiels vous étaient inconnus : il aurait donc été sage de votre part de réserver votre pronostic quant aux spaghettis ou, du moins, de le tempérer par une phrase du genre : « Je m'attends à apprécier les spaghettis *s'ils sont al dente et accompagnés d'une sauce tomate.* »

Pourtant, je parierais que vous n'avez ni réservé ni tempéré votre pronostic : non, vous avez dégainé vos spaghettis imaginaires plus vite que votre ombre, pour ensuite vous livrer à une prédiction pleine de certitudes sur votre relation future à cet aliment. Si je me trompe, félicitations. Donnez-vous une médaille. Mais si je ne me trompe pas, sachez que vous n'êtes pas seul dans votre cas. La recherche nous le prouve : en prévoyant nos réactions à des événements futurs, nous avons tendance à négliger le truc du bouche-trou, lequel fait partie intégrante de l'acte d'imaginer[26]. On a demandé à des volontaires de prévoir leurs réactions dans différentes situations : combien de temps ils seraient prêts à consacrer à une enquête téléphonique, combien ils seraient prêts à dépenser pour fêter un événement dans un restaurant de San Francisco, etc.[27]. Ils devaient aussi dire jusqu'où ils pensaient leurs prévisions exactes. Mais, avant de prévoir quoi que ce soit, certains devaient décrire en détail l'événement futur imaginé (« Je m'imagine en train de manger des travers de porc braisés avec des petits légumes et un coulis de persil au restaurant La Jardinière »). Ensuite, on leur a dit de présumer que chaque détail était parfaitement exact (les présumeurs). Aux autres, on n'a demandé aucun détail, ni dit de rien présumer (les non-présumeurs). Les résultats ont montré que les non-présumeurs étaient tout aussi sûrs de leurs prévisions que les présumeurs. Pourquoi ? Parce que, quand on les interrogeait sur un *dîner*, les non-présumeurs produisaient rapidement et inconsciemment une image mentale d'un plat précis dans un restaurant précis, et présumaient ensuite que ces détails étaient exacts, et non sortis du « néant impalpable ».

Il nous arrive à tous de nous retrouver dans ce genre de pétrin. Notre conjoint nous demande d'assister à une soirée vendredi prochain, et notre cerveau fabrique instantanément l'image d'un cocktail au dernier étage d'un grand hôtel du centre-ville, avec des serveurs en tenue portant des plateaux d'argent couverts de petits-fours et une harpiste légèrement ennuyée. Nous prévoyons donc notre réaction à l'événement avec un bâillement qui bat des records d'étirement maxillaire. Ce qu'en général nous ne parvenons pas à envisager, c'est l'infinie variété des soirées – anniversaires, vernissages, cocktails, réceptions sur un yacht, fêtes d'entreprise, orgies, veillées funèbres – et à quel point nos réactions à chacune d'elles seraient, elles aussi, variées. Nous répondons donc à notre conjoint que nous préférerions y couper ; bien sûr, ledit conjoint nous y traîne quand même, et nous passons vraiment un moment formidable. Pourquoi ? Parce qu'il y avait de la bière bon marché et du hula hoop, plutôt que de la musique classique et des croquants aux algues. Elle était tout à fait notre style, cette soirée, et nous avons adoré ce que nous avions prévu de détester. En effet, nos prévisions se fondaient sur une image détaillée qui reflétait une hypothèse fournie par notre cerveau, lequel, en l'occurrence, se fourrait le doigt dans l'œil jusqu'au coude. Lorsqu'on imagine l'avenir, on le fait souvent dans l'angle mort de notre imagination, ce qui peut nous conduire à imaginer de travers des événements futurs dont nous nous efforçons, par ailleurs, de calculer les conséquences émotionnelles.

Et cette propension va bien au-delà des prévisions quotidiennes sur les soirées, les restaus et les nouilles. Par exemple, pour la plupart d'entre nous, aucun doute possible : on préférerait être un Eastman plutôt qu'un Fischer… Aucun doute, sauf si on prend le temps de réfléchir au fait que notre cerveau a comblé les trous des détails de leur vie et de leur mort avec rapidité et sans se poser de questions. Or tous ces détails fabriqués ont eu de l'importance. Tenez, prenez deux histoires que votre cerveau n'a sûrement pas inventées au début de ce chapitre.

Vous êtes un jeune immigrant allemand qui habite le Chicago grouillant et sale du dix-neuvième siècle. Quelques rares familles aisées – les Armour, les McCormick, les Swift, les Field – détiennent le monopole des industries et le droit de vous exploiter, vous et votre famille, comme elles exploiteraient des machines ou des chevaux. Vous vous consacrez à un petit journal dont les éditoriaux appellent à la justice sociale, mais vous n'êtes pas un imbécile : vous savez que vos articles ne changeront rien, que les usines continueront de tourner, de produire du papier, du porc, des tracteurs, et de recracher des ouvriers éreintés dont le sang et la sueur font tourner les machines. Vous êtes quantité négligeable, vous êtes insignifiant. Bienvenue en Amérique. Un soir, sur Haymarket Square, une bagarre éclate entre des ouvriers de l'usine et la police locale, et même si vous n'étiez pas là quand la bombe a été lancée, vous êtes pris dans une rafle avec d'autres « meneurs anarchistes » et accusé d'avoir fomenté l'émeute. Soudain, votre nom se retrouve à la une de tous les grands journaux, qui offrent ainsi une tribune nationale à vos idées. Lorsque le juge vous condamne sur la base de preuves falsifiées, vous comprenez que cette ignominie entrera dans l'Histoire, que vous serez connu comme le « martyr de Haymarket Square » et que votre exécution ouvrira la voie aux réformes que vous préconisiez sans pouvoir les instaurer. Dans quelques décennies, une Amérique meilleure existera, et ses citoyens honoreront votre sacrifice. Vous n'êtes pas croyant, mais vous ne pouvez vous empêcher de penser à Jésus sur la Croix – faussement accusé, injustement condamné et atrocement exécuté –, donnant sa vie pour qu'une grande idée puisse perdurer dans les siècles. Comme vous vous apprêtez à mourir, vous avez peur, bien sûr. Mais, profondément, cette minute est un coup de chance, le couronnement d'un rêve – peut-être même, vous dites-vous, le moment le plus heureux de votre vie.

Passons maintenant à la seconde histoire : Rochester, New York, 1932, en plein dans la « crise de 1929 ». À soixante-dix ans, vous avez passé votre vie à bâtir un empire, vous avez fait progresser la technologie et employé votre fortune à doter des bibliothèques, des orchestres, des universités et des cliniques dentaires qui ont amélioré la vie de millions de personnes. Les moments les plus heureux de votre longue existence, vous les avez passés à manipuler un appareil photo, visiter les musées d'Europe, pêcher, chasser ou faire de la menuiserie dans votre pavillon en Caroline du Nord. Mais, à cause d'une maladie de la colonne vertébrale, il vous a été de plus en plus difficile de mener la vie active que vous avez toujours aimée. Vous ne quittez plus le lit, triste fantôme de l'homme vigoureux que vous étiez jadis. Vous ne rajeunirez pas, votre état ne s'améliorera pas.

Vous avez mangé votre pain blanc, et vivre davantage, c'est sombrer dans la déchéance. Un lundi après-midi, vous prenez place à votre bureau, débouchez votre stylo plume préféré et écrivez ces mots sur un bloc : « Chers amis, mon œuvre est achevée. Pourquoi attendre ? » Puis vous allumez une cigarette, la fumez jusqu'au bout, l'écrasez et posez consciencieusement le canon d'un pistolet contre votre poitrine. Le médecin vous a montré comment repérer le cœur, vous le sentez qui bat la chamade sous votre main. Comme vous vous apprêtez à presser la détente, vous avez peur, bien sûr. Mais, profondément, vous savez que cette balle va vous permettre de laisser un passé magnifique et d'échapper à un avenir cruel.

OK, vous pouvez rallumer. Ces détails des vies d'Adolph Fischer et George Eastman sont exacts, mais là n'est pas l'essentiel. L'essentiel, c'est que, si vous aimez certaines soirées et certains plats de pâtes, vous n'aimez pas d'autres soirées et d'autres plats de pâtes. De la même manière, certaines façons d'être riche et certaines façons de mourir rendent la richesse moins fabuleuse et la mort moins horrible qu'on ne l'aurait cru. Si vous avez trouvé illogiques les réactions de Fischer et d'Eastman, c'est qu'à coup sûr ou presque, vous avez mal imaginé les détails de leurs situations respectives. Sans hésiter, vous vous êtes comporté en réaliste impénitent : vous avez tranquillement fondé vos prévisions quant à ce que vous éprouveriez dans leurs cas sur des détails inventés par votre cerveau pendant que vous aviez le dos tourné. Votre erreur n'a pas été d'imaginer des choses que vous ne pouviez pas savoir : en définitive, c'est à cela que sert l'imagination. Non, votre erreur a été de traiter inconsidérément le fruit de votre imagination comme une représentation exacte de la réalité. Vous êtes quelqu'un de très bien, je n'en doute pas. Mais vous êtes un très mauvais magicien.

À venir

Si, à la conception, on vous avait donné le choix de votre cerveau, vous n'auriez sans doute pas pris le modèle avec trucs. Par chance, on ne vous a pas posé la question. Car sans le truc du bouche-trou, vous auriez de très vagues souvenirs, une imagination béante et un petit trou noir qui vous suivrait partout. Lorsqu'il écrivait que « des intuitions sensibles sans concepts sont aveugles[28] », Kant voulait dire que, sans le truc du bouche-trou, on n'aurait rien qui s'apparente, même de loin, à cette expérience subjective qui nous semble aller de soi. On voit des choses qui ne sont pas dans la réalité, on se souvient de choses qui ne sont pas arrivées : ce ne sont pas là les symptômes d'un empoisonnement au mercure, mais des ingrédients essentiels dans la recette de la réalité, pour que celle-ci soit d'une fluidité parfaite et d'une délicieuse normalité. Seulement cette fluidité et cette normalité ont un prix. Car, même si nous avons une conscience vague et tout intellectuelle du truc du bouche-trou, c'est plus fort que nous : nous attendons de l'avenir qu'il se déroule avec les détails que nous imaginons. Or, on va le voir, si les détails ajoutés par le cerveau sont problématiques, ils le sont beaucoup moins que les détails oubliés…

5

LES CHIENS N'ABOIENT PAS, LA CARAVANE PASSE...

« Ô haïssable erreur, fille de la mélancolie,
Pourquoi montres-tu à l'intelligence des hommes
Des choses qui ne sont pas ? »

SHAKESPEARE, *Jules César*

Flamme d'Argent a disparu depuis peu quand l'inspecteur Gregory et le colonel Ross identifient l'inconnu qui s'est introduit dans l'écurie pour voler le cheval. Mais, comme à son habitude, Sherlock Holmes a une longueur d'avance sur la police. Le colonel se tourne vers le célèbre détective :

« — Y a-t-il quelque autre point sur lequel vous désireriez attirer mon attention ?
— Sur l'incident curieux du chien cette nuit-là.
— Le chien n'a rien fait cette nuit-là !
— C'est justement là ce qu'il y a de curieux, fit observer Sherlock Holmes[1]. »

Un chien vivait dans l'écurie ; or les deux palefreniers n'ont pas été réveillés par le vol : ce sont ces deux faits qui permettent à Holmes de tirer l'une de ses infaillibles déductions. Il l'explique par la suite :

« J'avais compris l'importance du silence du chien... On gardait un chien dans les écuries et cependant, bien que quelqu'un fût entré et eût sorti un cheval, le chien n'avait pas aboyé assez fort pour réveiller les deux garçons d'écurie dans le grenier. Ce visiteur de minuit était donc évidemment quelqu'un que le chien connaissait bien[2]. »

L'inspecteur et le colonel sont conscients de ce qui est arrivé, mais seul Holmes est conscient de *ce qui n'est pas arrivé :* le chien n'a pas aboyé, ce qui signifie que le voleur n'est pas l'inconnu identifié par la police. En prêtant une attention particulière à une absence d'événement, Sherlock Holmes se distingue encore davantage du reste des humains. On va le voir, quand le reste des humains imagine l'avenir, il remarque rarement les pièces manquantes de l'imagination : or les pièces manquantes sont beaucoup plus importantes qu'on ne le pense.

Les marins disparus

Si vous habitez une ville avec de grands immeubles, vous savez déjà que les pigeons ont l'étonnante capacité de se soulager à la bonne seconde, à la bonne vitesse et dans la position requise pour frapper votre plus beau pull-over. Au vu de leur talent de bombardiers, il est étrange qu'on ne puisse pas leur apprendre des choses beaucoup plus simples. Exemple : un pigeon placé dans une cage avec deux manettes qui peuvent s'éclairer apprendra facilement à actionner la manette allumée pour obtenir la récompense d'une graine, mais n'apprendra *jamais* à actionner la manette éteinte afin d'obtenir la même récompense[3]. Les pigeons n'ont aucun mal à associer la présence d'une lumière à une occasion de picorer, mais ils sont incapables d'apprendre la même chose sur l'*absence* de lumière. La recherche nous prouve qu'à cet égard les hommes sont un peu comme les pigeons. Prenez cette étude dans laquelle des volontaires jouaient au jeu des déductions. On leur montrait une série de trigrammes, c'est-à-dire des combinaisons de trois lettres, du genre SXY, GTR, BCG et EVX. Ensuite, l'expérimentateur désignait l'un des trigrammes en disant qu'il avait quelque chose de spécial : les volontaires devaient trouver ce qui le rendait spécial, la caractéristique qui le distinguait des autres. Ils voyaient défiler les trigrammes, et chaque fois l'expérimentateur désignait le trigramme spécial. Combien de séries de trigrammes les sujets ont-ils vues défiler avant de déduire la caractéristique distinctive du trigramme spécial ? Pour la moitié d'entre eux, ce qui le distinguait, c'était qu'il était le seul à comporter la lettre T. Ils ont dû examiner trente-quatre séries avant de découvrir que le T était ce qui le rendait spécial. Pour l'autre moitié, ce qui distinguait le trigramme spécial, c'était qu'il était le seul auquel *manquait* la lettre T. Et là, l'expérience a révélé des résultats incroyables : les sujets ont eu beau examiner un nombre incalculable de trigrammes, personne n'a *jamais* trouvé la réponse[4]. S'il est relativement facile de remarquer la présence d'une lettre, son absence, comme l'absence d'un aboiement, est indécelable.

Absences au présent

Si l'affaire se limitait aux volatiles et aux trigrammes, on ne s'y intéresserait guère. Mais notre inaptitude à penser les absences est une grosse source d'erreur dans la vie de tous les jours. Je vous disais il y a un instant que les pigeons ont un talent pour bombarder les piétons : si vous avez déjà été victime de leurs fientes, sans doute êtes-vous arrivé à la même conclusion. Mais qu'est-ce qui nous fait croire que les pigeons nous prennent pour cibles ? Le fait que nous gardons en mémoire trop de circonstances où, passant d'un pas vif sous une corniche ornée de ces odieux rats volants, nous avons été frappés par un scud blanc et visqueux, alors que, convenons-en, depuis les airs, une tête humaine constitue une cible plutôt petite et mouvante. Soit. Maintenant, pour vraiment savoir si les pigeons sortent afin de nous bombarder et s'ils ont l'adresse requise pour le faire, il faut aussi songer au nombre de fois où, passant sous cette corniche, nous en sommes ressortis propres comme des sous neufs. Le *bon moyen* de calculer l'hostilité et l'adresse au tir du pigeon, c'est de considérer *à la fois la présence et l'absence* de ses fientes sur nos vestes. S'il nous a touchés neuf fois sur dix, il faut sans doute le créditer d'une certaine habileté et passer au large, mais s'il nous a touchés neuf fois sur neuf mille, il s'agit sans doute moins d'une malveillance du volatile que d'un simple manque de bol du bonhomme. Les buts manqués sont *cruciaux* pour tirer des déductions légitimes des buts marqués. En effet, quand les scientifiques veulent établir une relation de cause à effet entre deux éléments – entre la production de nuages artificiels et la pluie, entre le cholestérol et la crise cardiaque –, ils calculent un indice mathématique qui tient compte des *cooccurrences* (combien de personnes *avec* cholestérol sont *aussi victimes* de crises cardiaques ?), des *non-cooccurrences* (combien de personnes *avec* cholestérol *ne sont pas victimes* de crises cardiaques ? et combien de personnes *sans* cholestérol sont *victimes* de crises cardiaques ?) et des *co-absences* (combien de personnes *sans* cholestérol *ne sont pas victimes* de crises cardiaques ?). Tous ces chiffres sont nécessaires pour évaluer avec précision les probabilités que les deux éléments entretiennent véritablement une relation de cause à effet.

Voilà qui est frappé au coin du bon sens… pour un statisticien. Car la recherche nous démontre que, pour savoir si deux éléments ont une relation de cause à effet, le commun des mortels va systématiquement rechercher, examiner et retenir l'information sur *ce qui s'est passé* et omettre de rechercher, examiner et retenir l'information sur *ce qui ne s'est pas passé*[5]. Manifestement, cette erreur ne date pas d'hier. Il y a quatre siècles, le philosophe et scientifique sir Francis Bacon, décrivant les erreurs de l'esprit, rangeait le fait de négliger les absences parmi les plus graves :

> « La plus grande source d'erreurs et d'embarras pour l'esprit humain se trouve dans […] les aberrations des sens, qui donnent aux choses qui les frappent plus d'importance qu'à celles dont ils ne sont pas frappés immédiatement, quoique les dernières en aient réellement plus que les autres. L'esprit ne va guère plus loin que l'œil ; aussi l'observation de ce qui est invisible est-elle complètement ou à peu près nulle[6]. »

Bacon illustre son propos avec l'histoire (empruntée à Cicéron, lequel l'avait racontée dix-sept siècles plus tôt) d'un visiteur dans un temple romain. Afin d'impressionner son invité par le pouvoir des dieux, le Romain lui montre les ex-voto de plusieurs marins pieux, qui doivent à leur foi d'avoir réchappé à un récent naufrage. Pressé par son hôte d'y voir la preuve d'un miracle, le visiteur demande alors astucieusement : « Mais où donc a-t-on peint ceux qui, malgré leurs vœux, périrent[7] ? » La recherche scientifique nous apprend que les gens ordinaires, les gens comme nous, demandent rarement à voir les images des marins disparus[8].

Notre inaptitude à penser les absences peut nous amener à des jugements assez étranges. Exemple : dans une étude réalisée il y a une trentaine d'années, on a demandé à des Américains lesquels de ces pays avaient le plus de similitudes : Ceylan et le Népal, ou l'Allemagne de l'Ouest et l'Allemagne de l'Est. La plupart des personnes interrogées ont choisi les deux Allemagne[9]. Mais quand on leur a demandé quels pays étaient les plus *dissemblables*, elles ont aussi choisi les deux Allemagne. Comment deux pays peuvent-ils être *à la fois* plus semblables et plus dissemblables que deux autres ? Ils ne le peuvent pas, bien sûr. Seulement, quand on doit évaluer la ressemblance entre deux pays, on a tendance à rechercher la présence de ressemblances (l'Allemagne de l'Est et l'Allemagne de l'Ouest n'en manquaient pas, à commencer par leurs noms) et à *négliger l'absence* de ressemblances. Et quand on doit évaluer la dissemblance entre deux pays, on a tendance à rechercher la présence de dissemblances (l'Allemagne de l'Est et l'Allemagne de l'Ouest n'en manquaient pas, à commencer par leurs gouvernements) et à *négliger l'absence* de dissemblances.

Cette tendance à négliger les absences peut aussi venir embrouiller nos décisions personnelles. Vous vous apprêtez à partir en vacances sur l'une de ces deux îles : Moderato (météo moyenne, plages moyennes, hôtels moyens et vie nocturne moyenne) ou Extrêmo (météo superbe, plages fantastiques, mais hôtels minables et zéro vie nocturne). L'heure est venue de réserver, quelle île choisissez-vous ? Pour la plupart, vous choisissez Extrêmo[10]. Maintenant, imaginez que vous ayez réservé dans les deux îles : l'heure est venue d'annuler une des deux réservations avant qu'on débite votre carte. Laquelle annulez-vous ? Eh bien, vous choisissez d'annuler Extrêmo. Pourquoi à la fois choisir *et* éliminer Extrêmo ? Parce que, lorsque nous devons choisir, nous étudions les attributs positifs des alternatives qui s'offrent à nous, et lorsque nous devons exclure, nous étudions leurs attributs négatifs. Extrêmo dispose à la fois des caractéristiques les plus positives *et* les plus négatives, c'est pourquoi nous avons tendance à la choisir quand on nous demande de choisir *et* à l'exclure quand on nous demande d'exclure. Bien sûr, pour choisir logiquement ses vacances, il faut examiner la présence *et* l'absence de caractéristiques positives *et* négatives. Ce n'est pourtant pas ce que font la plupart d'entre nous...

Absences au futur

Négliger les absences a aussi une incidence sur notre façon de penser l'avenir. On ne se rappelle pas chaque détail d'un événement passé (quelle était la couleur de vos chaussettes le jour du bac ?), on ne voit pas chaque détail d'un événement présent (quelle est la couleur des chaussettes de la personne qui se trouve derrière vous en ce moment ?) ; de même, on n'arrive pas à imaginer chaque détail d'un événement futur. Vous pouvez fermer les yeux tout de suite et passer deux heures à vous imaginer au volant d'une Mercedes-Benz gris métallisé SL600 Roadster, avec un moteur biturbo V-12 36 soupapes 5,5 litres. Vous pouvez imaginer l'arc de la calandre, l'angle d'inclinaison du pare-brise, l'odeur de neuf des sièges en cuir noir. Vous pourriez toujours y passer du temps, si je vous demandais d'examiner l'image mentale que vous venez de fabriquer et de me lire la plaque minéralogique, vous seriez bien obligé d'admettre avoir négligé ce détail. Personne ne peut *tout* imaginer, cela va de soi ; dire qu'il le faudrait serait absurde. Seulement, notre tendance à traiter les détails des événements futurs *imaginés* comme s'ils allaient se produire se double d'une tendance à traiter les détails des événements futurs *non imaginés* comme s'ils *n'allaient pas* se produire. Autrement dit, si on ne tient pas compte du fait que l'imagination bouche les trous, on ne tient pas compte non plus de ses omissions.

Pour illustrer ce point, il m'arrive de demander aux gens que je rencontre comment ils seraient, d'après eux, deux ans après la mort brutale d'un enfant. Vous vous en doutez, cette question fait de moi un convive très apprécié dans les soirées. Je sais : l'exercice est horrible, je ne vous demande pas de vous y soumettre. Mais si c'était le cas, vous me répondriez sans doute comme presque tout le monde : « Vous êtes dingue ou quoi ? Je serais anéanti(e) – totalement anéanti(e). Je serais incapable de me lever le matin. Peut-être même que je me suiciderais. Au fait, qui vous a invité à cette soirée ? » Si, à ce stade, la personne ne m'a pas encore flanqué son verre en pleine figure, je poursuis mes investigations et lui demande comment elle est arrivée à cette réponse : quelles pensées ou images lui ont traversé l'esprit ? Qu'a-t-elle pris en considération ? En général, elle me dit s'être imaginée apprenant la nouvelle, ou assistant aux obsèques, ou ouvrant la porte d'une chambre vide. Mais, depuis le temps que je pose cette question et ne suis plus invité nulle part, je n'ai encore jamais entendu une seule personne me répondre que, outre ces images déchirantes et macabres, elle a aussi imaginé *les autres choses* qui arriveraient inévitablement dans les deux ans suivant la mort de son enfant. En effet, pas une ne m'a dit qu'elle assisterait au spectacle de fin d'année d'un autre enfant, ferait l'amour avec son conjoint, mangerait une glace par une chaude soirée d'été, lirait un livre, écrirait un livre, monterait à bicyclette, rien des nombreuses autres activités susceptibles selon nous – et selon elle – de se produire au cours de ces deux ans. Entendons-nous : je ne suis pas en train de prétendre qu'une bouchée de sorbet compense la perte d'un enfant. La question n'est pas là. Ce que je dis, c'est que les deux années qui suivent une tragédie contiennent bien *quelque chose*: elles sont remplies de certains événements, de certains épisodes, qui ont des conséquences émotionnelles. Peu importe que ces conséquences soient capitales ou insignifiantes, négatives ou positives : nul ne peut véritablement répondre à ma question sans les prendre en compte. Pourtant, personne de ma connaissance n'a jamais imaginé autre chose que l'événement unique et atroce qu'elle suggérait. Il manque une foule de choses quand nous imaginons l'avenir : or les choses qui manquent ont de l'importance.

En voici l'illustration : dans le cadre d'une expérience, on demandait à des étudiants de l'université de Virginie de prévoir leurs sentiments quelques jours après la victoire ou la défaite de leur équipe de foot dans un match l'opposant à l'université de Caroline du Nord[11]. Avant de prévoir quoi que ce soit, certains étudiants (les descripteurs) devaient décrire le cours d'une journée normale, les autres non (non-descripteurs). Quand, quelques jours plus tard, on a demandé aux étudiants s'ils étaient effectivement heureux ou malheureux, il s'est révélé que seuls les non-descripteurs avaient beaucoup surestimé l'impact émotionnel de la victoire ou de la défaite. Pourquoi ? Parce que, en imaginant l'avenir, ces non-descripteurs avaient omis certaines petites choses appelées à se produire après le match. Par exemple, ils avaient omis le fait qu'après la débâcle de leur équipe (triste perspective), ils iraient prendre une cuite avec leurs copains (perspective réjouissante), ou qu'après la victoire de leur équipe (perspective réjouissante), ils devraient se rendre en bibliothèque pour réviser leurs partiels (triste perspective). Les non-descripteurs se focalisaient sur un aspect unique de l'avenir – le résultat du match –, négligeant d'en imaginer d'autres (soirée arrosée ou exam) tout aussi susceptibles d'avoir une incidence sur leur bonheur. Les descripteurs, eux, ont prévu plus juste, précisément parce qu'ils ont été *obligés* de penser aux détails[12].

Il est difficile d'échapper à cette focalisation de l'attention, difficile d'envisager ce qu'on a pu ne pas envisager : c'est l'une des raisons pour lesquelles on se trompe si souvent en prévoyant nos réactions émotionnelles. Exemple : on peut en gros ranger les Américains dans deux catégories : ceux qui vivent en Californie et en sont heureux et ceux qui, n'y vivant pas, croient qu'ils seraient heureux s'ils y vivaient. Pourtant, la recherche nous apprend que les Californiens ne sont pas plus heureux que les autres : alors pourquoi tout le monde (Californiens compris) semble-t-il croire le contraire[13] ? La Californie jouit de paysages et de conditions climatiques parmi les plus enviables de tout le continent ; aussi, quand des non-Californiens entendent ce mot magique, leur imagination produit illico des images mentales de plages ensoleillées et de séquoias géants. Mais, si Los Angeles jouit d'une météo plus clémente que Columbus, la météo n'est qu'un paramètre du bonheur au milieu d'une multitude d'autres : néanmoins, tous les autres paramètres manquent à l'image mentale. Si on ajoutait certains de ces détails qui manquent à notre image de plages et de cocotiers – circulation, supermarchés, aéroports, équipes sportives, coût du logement, tremblements de terre, glissements de terrain, etc. –, on constaterait que si L. A. surclasse Columbus pour le climat, Columbus surclasse L. A. pour la circulation. On pense les Californiens plus heureux que les autres car on imagine la Californie avec très peu de détails, sans s'apercevoir que les détails omis pourraient modifier nos conclusions du tout au tout[14].

Ce qui nous fait surestimer le bonheur des Californiens nous fait aussi sous-estimer le bonheur des malades ou des invalides[15]. En effet, quand les voyants imaginent la vie des non-voyants, ils semblent oublier que la cécité n'est pas un boulot à plein temps. Certes, les non-voyants ne peuvent pas voir, mais ils font en partie les mêmes choses que les voyants – pique-niquer, payer des impôts, écouter de la musique, rester coincé dans les embouteillages – et sont tout aussi heureux que les voyants. S'ils ne savent pas faire *tout* ce que savent faire les voyants, les voyants non plus ne savent pas faire *tout* ce que font les non-voyants : voyants et non-voyants n'ont pas des vies identiques. Mais quelle que soit celle d'un non-voyant, elle n'est pas réductible à sa cécité. Et pourtant, quand un voyant imagine la vie d'un non-voyant, il omet d'imaginer tous ses autres paramètres et se trompe sur les satisfactions qu'elle peut apporter.

Un événement à l'horizon

Il y a une cinquantaine d'années, un Pygmée nommé Kenge, quittant pour la première fois les denses forêts tropicales d'Afrique, se rendit dans la plaine en compagnie d'un anthropologue. Des buffles apparurent au loin – minuscules points noirs sur un ciel délavé – et le Pygmée les observa avec curiosité. Pour finir, il se tourna vers l'anthropologue et lui demanda quels étaient ces insectes. « Lorsque j'appris à Kenge que ces insectes étaient des buffles, il éclata de rire et me dit de ne pas raconter des mensonges aussi stupides[16]. » L'anthropologue n'était ni stupide ni menteur. Seulement Kenge avait passé sa vie dans une jungle touffue n'offrant aucune vue sur l'horizon. Il ignorait ce qui, pour nous, va de soi : vues de loin, les choses prennent un autre aspect. Ni vous ni moi ne confondons nos insectes et nos ongulés car, habitués à regarder de part et d'autre de vastes espaces, nous avons appris très tôt que plus les choses sont éloignées, plus les images qu'elles forment sur notre rétine sont petites. Mais comment notre cerveau sait-il si une petite image rétinienne est créée par un petit objet tout proche ou par un gros objet très éloigné ? Les détails, les détails, vous dis-je ! Notre cerveau sait que la surface des objets proches offre de menus détails qui se brouillent à mesure que l'objet s'éloigne. Aussi utilise-t-il le niveau de détail visible pour évaluer la distance qui sépare notre œil de l'objet. Si la petite image rétinienne est détaillée – on voit les poils sur la tête du moustique et la texture de cellophane de ses ailes –, le cerveau présume que l'objet est à environ deux centimètres de l'œil. Si la petite image rétinienne n'est pas détaillée – on ne voit que le contour vague et la forme sans ombre du buffle –, il présume que l'objet se trouve à quelques kilomètres.

Les objets proches dans l'espace nous apparaissent avec plus de détails que les objets lointains, et les événements proches dans le temps avec plus de détails que les événements lointains[17]. Alors que le futur proche est riche de détails minutieux, le futur lointain est flou et uniforme. Quand on demande à de jeunes couples de dire ce qui leur vient à l'idée quand ils pensent au mariage, ces couples, qui sont à un mois de l'événement (soit qu'ils se marient dans un mois, soit qu'ils soient mariés depuis un mois), voient la chose d'une manière assez floue et abstraite. Leurs descriptions ont de la hauteur : ils parlent de « contracter un engagement sérieux » ou de « commettre une erreur ». Mais les couples qui doivent se marier le lendemain voient les détails pratiques du mariage : ils parlent de « faire des photos » ou de « porter une tenue spéciale »[18]. De même, quand on demande aux volontaires d'une expérience de s'imaginer en train de fermer une porte à clef le lendemain, ils décrivent leurs images mentales avec des expressions détaillées comme « introduire la clef dans la serrure », mais quand ils doivent s'imaginer fermant une porte à clef l'année prochaine, ils décrivent leurs images mentales avec des expressions vagues comme « fermer la maison »[19]. Lorsqu'on évoque des événements lointains dans le passé ou dans l'avenir, on pense abstraitement au *pourquoi* de ces événements, mais lorsqu'il s'agit d'événements proches, on pense concrètement à *comment* ces événements sont arrivés ou arriveront[20].

Voir dans le temps, c'est comme voir dans l'espace. Mais il existe une différence importante entre l'horizon spatial et l'horizon temporel. Quand on aperçoit un buffle au loin, notre cerveau sait que le buffle a l'air flou et qu'il manque de détails *parce qu'il est loin* : il ne se trompe pas, il n'en déduit pas que le buffle lui-même est flou. Mais quand on se rappelle un événement éloigné dans le temps, ou quand on l'imagine dans l'avenir, notre cerveau néglige la disparition des détails créés par la distance temporelle et en conclut qu'il est *réellement* aussi flou que dans notre imagination ou dans nos souvenirs. Vous êtes-vous jamais demandé pourquoi vous prenez souvent des engagements et vous en mordez les doigts quand vient le moment de les honorer ? Bien sûr que vous vous l'êtes demandé : on le fait tous. On accepte de garder nos neveux et nièces le mois prochain, on se réjouit même de cette obligation en la notant dans notre agenda. Et une fois le moment venu d'acheter les McDo, monter la maison de Barbie, planquer les cigarettes et laisser tomber la finale du basket diffusée à une heure du matin, on se demande ce qui nous a pris d'accepter. Moi, je vais vous le dire : quand on a dit oui, on pensait au baby-sitting en termes de *pourquoi*, pas en termes de *comment*, on pensait aux causes et conséquences, pas à la mise en œuvre, on pensait à un baby-sitting imaginaire et sans détail, pas à un baby-sitting réel et lourd de détails. Faire du baby-sitting le mois prochain, c'est de l'amour, mais faire du baby-sitting dans l'immédiat, c'est préparer à déjeuner. Or exprimer de l'affection est plus gratifiant que faire fonctionner la friteuse[21].

Peut-être n'est-il pas si étonnant que ces détails prosaïques n'aient pas fait partie de notre image mentale du baby-sitting quand nous l'avons imaginé un mois plus tôt. Ce qui l'est plus, en revanche, c'est notre énorme surprise lorsque ces détails se profilent dans notre programme. Un baby-sitting lointain a la même douceur illusoire qu'un champ de maïs lointain[22], mais alors qu'on sait tous qu'un champ de maïs n'est pas *vraiment* doux, qu'il en a *juste l'air* de loin, on est très peu conscient de la chose pour les événements éloignés dans le temps. Si on demande aux sujets d'une expérience d'« imaginer une bonne journée », ils imaginent des événements *plus variés* si la bonne journée est demain que si elle est censée se dérouler dans un an[23]. Parce qu'une bonne journée demain est imaginée avec un grand luxe de détails, elle est une purée où surnagent d'agréables grumeaux («Je ferai la grasse mat', je lirai le journal, j'irai au cinoche et je verrai mon meilleur copain») et d'autres qui le sont moins («Il faudra aussi que je ratisse ces saloperies de feuilles»). Tandis qu'une bonne journée l'an prochain est une purée sans grumeaux pleine d'épisodes heureux. En outre, si on demande aux personnes interrogées jusqu'à quel point elles jugent *réalistes* leurs images mentales de l'avenir, elles déclarent la purée lisse de l'an prochain tout aussi réaliste que les grumeaux de demain. Nous sommes un peu comme des aviateurs qui voudraient se poser sur les rectangles doux et jaunes des champs de maïs vus du ciel, et qui seraient choqués de les découvrir plantés… de maïs ! Perception, imagination et mémoire sont de remarquables facultés qui ont beaucoup de points communs mais, à certains égards, la perception est la plus sage des trois. Certes, nous prenons rarement un buffle lointain pour un insecte proche, mais lorsque l'horizon devient temporel, nous avons tendance à commettre la même erreur que les Pygmées.

Imaginer avenir proche et avenir lointain avec des textures si différentes nous pousse aussi à leur accorder des valeurs différentes[24]. Nous paierions plus cher pour assister à un spectacle à Broadway ce soir, ou pour manger une tarte aux pommes cet après-midi, que pour le même spectacle et la même tarte dans un mois. Il n'y a rien d'irrationnel là-dedans. Les ajournements sont pénibles : il est logique d'exiger un rabais quand on doit s'y plier. Seulement, certaines études montrent que nous imaginons l'épreuve de l'attente plus insupportable si elle nous est imposée dans un avenir proche que dans un avenir lointain, ce qui induit un comportement assez étrange[25]. Exemple : la plupart des gens préféreraient toucher vingt dollars dans un an plutôt que dix-neuf dans trois cent soixante-quatre jours, car un délai d'une journée dans un *avenir lointain* semble (vu d'ici) un inconvénient mineur. Mais ils préféreraient aussi toucher dix-neuf dollars aujourd'hui plutôt que vingt demain, car un délai d'une journée dans un *avenir proche* semble (vu d'ici) un supplice intolérable[26]. Peu importe le désagrément provoqué par une journée d'attente, il est le même quel que soit le moment où on le subit. Pourtant, on imagine un désagrément dans un avenir proche comme une épreuve si rude qu'on paie volontiers un dollar pour l'éviter, mais un désagrément dans un lointain futur comme une épreuve si légère qu'on accepte volontiers un dollar pour l'endurer.

Pourquoi ? Parce que l'avenir proche offre une netteté dans les détails qui le rend beaucoup plus palpable que l'avenir lointain : aussi est-on plus anxieux et excité quand on imagine des événements à venir bientôt que des événements lointains. Certaines expériences font apparaître une activation des zones du cerveau produisant la sensation d'une agréable excitation lorsqu'on imagine toucher une récompense, de l'argent par exemple, dans un avenir proche ; mais ces mêmes zones ne s'activent pas lorsqu'on imagine la même récompense dans un avenir lointain[27]. S'il vous est déjà arrivé d'acheter trop d'un article dans un déballage, et pas assez du même article en faisant vos courses du mois à l'hypermarché, vous avez vous-même expérimenté cette anomalie. Quand nous guettons l'avenir dans nos prospectiscopes, la netteté du « tout à l'heure » et le flou du « plus tard dans l'année » peuvent nous amener à commettre une foule d'erreurs.

À venir

Avant de regagner Baker Street, Sherlock Holmes, astiquant sa pipe, ne peut s'empêcher de tailler un ultime costume à l'inspecteur Gregory. Il confie à Watson : « Voyez ce que vaut l'imagination. C'est la seule qualité qui fait défaut à Gregory. Nous avons imaginé ce qui avait pu arriver, nous avons agi suivant ce que nous supposions et nous constatons que nous avions vu juste[28]. »

La vacherie est subtile, mais un peu injuste. Le défaut de Gregory n'est pas de manquer d'imagination, mais de s'y fier. Voué au truc du bouche-trou, le cerveau l'est également au truc de l'omission : nos avenirs imaginés comportent certains détails qu'il a inventés et manquent d'autres détails qu'il a omis. Le problème n'est pas tant que notre cerveau bouche les trous par-ci et omette par-là. S'il ne le faisait pas, nous serions dans de beaux draps ! Non, le problème, c'est qu'il le fait *si bien* qu'on ne s'en aperçoit pas. De ce fait, on a tendance à accepter ses inventions sans se poser de questions et à attendre de l'avenir qu'il se déroule avec les détails – et *juste* avec les détails – inventés par lui. L'une des faiblesses de l'imagination, ce sont ces libertés qu'elle prend sans nous le dire. Mais, pour être parfois trop libre, elle peut aussi être trop conservatrice. Et cette faiblesse-là a son histoire à elle…

Quatrième partie

PRÉSENTISME

Présentisme (pré-zen-tizm) :
Tendance de l'expérience présente à influencer notre vision du passé et de l'avenir.

6

L'AVENIR, C'EST TOUT DE SUITE

> « Tes lettres m'ont transportée au-delà
> De ce présent ignorant, et je sens désormais
> L'avenir dans l'instant. »
>
> SHAKESPEARE, *Macbeth*

La plupart des bibliothèques disposent d'un rayon de littérature futuriste des années 1950 comprenant des titres comme *Vers l'âge atomique* ou *Le Monde de demain*. Parcourez quelques-uns de ces ouvrages et vous allez vite remarquer qu'ils en disent plus sur l'époque où ils ont été écrits que sur celle qu'ils sont censés prophétiser. Feuilletez un peu et vous allez trouver un dessin dans lequel une ménagère coiffée comme Donna Reed s'active en jupe froncée et bustier dans sa cuisine atomique, attendant le bruit de la voiture-fusée de son mari pour poser le ragoût sur la table. Encore quelques pages et vous tomberez sur le croquis d'une ville moderne sous cloche de verre, avec trains nucléaires, voitures en apesanteur et citadins bien habillés glissant sans heurts sur des trottoirs roulants pour se rendre au bureau. Vous noterez aussi qu'il manque certaines choses dans ces dessins. Les hommes ne portent pas les bébés, les femmes ne portent pas les attachés-cases, les gosses n'ont pas les sourcils ou le nombril percés, et les souris *couinent*, elles ne *cliquent* pas. Il n'y a ni skateurs, ni SDF, ni téléphones portables, ni ordinateurs portables, ni latex, ni Gore-Tex, ni FedEx, ni TGV, ni TNT. En outre, toutes les personnes d'origine africaine, asiatique et hispanique semblent avoir totalement échappé au futur. En réalité, le charme de ces dessins, c'est d'être totalement, merveilleusement et ridiculement faux. Comment quelqu'un a-t-il pu un jour penser que l'avenir ressemblerait à un mixte de *Planète interdite* et de *Capitaine Flam* ?

La même chose, s'il vous plaît !

Mésestimer la capacité d'innovation du futur est une tradition humaine. Lord William Thomson Kelvin a beau être l'un des physiciens les plus avisés du dix-neuvième siècle (il laissera d'ailleurs son nom à une unité de mesure de la température), après examen minutieux du monde de demain, il pose la conclusion suivante : « Des machines volantes plus lourdes que l'air sont impossibles[1]. » La plupart de ses confrères scientifiques partagent cet avis. L'éminent astronome Simon Newcomb l'écrit en 1906 : « La démonstration qu'aucune combinaison de substances, formes de machines et forces connues ne peut être réunie dans un engin réalisable par l'homme, grâce auquel il volerait dans les airs sur de longues distances, semble à l'auteur aussi aboutie que peut l'être n'importe quelle démonstration d'un fait physique[2]. »

Même Wilbur Wright, dont les travaux contredisent les avis de Kelvin et Newcomb, reconnaît avoir confié à son frère en 1901 que « l'homme ne volerait pas avant cinquante ans[3] ». Il se trompait de quarante-huit années. Le nombre de scientifiques chevronnés et d'inventeurs respectés qui ont déclaré l'aéroplane irréalisable n'a d'égal que le nombre de scientifiques ayant tenu les mêmes propos sur le voyage dans l'espace, la télévision, le four à micro-ondes, l'énergie nucléaire, la transplantation cardiaque et l'entrée des femmes au Sénat américain. Longue est la litanie des prévisions erronées, prédictions loupées et prophéties foireuses : dans la forme, elles se ressemblent. L'écrivain Arthur C. Clarke a eu cette formule désormais connue sous le vocable de « première loi de Clarke » : « Quand un savant distingué mais vieillissant estime que quelque chose est possible, il a presque certainement raison. Mais, lorsqu'il déclare que quelque chose est impossible, il a très probablement tort[4]. » En d'autres termes, quand les scientifiques se trompent dans leurs prévisions, c'est presque *toujours* en prévoyant un futur qui ressemble au présent.

Présentisme au passé

À cet égard, le *vulgum pecus* se montre assez scientifique. On l'a vu, le cerveau use abondamment du truc du bouche-trou pour se remémorer le passé ou imaginer l'avenir, et l'expression évoque un trou – dans un mur ou une dent, par exemple –, que l'on comblerait avec un matériau quelconque (enduit ou amalgame dentaire). Or, pour boucher les trous dans ses élaborations d'hier et de demain, le cerveau a tendance à utiliser un matériau appelé *aujourd'hui*. Il suffit, pour s'en rendre compte, de songer à toutes les fois où la chose se produit lorsqu'on s'efforce de se rappeler le passé. Quand des étudiants sont convaincus par un discours qui va à l'encontre de leurs convictions politiques, ils se rappellent avoir toujours pensé ce qu'ils pensent aujourd'hui[5]. Quand des couples récemment formés tentent de se remémorer ce qu'ils pensaient de leur partenaire deux mois plus tôt, ils se rappellent avoir toujours éprouvé ce qu'ils éprouvent aujourd'hui[6]. Quand des étudiants reçoivent leurs notes à un examen, ils se souviennent d'avoir été aussi inquiets avant l'examen qu'ils le sont à présent[7]. Quand on interroge des patients sur leurs migraines, la douleur ressentie sur le moment détermine celle qu'ils se rappellent avoir ressentie la veille[8]. Quand on demande à des personnes d'âge mûr ce qu'elles pensaient de l'amour avant le mariage, de certains sujets politiques, ou bien si elles buvaient beaucoup du temps de leur jeunesse, leurs souvenirs sont influencés par ce qu'elles pensent et boivent aujourd'hui[9]. Quand on demande à des veufs et veuves d'évaluer le chagrin éprouvé au décès du conjoint, cinq ans plus tôt, leurs souvenirs sont influencés par le chagrin qu'ils éprouvent aujourd'hui[10]. Et ainsi de suite… Bref, les gens se trompent dans leurs souvenirs et se rappellent avoir pensé, fait et dit autrefois ce qu'ils pensent, font et disent aujourd'hui[11].

Ce colmatage des souvenirs troués du passé avec un matériau tiré du présent est particulièrement remarquable dès lors qu'il s'agit de souvenirs d'émotions. En 1992, après avoir annoncé dans un talk-show qu'il aimerait habiter la Maison Blanche, Ross Perot devient du jour au lendemain le messie d'un électorat mécontent. Pour la première fois dans toute l'histoire des États-Unis, un gars qui n'a jamais détenu de portefeuille ministériel et qui n'est pas non plus le candidat désigné d'un parti important, semble en mesure de s'octroyer le job d'homme le plus puissant de la planète. Ses partisans sont enthousiastes et optimistes. Mais, le 16 juillet 1992, Perot se retire de la course aussi soudainement qu'il y était entré, alléguant de vagues inquiétudes sur de « basses manœuvres politiciennes » risquant de gâcher le mariage de sa fille. Ses partisans sont anéantis. Puis, en octobre de la même année, nouveau revirement : Perot revient et perd les élections le mois suivant. Entre son annonce étonnante, son retrait plus étonnant encore, son retour incroyablement étonnant et sa défaite pas du tout étonnante, ses supporters ont vécu des émotions diverses et intenses. Par bonheur, il s'est trouvé un chercheur pour mesurer ces réactions émotionnelles en juillet, après le retrait de Perot, puis à nouveau en novembre, après sa défaite[12]. En novembre, ce chercheur a aussi demandé à ses volontaires de se rappeler ce qu'ils avaient éprouvé en juillet. Les résultats furent saisissants. Ceux qui étaient restés fidèles à Perot à travers toutes ses volte-face se rappelaient avoir été moins tristes et furieux lors de son retrait de juillet qu'ils ne l'avaient été en réalité, et ceux qui l'avaient laissé tomber au moment où lui les laissait tomber se rappelaient avoir mis en lui moins d'espoir qu'ils n'en avaient mis en réalité. Autrement dit, les partisans de Perot se trompaient dans leurs souvenirs : ils se rappelaient avoir eu pour lui les sentiments qui étaient les leurs *à présent*.

Présentisme au futur

Si le passé est un mur à trous, l'avenir est un trou sans murs. Si la mémoire *utilise* le truc du bouche-trou, l'imagination *est elle-même* le truc du bouche-trou, et si le présent vient teinter le passé de nos souvenirs, il badigeonne totalement l'avenir de notre imagination. Pour dire les choses plus simplement, nous avons du mal à imaginer un demain qui soit très différent d'aujourd'hui. Et il nous est tout particulièrement difficile d'imaginer que nous penserons, voudrons ou ressentirons les choses autrement que nous les pensons, voulons ou ressentons aujourd'hui[13]. Les ados se font tatouer une tête de mort parce qu'ils sont sûrs que ce sera toujours un emblème attirant, les jeunes mères abandonnent de prometteuses carrières juridiques parce qu'elles sont sûres que s'occuper des enfants à la maison sera toujours un job gratifiant, et les fumeurs qui viennent d'écraser une clope sont sûrs, pendant au moins cinq minutes, de pouvoir arrêter facilement et que leur résolution ne diminuera pas avec le taux de nicotine dans leur sang. Les psychologues n'ont rien contre les adolescents, les fumeurs et les mamans. Je me souviens d'un réveillon (en fait, la plupart des réveillons de ma vie) où je n'ai compris qu'à la dernière bouchée de dinde que, si j'avais le souffle court et poussif, c'était parce que mes poumons n'avaient plus la place de gonfler. J'ai titubé jusqu'au salon, me suis affalé sur le canapé et, alors que je sombrais dans un coma bienheureux, on m'a entendu prononcer ces mots : « Je ne mangerai plus jamais. » Sauf que, bien sûr, j'ai remangé : peut-être le soir même, à coup sûr dans les vingt-quatre heures, et probablement de la dinde. Sans doute savais-je à l'instant même où je le formulais que mon serment était absurde. Pourtant, quelque chose en moi semblait sincèrement croire que mâcher et avaler étaient de mauvaises habitudes auxquelles je pouvais facilement renoncer et que la masse torpide serpentant dans mon tube digestif à la vitesse de la dérive des continents allait satisfaire à tout jamais tous mes besoins nutritionnels, intellectuels et spirituels.

Cet incident m'embarrasse, bien sûr, et ce à plus d'un titre. D'abord, je déteste m'empiffrer comme un cochon. Ensuite, il m'était déjà arrivé de m'empiffrer comme un cochon : j'aurais donc dû savoir d'expérience que le cochon finit toujours par retourner à l'auge. Pourtant, j'ai vraiment pensé que, *cette fois*, je pourrais ne pas manger pendant des jours, des semaines, voire jusqu'à la fin de mes jours. Le fait que d'autres cochons soient enclins à la même illusion est une piètre consolation. La recherche en laboratoire et dans les supermarchés démontre que, quand on vient de manger, on sous-estime à coup sûr son appétit futur et ce qu'on voudra manger la semaine prochaine[14]. Les doubles milk-shakes, sandwichs au poulet ou saucisses qu'on vient de bâfrer n'amputent pas momentanément notre intelligence. Non, il nous est juste difficile d'imaginer la faim quand nous sommes rassasiés ; nous ne pouvons donc nous résoudre à pourvoir de façon adéquate à son éternel retour. On va faire les commissions après avoir pris des œufs, des gaufres et du bacon au petit déjeuner, on finit par acheter trop peu, et quand l'impérieux besoin d'une glace coco-amande se fait sentir en pleine nuit, on se maudit d'avoir fait les courses à la légère.

Ce qui est vrai des estomacs repus l'est aussi des esprits repus. Dans une expérience, des chercheurs ont posé cinq questions de géographie à des volontaires en leur promettant l'une des deux gratifications suivantes : soit les bonnes réponses, ainsi les sujets sauraient s'ils avaient répondu juste ou pas ; soit une confiserie, mais, dans ce cas, ils ne connaîtraient jamais les réponses[15]. Certains sujets devaient choisir leur récompense *avant* de répondre au questionnaire, et d'autres seulement *après*. Sans doute vous y attendez-vous : avant de répondre aux questions, les gens ont choisi la confiserie, mais après y avoir répondu, ils ont choisi les réponses. Autrement dit, les questions avaient tellement excité leur curiosité qu'ils préféraient les réponses à une délicieuse confiserie. Bien. Mais pouvaient-ils prévoir qu'il en serait ainsi ? Pour le savoir, on a demandé à un nouveau groupe de sujets de *prévoir* la gratification qu'ils choisiraient avant et après le questionnaire : et tous ont répondu la confiserie, dans un cas comme dans l'autre. Ces volontaires – qui n'avaient pas *éprouvé* l'extrême curiosité provoquée par le questionnaire – n'imaginaient pas possible de renoncer à une barre chocolatée pour quelques données ennuyeuses sur des villes et des rivières. Cette conclusion me rappelle le magnifique *Bedazzled,* de Stanley Donen (1967), où le diable passe ses journées à arracher les dernières pages des romans policiers dans les librairies. L'acte ne vous paraît peut-être pas maléfique au point de mériter l'attention de Lucifer, mais quand vous arrivez à la fin d'un bon polar et découvrez qu'il manque les pages censées donner le nom de l'assassin, vous comprenez pourquoi on vendrait volontiers son âme pour connaître la fin. La curiosité est une envie impérieuse, mais quand on n'y est pas en proie, il est malaisé d'imaginer jusqu'où elle peut nous mener, ni à quelle allure.

Ces difficultés à prévoir nos appétits – gustatifs, sexuels, émotionnels, sociaux ou intellectuels – ne sont que trop familières. Pourquoi ? Pourquoi les pouvoirs de l'imagination humaine sont-ils si facilement bafoués ? Après tout, de cette même imagination sont nés le voyage dans l'espace, la thérapie génique, la théorie de la relativité et le sketch du fromager par les Monty Python. Même le moins imaginatif d'entre nous est capable d'imaginer des choses si folles et bizarroïdes que sa mère lui infligerait un lavage de cerveau à l'eau savonneuse si elle les apprenait. On peut imaginer se faire élire au Congrès, se jeter d'un hélicoptère, se faire peindre en violet et rouler dans les pignons de pin. On peut imaginer la vie dans une plantation de bananiers ou dans un sous-marin. On peut s'imaginer esclave, guerrier, shérif, cannibale, courtisane, plongeur ou percepteur. Et pourtant, il nous suffit d'avoir le ventre plein pour être soudain incapables d'imaginer qu'on aura *faim*. Comment est-ce possible ?

Nos avant-premières

La réponse à cette question nous entraîne au cœur même de l'imagination. Quand on imagine un pingouin, un navire à aubes ou un dévidoir de ruban adhésif, on *visualise* mentalement une image un peu rudimentaire. Maintenant, si je vous demande si les nageoires du pingouin sont plus longues ou plus courtes que ses pieds, vous allez sans doute sortir une image mentale de votre chapeau, puis la « regarder » avant de répondre. Vous aurez l'impression d'avoir fait surgir une photo de pingouin dans votre tête par l'effet de votre seule volonté. Vous aurez l'intelligence de fixer un moment ses nageoires, puis de baisser les yeux vers ses pieds, de jeter encore un ultime coup d'œil aux nageoires, et ensuite seulement vous me donnerez votre réponse. Ce que vous ferez ressemblera beaucoup à de la vision parce que, en fait, c'est de la vision. La région du cerveau stimulée quand on voit des objets avec nos yeux – une zone sensorielle appelée cortex visuel – l'est aussi quand on examine des images mentales avec notre imagination[16]. Il en va de même des autres sens. Par exemple, si je vous demande sur quelle syllabe se chante la plus haute note de « Joyeux anniversaire », vous allez sans doute jouer la chanson en imagination, puis l'« écouter » afin de savoir où la mélodie monte et descend. Si l'imagination est « l'œil de l'esprit », l'expression « écouter avec l'oreille de l'esprit » n'est pas juste une façon de parler (d'autant que personne ne dit jamais ça). En imaginant des sons, on stimule une zone sensorielle du cerveau appelée cortex auditif, et d'ordinaire cette zone n'est stimulée que lorsqu'on entend de vrais sons avec nos vraies oreilles[17].

Ces résultats de recherches nous apprennent une chose capitale sur le fonctionnement du cerveau : pour imaginer le monde sensible, il a recours à ses zones sensorielles. Si on veut savoir à quoi ressemble un objet en l'absence dudit objet, on envoie une information sur l'objet de la mémoire au cortex visuel, et on obtient une image mentale. De la même manière, si on veut savoir à quoi ressemble une mélodie et qu'elle ne passe pas à l'instant même à la radio, on envoie une information de la mémoire au cortex auditif, et on obtient un son mental. Comme le pingouin vit en Antarctique et que « Joyeux anniversaire » se chante juste lors des anniversaires, il est rare qu'ils soient là pile au moment où l'on souhaite les examiner. Quand nos yeux et nos oreilles ne peuvent fournir aux cortex visuel et auditif les informations qui leur sont nécessaires pour répondre à la question, nous demandons qu'elles leur soient expédiées depuis la mémoire, ce qui nous permet de jeter un faux coup d'œil et de prêter une fausse oreille. C'est grâce à ce nouveau tour de passe-passe du cerveau qu'on peut savoir que la note la plus haute tombe sur le *a* de « anniversaire » et que les nageoires des pingouins sont plus longues que leurs pieds, même quand on est enfermé tout seul dans un placard.

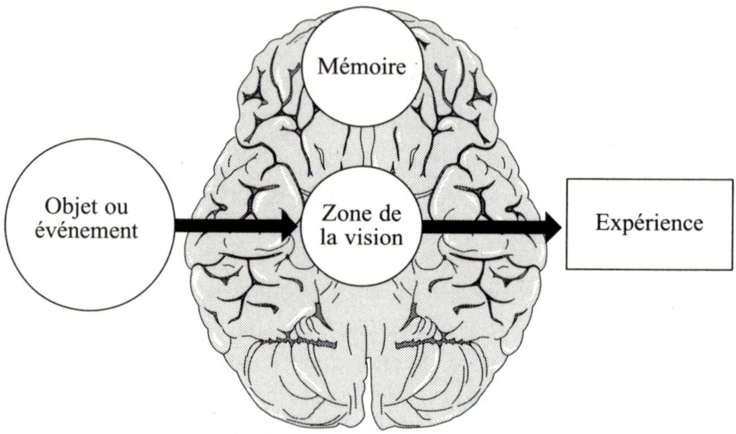

Fig. 10. La perception visuelle (*ci-dessus*) obtient l'information à partir des objets et événements de la réalité, tandis que l'imagination visuelle (*ci-dessous*) obtient l'information de la mémoire.

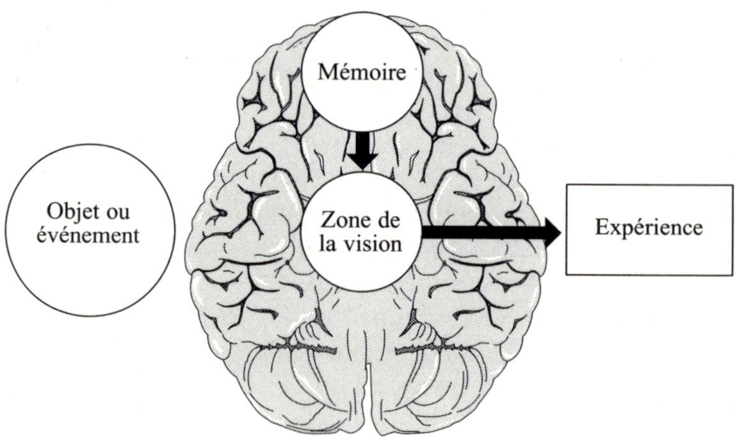

Exploiter les zones visuelles et auditives pour exécuter les opérations de l'imagination relève d'une ingénierie extraordinaire. L'évolution mérite le prix Microsoft Windows pour avoir installé ce programme en chacun de nous sans demander la permission. Mais quel rapport entre la vue et l'ouïe et des morfals gavés de dinde comme nous (enfin, comme moi...)? Le rapport, c'est que ces processus imaginatifs grâce auxquels on sait à quoi ressemble un pingouin même quand on est bouclé dans un placard sont aussi ceux qui permettent de savoir à quoi ressemblera l'avenir même quand on est bouclé dans le présent. Quand on vous demande si vous seriez heureux de trouver votre épouse au lit avec le facteur, vous *ressentez* quelque chose, sans doute rien de bien formidable. Et tout comme vous créez une image mentale de pingouin pour l'examiner visuellement et répondre à la question sur ses nageoires, vous créez une image mentale d'infidélité pour y réagir émotionnellement et répondre à la question sur vos émotions futures[18]. Les zones du cerveau qui réagissent émotionnellement aux événements réels réagissent aussi aux événements imaginaires, c'est la raison pour laquelle vous avez sans doute eu les pupilles dilatées et une hausse de tension quand je vous ai demandé d'imaginer ce cas si particulier dans la distribution du courrier[19]. Voilà une excellente méthode pour prévoir les sentiments futurs : ce qu'on éprouve en imaginant un événement est d'ordinaire un bon indicateur de ce qu'on ressentira quand il se produira. Si l'image mentale d'un facteur haletant et d'un sac postal agité de soubresauts provoque en vous jalousie et colère, alors il faut s'attendre à ce qu'une infidélité réelle fasse de même, et avec encore plus de conviction...

Nul besoin d'un événement aussi chargé d'émotions qu'une infidélité pour illustrer la chose. On dit tous les jours des phrases comme «je rêve d'une pizza», et l'expression ne vise pas à commenter les propriétés oniriques de la mozzarella. Non, elle dit que, lorsqu'on s'imagine mangeant une pizza, on éprouve une sensation ténue et délicieuse qu'on interprète comme un indicateur de celle beaucoup moins ténue et beaucoup plus délicieuse qu'on éprouverait si on pouvait transférer la pizza de notre imagination à nos papilles. Si un hôte chinois nous propose une araignée sautée ou une sauterelle croustillante en apéritif, il nous est inutile d'en mastiquer une pour savoir à quel point on détesterait l'expérience. La seule pensée de manger des insectes fait frissonner de dégoût la plupart des Occidentaux : c'est ce frisson qui nous dit qu'expérimenter réellement la chose risquerait fort de nous expédier aux toilettes pour le restant du repas. Conclusion : en règle générale, on ne s'assoit pas devant une feuille de papier afin de lister logiquement les pour et les contre des événements futurs que nous envisageons. Non, nous les envisageons en les simulant dans notre imagination et en notant nos réactions émotionnelles à cette simulation. De même que l'imagination *pré-voit* les objets, elle *pré-ressent* les événements[20].

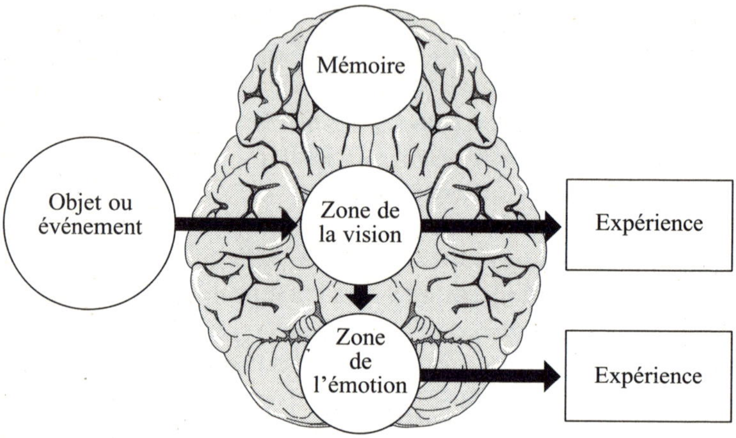

Fig. 11. La sensation (*ci-dessus*) comme la pré-sensation (*ci-dessous*) obtiennent l'information à partir de la zone de la vision, mais la zone de la vision obtient, elle, l'information de différentes sources.

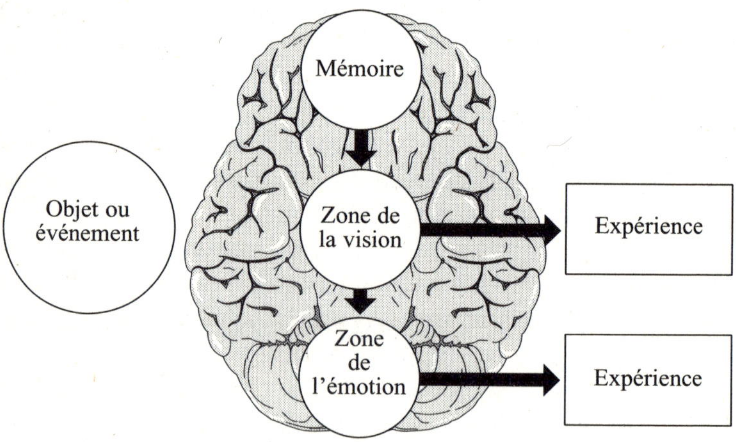

Le pouvoir du pré-ressenti

Pré-ressentir nous permet souvent mieux que la réflexion logique de prévoir nos émotions. Dans le cadre d'une étude, des chercheurs offraient à des volontaires soit une reproduction d'un tableau impressionniste, soit un poster humoristique représentant un chat tiré d'un dessin animé[21]. Ils demandaient à certains, avant de choisir, de penser logiquement aux raisons pour lesquelles ils pensaient aimer ou pas l'un et l'autre posters (les penseurs) ; les autres sujets étaient, quant à eux, incités à choisir rapidement et « d'instinct » (les non-penseurs). Les conseillers d'orientation, conseillers financiers et autres conseillers en tout genre recommandent toujours de bien réfléchir avant de prendre une décision. Pourtant, quand les chercheurs ont rappelé les volontaires pour leur demander s'ils appréciaient leur nouvelle œuvre d'art, les penseurs étaient les moins satisfaits. Au lieu de choisir le poster qui les rendait heureux quand ils s'imaginaient en train de l'accrocher chez eux, ils n'avaient pas tenu compte de leur pré-ressenti : ils avaient choisi le poster dont les qualités auraient été appréciées par un conseiller d'orientation ou un conseiller financier (« Le vert olive du Monet risque de jurer avec les rideaux, alors que le poster de Garfield montrera à mes visiteurs que j'ai un sens de l'humour à toute épreuve »). Les non-penseurs, eux, s'étaient fiés à leur pré-ressenti. Ils avaient imaginé le poster chez eux, ils avaient noté ce qu'ils ressentaient et ils avaient supposé que, si imaginer le poster dans leur maison les rendait heureux, le voir vraiment accroché au mur produirait vraisemblablement le même effet. Et ils avaient raison. Pré-ressentir avait permis aux non-penseurs une meilleure prévision de leur satisfaction future que n'en avaient eu les penseurs. En fait, quand on empêche les gens d'éprouver une émotion dans le présent, ils deviennent momentanément incapables de prévoir ce qu'ils éprouveront dans l'avenir[22].

Mais pré-ressentir a ses limites. L'émotion ressentie en imaginant quelque chose ou quelqu'un n'est pas *toujours* un bon indice de celle qu'on éprouvera quand on verra, entendra, portera, possédera, conduira ou mangera la chose ou… quand on embrassera la personne. Exemple : pourquoi fermez-vous les yeux lorsque vous voulez visualiser un objet ? Pourquoi vous bouchez-vous les oreilles quand vous voulez vous souvenir d'une mélodie ? Parce que votre cerveau doit utiliser son cortex visuel et son cortex auditif pour accomplir les opérations de l'imagination visuelle et auditive. Or, si ces zones sont déjà occupées à faire leur boulot premier – à savoir, voir et entendre des choses réelles –, elles ne sont pas disponibles pour les opérations de l'imagination[23]. Vous ne pouvez pas facilement imaginer un pingouin quand vous avez les yeux fixés sur une autruche, car la vision utilise déjà les zones de votre cerveau dont l'imagination a besoin. Autrement dit, quand on demande au cerveau de regarder en même temps un objet réel et un objet imaginaire, il satisfait la première requête et repousse la seconde. La perception du réel est la mission prioritaire de votre cerveau ; c'est pourquoi il refuse catégoriquement et sommairement de vous prêter son cortex visuel. S'il n'avait pas cette « politique du réel d'abord », vous fonceriez au feu rouge si, à ce moment-là, vous pensiez à un feu vert. Cette politique rend difficile d'imaginer un pingouin quand on regarde une autruche, et tout aussi difficile d'imaginer le désir quand on éprouve du dégoût, l'affection quand on éprouve de la colère, ou la faim quand on se sent repu. Si un copain qui vient de bousiller votre voiture neuve vous propose, pour se faire pardonner, de vous inviter à un match de foot la semaine prochaine, votre cerveau est trop occupé à réagir à la bagnole emboutie pour simuler une réaction émotionnelle au spectacle du match. Les événements futurs peuvent solliciter l'accès aux zones émotionnelles du cerveau, mais ce sont les événements présents qui sont presque toujours prioritaires.

Les limites du pré-ressenti

On ne peut pas voir ou ressentir deux choses en même temps, et le cerveau établit de strictes priorités sur ce qu'il verra, entendra, ressentira et sur ce qu'il laissera de côté. Les requêtes de l'imagination sont souvent repoussées. Cette politique, le système sensoriel et le système émotionnel l'appliquent l'un et l'autre. Pourtant, nous ne savons pas la reconnaître dans le cas du système émotionnel. La politique appliquée par le cerveau ne nous permet pas d'imaginer un pingouin en regardant une autruche. On le comprend et on ne se trouble donc jamais : on n'en conclut pas que le gros oiseau au long cou qu'on est en train de regarder est le pingouin qu'on s'efforçait d'imaginer. L'expérience visuelle qui résulte d'informations issues de la réalité est appelée *vision* ; l'expérience visuelle qui résulte d'informations issues de la mémoire est appelée *imagerie mentale* ; et ces deux expériences ont beau se produire dans le cortex visuel, il faut une bonne dose de vodka pour les confondre[24]. L'une des caractéristiques de l'expérience visuelle, c'est qu'on peut presque toujours dire si elle est le produit d'un objet réel ou d'un objet imaginé. Avec l'expérience émotionnelle, c'est une tout autre affaire. L'expérience émotionnelle résultant d'informations provenant de la réalité, nous l'appellerons le *ressenti* ; l'expérience émotionnelle résultant d'informations provenant de la mémoire, nous l'appellerons le *pré-ressenti* : et les confondre est l'un des sports les plus pratiqués au monde.

Exemple : dans le cadre d'une étude, des chercheurs ont téléphoné à des hommes et des femmes dans diverses parties du pays pour leur demander s'ils étaient satisfaits de leur vie[25]. Les habitants des villes où il faisait beau ce jour-là ont répondu qu'elle était relativement heureuse ; mais ceux des villes où il faisait mauvais l'ont dite relativement malheureuse. Ces gens tentaient de répondre à la question en imaginant leur vie avant de se demander comment ils se sentaient. Mais, appliquant la « politique du réel d'abord », leur cerveau s'obstinait à réagir au temps qu'il faisait dans la réalité, au lieu de réagir à leur vie imaginaire. Manifestement, ils *ignoraient* que leur cerveau faisait cela et prenaient donc un ressenti induit par la réalité pour un pré-ressenti induit par l'imagination.

Dans une expérience annexe, des chercheurs ont demandé à des personnes qui s'entraînaient dans un gymnase de prévoir quelles seraient leurs émotions si, perdues au cours d'une randonnée, elles devaient passer la nuit dans les bois sans rien à manger ni à boire[26]. Elles devaient se prononcer plus particulièrement sur ce qui leur serait le plus pénible : la faim ou la soif ? Certaines devaient répondre tout de suite après s'être entraînées sur un tapis de jogging (groupe assoiffé) ; d'autres avant (groupe non assoiffé). Les résultats ont révélé que quatre-vingt-douze pour cent du groupe assoiffé prévoyaient la soif plus pénible que la faim, contre seulement soixante et un pour cent du groupe non assoiffé. À l'évidence, les « assoiffés » avaient tenté de répondre en s'imaginant perdus dans les bois sans eau ni nourriture, puis en se demandant ce qu'ils éprouvaient. Seulement, leur cerveau appliquant la « politique du réel d'abord », il s'obstinait à réagir au jogging de la réalité et non à la randonnée imaginaire. Ces personnes *ne savaient pas* que leur cerveau procédait ainsi ; elles ont donc pris un ressenti pour un pré-ressenti.

Sans doute avez-vous déjà été confronté à cette énigme : vous avez eu une journée épouvantable – le chat a pissé sur le tapis, le chien a pissé sur le chat, le lave-linge est foutu, la télé a remplacé le match par une pièce de théâtre – et, bien sûr, vous êtes de mauvais poil. Si, à cet instant-là, vous essayez d'imaginer si vous serez heureux de jouer aux cartes avec vos potes demain soir, vous risquez fort d'attribuer un ressenti dû à l'indiscipline de vos bestioles et de votre électroménager (« Ça me gonfle ») à vos copains imaginaires (« Je crois que je vais pas y aller parce que Nick me rembarre toujours »). L'une des caractéristiques de la dépression, c'est de penser aux événements futurs sans pouvoir imaginer les apprécier[27]. *Des vacances ? Une histoire d'amour ? Une soirée en ville ? Non merci, je préfère rester ici dans le noir*. Les amis du déprimé se fatiguent de le voir s'enfoncer dans le cafard et lui servent quelques lieux communs classiques : ça passera, après la pluie le beau temps, tout vient à point à qui sait attendre, etc. Mais, du point de vue de la personne déprimée, s'enfoncer a un sens car, si elle trouve difficile d'être heureuse aujourd'hui, s'imaginer heureuse demain l'est encore davantage. Quand on est absorbé dans l'insatisfaction de la réalité présente, on peut être satisfait d'un avenir imaginaire. Mais, au lieu de voir là la conséquence inéluctable de la « politique du réel d'abord », on tient l'événement futur pour *responsable* du mécontentement que nous inspire sa pensée. La confusion paraît criante à tous ceux qui, sur la touche, nous disent des choses comme : « D'accord, t'as pas le moral aujourd'hui parce que papa a trop picolé et qu'il est tombé de la véranda, que maman est en taule pour lui avoir flanqué une raclée et qu'on t'a saisi ta camionnette – mais la semaine prochaine, tu verras les choses autrement et tu regretteras de ne pas nous avoir accompagnés à l'Opéra. » D'un certain côté, le déprimé sait que ses amis ont raison. Pourtant, quand il essaie de ne pas voir sa déprime présente, de l'ignorer et de prévoir comment il sera demain, pour lui l'opération s'apparente fort à tenter d'imaginer la saveur de la guimauve en mâchant du foie de veau[28]. Rien de plus normal qu'imaginer l'avenir pour voir les émotions qu'il suscite en nous, mais notre cerveau, lui, est bien décidé à réagir au présent, et on impute à tort à demain les sentiments d'aujourd'hui.

À venir

J'ai attendu longtemps, très longtemps, avant de montrer à quiconque un dessin humoristique que je garde épinglé sur un tableau. Il me réjouit toujours. Le poisson demande à l'éponge d'avoir une imagination sans limites et de lui dire ce qu'elle aimerait être si s'ouvrait devant elle tout l'univers des possibilités : la chose la plus exotique imaginable par une éponge, c'est de devenir un arthropode. Bien sûr, le dessinateur ne se moque pas des éponges, mais de nous. Nous sommes tous piégés dans un lieu, un temps et une situation donnés, et notre esprit est souvent incapable de transcender leurs frontières. Tout comme l'éponge, si nous croyons penser hors des sentiers battus, c'est que nous ne voyons pas à quel point les sentiers sont vastes. L'imagination ne peut aisément franchir les frontières du présent, et ce parce qu'il lui faut emprunter des outils dont la perception est propriétaire. Les deux processus fonctionnent sur la même plate-forme ; de ce fait, on ne sait pas trop, parfois, lequel est en marche. On suppose que les émotions ressenties en imaginant l'avenir seront aussi les nôtres quand il sera là : en réalité, elles ne sont souvent qu'une réaction à l'événement présent. Cette multipropriété entre perception et imagination est une cause du présentisme, mais ce n'est pas la seule. Alors, si le métro n'est pas arrivé à votre station, si vous n'avez pas envie d'éteindre et de dormir, ou si le garçon n'a pas encore retourné les chaises sur les tables du bistrot en vous jetant un regard mauvais, on peut en explorer une autre.

7

BOMBES À RETARDEMENT

> « Mais je ne lasserai pas tes lèvres par la satiété,
> Je les rendrai plus avides encore dans l'abondance,
> Les faisant pâlir et rougir de fraîches caresses –
> Dix baisers te seront aussi fugaces qu'un seul, un seul aussi long que vingt.
> Un jour d'été te semblera une heure brève,
> Perdu dans des jeux qui te feront oublier le temps. »
>
> SHAKESPEARE, *Vénus et Adonis*

Personne n'a jamais vu passer un camping-car volant, en revanche tout le monde a vu le temps passer. Alors pourquoi est-il tellement plus facile d'imaginer le camping-car que le temps qui passe ? Parce que, même s'il est improbable qu'un camping-car de dix tonnes ait jamais une poussée aérodynamique suffisante pour décoller, au moins un camping-car volant *ressemblerait à quelque chose* : on n'a donc aucun mal à en fabriquer une image mentale. Notre extraordinaire aptitude à produire des images mentales d'objets concrets compte parmi les raisons qui nous font si bien fonctionner dans le monde physique[1]. Si on imagine un pamplemousse posé sur une boîte cylindrique et qu'on s'imagine ensuite basculant la boîte, on peut visualiser la chute du pamplemousse et voir qu'il tombera près de nous si on bascule rapidement la boîte, mais loin de nous si on la bascule lentement. Pareilles opérations mentales permettent de raisonner sur des choses imaginaires et, par conséquent, de résoudre des problèmes essentiels dans le monde réel : par exemple, comment prendre un pamplemousse sur les genoux quand il le faut vraiment. Seulement le temps n'est pas un pamplemousse. Il n'a ni couleur, ni forme, ni taille, ni texture. Il ne peut être ni crevé, ni pelé, ni tâté, ni poussé, ni peint, ni percé. Le temps n'est pas un objet, mais une abstraction, de ce fait, il ne se prête pas aux images. C'est pourquoi les réalisateurs sont contraints, pour figurer son passage, d'user de stratagèmes mettant en scène des objets visibles : les feuilles d'une éphéméride qui s'envolent au vent ou les aiguilles d'une pendule tournant à toute allure. Pourtant, pour prévoir notre avenir émotionnel, nous devons penser au temps, dans le temps et au-delà du temps. Si on ne peut en créer une image mentale, comment y réfléchir ?

La pensée spatiale

Quand on a besoin de réfléchir à une abstraction, on a tendance à imaginer un objet concret auquel *ressemble* l'abstraction et à raisonner à partir de cet objet concret[2]. Pour nous, l'objet concret auquel ressemble le temps, c'est l'*espace*[3]. La recherche nous prouve que, partout dans le monde, les gens imaginent le temps comme une dimension spatiale ; c'est pourquoi on dit que le passé est *derrière* nous et l'avenir *devant* nous, c'est pourquoi on *va vers* la vieillesse et on *retourne vers* l'enfance, c'est pourquoi les jours *filent* comme pourrait le faire un camping-car volant. On pense et on parle comme si on *s'éloignait* effectivement d'un hier posé *là-bas* pour se *rendre vers* un demain situé à cent quatre-vingts degrés. Quand on trace une ligne chronologique, les anglophones ou francophones placent le passé à gauche, les arabophones à droite[4], et les sinophones en bas[5]. Mais, quelle que soit notre langue maternelle, nous plaçons tous le passé *quelque part*… et l'avenir *ailleurs*. En fait, quand il s'agit de résoudre un problème temporel – « si je prenais mon petit déjeuner avant de sortir le chien mais après avoir lu le journal, je commencerais par quoi ? » –, la majorité d'entre nous imagine trois objets (petit déjeuner, chien, journal) sur une ligne, puis regarde lequel se situe le plus à gauche (ou à droite, ou en bas, tout dépend de la langue). Raisonner par métaphore est une technique ingénieuse qui nous permet de pallier nos faiblesses tout en tirant parti de nos forces, c'est-à-dire d'utiliser des choses visualisables pour penser, discuter et raisonner sur des choses qui ne le sont pas.

Hélas, les métaphores égarent autant qu'elles éclairent, et c'est ce qui se produit quand on imagine le temps comme une dimension spatiale. Exemple : imaginez qu'avec un ami vous ayez réussi à avoir une table dans ce nouveau restaurant très chic avec liste d'attente sur trois mois. Vous parcourez la carte et découvrez que vous avez tous deux envie du feuilleté de perdrix au chou. Mais, comme vous êtes assez bien élevés pour savoir que passer deux commandes identiques dans un relais gastronomique équivaut à y porter des oreilles de Mickey, vous convenez de commander l'un la perdrix, l'autre la gigue de chevreuil aux olives, et de partager, oh ! c'est très tendance... Vous optez pour cette solution non seulement pour ne pas passer pour des ploucs, mais aussi parce que vous croyez que la variété est le sel de l'existence. Les paraboles sur le gibier étant rares, profitez de celle-ci, mes chers paroissiens : si l'on mesurait votre plaisir après le repas, on découvrirait sans doute que votre copain et vous êtes plus heureux d'avoir partagé en frères que vous ne l'auriez été chacun avec votre perdrix.

Seulement, si on étale le problème dans le temps, il se produit une chose étrange. Imaginez que le maître d'hôtel, très impressionné par l'élégance de votre costume, vous invite (vous oui, mais pas votre pote qui ferait bien de changer de look) à revenir dîner gratuitement le premier lundi de chaque mois. Ne voulant pas risquer d'être à court en cuisine, il vous propose de décider tout de suite ce que vous souhaiterez manger à chaque fois ; ainsi, il pourra vous bichonner avec un zèle auquel vous vous habituez très vite. Vous ouvrez la carte. Vous avez horreur du lapin, le veau est politiquement incorrect, les lasagnes aux légumes vous laissent de marbre. Après examen, vous décidez que seuls quatre plats suscitent en vous la convoitise : la perdrix, la gigue de chevreuil, la daurade mahi-mahi et le risotto de fruits de mer au safran. La perdrix a très nettement votre préférence, et vous êtes tenté d'en commander douze. Mais ce serait à la fois manquer de classe et... passer à côté du sel de la vie. Vous demandez donc au maître d'hôtel de vous faire de la perdrix un mois sur deux et de remplir les six autres repas d'une péréquation de chevreuil, daurade et risotto.

Vous avez un talent certain pour choisir vos costumes, très cher ami, mais côté cuisine, vous êtes une truffe[6] ! Des chercheurs ont réalisé l'expérience suivante : ils ont invité des volontaires à venir casser la graine au labo une fois par semaine, plusieurs semaines d'affilée[7]. À certains (les choisisseurs), ils ont demandé de choisir toutes leurs collations à l'avance, et – comme vous – ceux-ci ont souvent opté pour la variété. Ensuite, ils ont invité un autre groupe une fois par semaine pendant plusieurs semaines. Chaque fois, ils ont offert à certains sujets leur collation préférée (groupe sans-variété). Les autres ont eu souvent leur collation préférée, mais aussi leur deuxième choix (groupe avec variété). Résultat : le groupe sans-variété était plus satisfait que le groupe avec. Autrement dit, la variété rend les gens *moins heureux*, et pas *plus heureux*. Voilà qui est louche : comment la variété peut-elle être le sel de la vie quand on est au restau avec un ami, et nous empoisonner l'existence quand on passe une commande sur plusieurs semaines ?

Parmi les cruelles vérités de la vie, en voici une digne de figurer en bonne place : les choses merveilleuses le sont la première fois, et l'émerveillement s'estompe avec la répétition[8]. Comparez donc la première et la dernière fois où votre petit dernier vous a dit « maman », ou la première et la dernière fois où votre amoureux(-reuse) vous a dit « je t'aime », et vous verrez exactement ce que je veux dire. Quand on vit une expérience plusieurs fois de suite – écouter telle sonate, faire l'amour avec telle personne, regarder le coucher de soleil depuis telle fenêtre –, on s'y accoutume rapidement, et elle procure chaque fois moins de plaisir. Les psychologues appellent ça l'*habituation* et les économistes l'*utilité marginale décroissante* ; quant au commun des mortels, il appelle ça le mariage. Les humains ont trouvé deux moyens de lutter contre l'habituation : la variété et le temps. Pour la vaincre, on peut en effet augmenter la variété des expériences (« Mon amour, j'ai une idée extravagante : si on regardait le soleil se coucher depuis la fenêtre *de la cuisine* pour une fois[9] »). Autre méthode : augmenter la durée entre chaque répétition de l'expérience. Faire tinter deux coupes de champagne en embrassant son conjoint à minuit pile serait un exercice assez monotone s'il devait se reproduire chaque soir, mais si on le fait la nuit de la Saint-Sylvestre et qu'on laisse s'écouler une année entière avant de recommencer, l'expérience offre d'inépuisables délices car douze mois sont assez longs pour que se dissipent les effets de l'habituation. La durée et la variété sont donc deux moyens d'éviter l'habituation, mais si vous avez l'un, inutile d'avoir l'autre. En fait (et là c'est vraiment important, donc, s'il vous plaît, posez votre fourchette et écoutez-moi), quand les épisodes sont assez espacés dans le temps, la variété n'est pas seulement inutile, elle est potentiellement préjudiciable.

Je peux illustrer ce que j'avance si vous m'autorisez quelques hypothèses raisonnables. Premièrement, imaginez que nous ayons à notre disposition un « hédonimètre » qui nous permette de mesurer le plaisir d'un individu en *hédons*. Commençons par une *hypothèse sur la préférence* : la première bouchée de perdrix vous donne cinquante *hédons*, et la première bouchée de chevreuil quarante. Voilà ce que signifie préférer la perdrix au chevreuil. Deuxièmement, formulons une *hypothèse sur le degré d'habituation* : quand vous avez mangé une bouchée d'un plat, chaque bouchée du même plat avalée dans les dix minutes vous apporte un hédon de moins que la précédente. Pour finir, formulons une *hypothèse sur la vitesse de consommation* : vous mangez normalement à la cadence soutenue d'une bouchée toutes les trente secondes. Le meilleur moyen d'optimiser votre plaisir serait de commencer par la perdrix et, après dix bouchées, de passer au chevreuil (ce qui devrait se produire au bout de cinq minutes). Pourquoi passer au chevreuil ? Parce que la onzième bouchée de perdrix (prise à la minute 5,5) vous apporterait juste trente-neuf hédons, tandis qu'une bouchée du chevreuil auquel vous n'avez pas encore goûté vous en donnerait quarante. C'est donc à ce moment précis du repas que votre ami et vous devriez échanger vos assiettes, vos chaises ou au moins vos oreilles de Mickey[10]. Mais tout change radicalement quand on étale cet épisode gastronomique dans le temps en modifiant votre vitesse de consommation. Quand vos bouchées sont espacées de plus de dix minutes, l'habituation n'opère plus : chaque bouchée est aussi bonne que la première, et une bouchée de chevreuil n'est *jamais* meilleure qu'une bouchée de perdrix. En d'autres termes, si vous pouviez manger assez lentement, la variété ne serait pas seulement *inutile* mais *préjudiciable*, car une bouchée de chevreuil apporterait *toujours* moins de plaisir qu'une nouvelle bouchée de perdrix.

Cela dit, quand votre ami et vous avez pris place dans ce restaurant fictif, vous avez commandé des plats à manger simultanément. Vous saviez n'avoir guère de temps entre les bouchées, alors vous avez recherché la variété pour pimenter un peu les choses. Excellente décision. Mais quand le maître d'hôtel vous a fait commander d'avance vos repas, vous avez aussi recherché la variété. Pourquoi, pour éviter l'habituation, avoir cherché la variété puisque vous aviez déjà la durée ? La faute à la métaphore spatiale : vous avez pensé aux plats « espacés » dans le temps en imaginant des plats espacés de quelques centimètres sur une table, et supposé que ce qui était vrai dans l'espace le serait aussi dans le temps. Quand les plats sont isolés dans l'espace, il est logique de rechercher la variété. Qui voudrait s'attabler devant douze portions identiques de perdrix ? On adore les assortiments, les mezzés et les buffets parce qu'on veut – et parce qu'on *devrait* vouloir – la variété de choix au cours d'un épisode unique. Mais quand, raisonnant par métaphore, on pense à une douzaine de repas répartis sur une douzaine de mois comme à une douzaine de plats disposés devant nous sur une longue table, on traite des choix *séquentiels* comme s'il s'agissait de choix *simultanés*. C'est une erreur : les choix *séquentiels* ont déjà le temps pour eux ; la variété les rend moins agréables, et non plus agréables.

Quand le présent déteint…

S'il nous arrive d'imaginer le temps comme une dimension spatiale, il nous arrive aussi parfois de ne pas l'imaginer du tout. Exemple : lorsqu'on imagine un événement, nos images mentales incluent les personnes, les lieux, les paroles et les actes correspondant à l'événement, mais rarement une indication claire du *moment* auquel ces personnes parlent et agissent dans ces lieux. Quand on s'imagine découvrant une infidélité un 31 décembre, notre image mentale *ressemble* à s'y méprendre à une image mentale d'infidélité un jour de Purim, Halloween ou Pâque orthodoxe. L'image mentale de *la découverte de ma femme en nuisette avec le facteur un 31 décembre* change de façon spectaculaire quand je remplace *femme* par *coiffeur* et *nuisette* par *conversation*, mais pas quand je remplace *31 décembre* par *14 juillet*. Et s'il est impossible de procéder à cette dernière substitution, c'est qu'il n'y a hélas rien à changer dans l'image mentale : on peut voir mentalement *qui* fait *quoi* et *où*, mais pas *quand*. De manière générale, les images mentales sont *atemporelles* [11].

Alors, comment connaître nos émotions face à tel ou tel événement à venir ? Réponse : nous avons tendance à imaginer nos émotions comme si l'événement se déroulait *maintenant* et à essayer ensuite de ne pas oublier que *maintenant* et *plus tard* ne sont pas tout à fait la même chose. Demandez à un adolescent hétérosexuel ce qu'il ressentirait si Pamela Anderson frappait à sa porte *à l'instant même*, en bikini, roucoulante et réclamant un massage. La réaction du garçon va être visible. Il va sourire, ses yeux vont s'écarquiller, ses pupilles se rétracter, ses joues s'empourprer, et d'autres parties de son anatomie vont réagir comme le prescrit la nature. Maintenant, posez la même question à un autre ado en remplaçant *à l'instant même* par *dans cinquante ans* : vous obtenez à peu de chose près la même réaction initiale. Vous pouvez penser que ce second adolescent, totalement concentré sur son image mentale d'une déesse aux pieds nus et aux mensurations avantageuses, n'a pas enregistré le fait que cet événement imaginaire est censé se produire dans un demi-siècle. Donnez-lui un peu de temps – mettons quelques centaines de millisecondes – et vous allez voir son enthousiasme primitif s'estomper : les adolescents mâles n'ont pas les mêmes besoins que les grands-pères, il va en prendre conscience et en déduire fort justement que la bombe sexuelle ne sera sans doute pas aussi stimulante à l'âge de la retraite qu'elle le serait maintenant, dans un présent farci de testostérone. Son premier mouvement d'enthousiasme et son désappointement ultérieur sont assez révélateurs : quand on lui a demandé d'imaginer l'événement, il a commencé par se figurer la chose comme si elle se produisait dans le présent et n'a réfléchi qu'après au fait qu'elle se déroulerait dans l'avenir, lorsque sa vue et sa libido auraient payé à l'âge leur inévitable tribut.

En quoi est-ce capital ? Après tout, notre ado a fini par se rendre compte que *maintenant* et *dans cinq décennies* ne sont pas la même chose : alors qui va chipoter sous prétexte qu'il l'a fait *après* avoir été ébahi par l'image mentale d'une pulpeuse créature ? Moi, je vais chipoter. Et vous feriez bien de chipoter aussi. En imaginant l'événement comme s'il se produisait *maintenant*, avant de corriger le maintenant en *plus tard*, l'adolescent a employé une méthode qui, pour être assez commune, n'en conduit pas moins inexorablement à l'erreur[12]. Afin de comprendre la nature de cette erreur, penchez-vous un instant sur cette étude : on y demandait à des volontaires combien de pays africains appartenaient aux Nations unies[13]. Au lieu de répondre directement, les sujets devaient procéder par tâtonnements successifs. Certains devaient dire si le chiffre était supérieur ou inférieur à dix, et d'autres s'il était supérieur ou inférieur à soixante. Bref, on leur donnait un *point de départ* arbitraire qu'on leur demandait de *corriger* jusqu'à atteindre un *point d'arrivée* correct – de même, l'adolescent utilisait l'image d'une bimbo au présent comme point de départ de son jugement (« Ce que je suis excité ! »), avant de le corriger pour aboutir au point d'arrivée (« Seulement, ce jour-là, j'aurai soixante-sept ans, et je ne serai probablement pas aussi excité qu'aujourd'hui »).

Le problème de cette méthode, c'est que les points de départ ont une forte incidence sur les points d'arrivée. Dans notre expérience, les volontaires qui avaient démarré à dix ont répondu qu'environ vingt-cinq pays africains siégeaient à l'ONU, mais ceux qui avaient attaqué à soixante en trouvaient à peu près quarante-cinq. Pourquoi de telles différences ? Parce qu'ils ont commencé par se demander si le point de départ pouvait être la bonne réponse, puis, se ravisant, ont lentement évolué vers une réponse plus sensée (« Ça ne peut pas être dix. Douze alors ? Non, c'est encore trop peu. Quatorze ? Vingt-cinq peut-être[14] ? »). Hélas, cette façon de procéder exige du temps et de la concentration, et les deux groupes, lassés, ont laissé tomber avant d'avoir pu se rejoindre sur un chiffre moyen. Rien d'étonnant : si vous demandez à un enfant de compter à partir de zéro et à un autre de compter à rebours en commençant par un million, quand ils abandonneront, vannés, pour aller bombarder votre porte de garage avec des œufs, ils auront atteint des chiffres très différents. Si les points de départ sont si importants… c'est qu'on atterrit souvent pas très loin.

En imaginant un événement à venir comme s'il se produisait maintenant, avant de rectifier le tir et de le resituer dans le temps, on commet la même erreur. Exemple : des chercheurs demandent à des volontaires s'ils aimeraient manger des spaghettis à la bolognaise le lendemain matin ou le lendemain soir[15]. À ce moment-là, certains volontaires ont faim, d'autres non. Quand ils répondent dans des conditions idéales, ils disent préférer les manger le soir plutôt que le matin, et leur faim actuelle a peu d'incidence sur leur prévision. Mais certains sujets doivent répondre dans des conditions qui sont loin d'être idéales, puisqu'ils sont censés le faire tout en accomplissant une tâche consistant à reconnaître des notes de musique. La recherche a déjà démontré qu'accomplir une tâche simultanée maintient le sujet très près de son point de départ. Et, en effet, les sujets qui doivent répondre en identifiant des notes disent qu'ils aimeraient manger des pâtes aussi bien le matin que le soir. En outre, la faim influence considérablement leurs réponses : les volontaires affamés pensent avoir envie de spaghettis le lendemain (et ce quel que soit le moment) et les rassasiés ne pas en avoir envie (quel que soit le moment aussi). Ces résultats prouvent qu'ils ont tous répondu en procédant par tâtonnements : ils ont commencé par imaginer leur envie de spaghettis maintenant (« Miam ! » s'ils avaient faim et « Beurk ! » s'ils étaient repus) et ont utilisé ce pré-ressenti comme point de départ afin de prévoir le plaisir qu'ils en retireraient le lendemain. Alors, tout comme notre ado corrigeait son jugement en s'apercevant que son appréciation de la bimbo serait différente cinquante ans plus tard, les volontaires ont corrigé leur réponse en pensant au moment où ils devraient manger ces pâtes (« Des nouilles pour le dîner, c'est génial, mais au petit déjeuner ? Beurk ! »). Mais ceux qui avaient identifié en même temps des notes de musique ont été incapables de rectifier leur prévision, et leur point d'arrivée s'est trouvé assez proche de leur point de départ. C'est parce que nous nous servons tout naturellement de nos sensations présentes pour prédire celles à venir, que nous calquons l'avenir sur le présent[16].

Presque rien

Si vous n'avez aucun don particulier, n'êtes affligé d'aucune difformité remarquable, mais nourrissez tout de même le secret désir d'entrer dans le *Guinness des records*, vous pouvez tenter le truc suivant : un lundi matin, foncez dans le bureau de votre patron et dites : « Je suis dans la boîte depuis un bout de temps, je crois faire du bon boulot et j'aimerais une réduction de salaire de quinze pour cent... Cela dit, je me contenterai de dix pour cent, si c'est tout ce que l'entreprise peut me consentir dans l'immédiat. » Les éditeurs du *Guinness* prendront des notes car, dans l'histoire longue et souvent conflictuelle des relations salariés-employeurs, il est peu probable qu'avant vous personne ait jamais demandé une réduction de salaire. En fait, nous avons *horreur* des réductions de salaire. Or la recherche nous apprend que cette horreur ne tient pas tant au mot *salaire*, mais au mot *réduction*. Exemple : quand on demande aux gens s'ils préféreraient un boulot rapportant trente mille dollars la première année, quarante mille la deuxième et cinquante mille la troisième, ou un autre job rapportant soixante mille dollars, puis cinquante, puis quarante, en règle générale, ils préfèrent le boulot au salaire croissant, même si, sur trois ans, celui-ci leur rapporterait moins[17]. Voilà qui est assez curieux : pourquoi vouloir diminuer son revenu global afin d'éviter une réduction de salaire ?

Comparer avec le passé

S'il vous est déjà arrivé de vous endormir un jour devant une télé poussée à plein volume et d'être réveillé un autre jour par un simple bruit de pas, vous connaissez déjà la réponse. Le cerveau humain n'est pas particulièrement sensible à la valeur absolue d'un stimulus ; en revanche, il est extraordinairement sensible aux différences et aux changements, c'est-à-dire à la valeur *relative* du stimulus. Si je vous bande les yeux et que je vous mets un bloc de bois dans la main, saurez-vous si je pose dessus un paquet de chewing-gums ? La bonne réponse est : « Ça dépend. » Et de quoi ? Du poids du bloc de bois. S'il pèse trente grammes, vous allez immédiatement remarquer qu'il s'alourdit de cinq cents pour cent une fois lesté d'un paquet de chewing-gums de cent cinquante grammes. Mais s'il pèse cinq kilos, vous ne pouvez pas remarquer une surcharge de 0,3 pour cent. Le cerveau ne détecte pas des kilos ou des grammes, mais des changements, des différences dans les kilos et les grammes. Il en va de même de presque toutes les caractéristiques physiques d'un objet. Mais notre sensibilité aux valeurs relatives ne se cantonne pas à ces propriétés objectives que sont le poids, la luminosité ou le volume. Elle s'étend aussi aux propriétés subjectives comme la qualité ou la valeur[18]. Exemple : nous sommes prêts à traverser la ville pour économiser cinquante dollars sur une radio qui en vaut cent, mais pas sur une voiture qui en vaut cent mille : cinquante dollars semblent une fortune sur une radio (« Youpi ! la boutique discount a la même à moitié prix ! »), mais rien du tout sur une voiture (« Je vais pas me traîner dans toute la ville pour 0,05 pour cent de moins »)[19].

Face à ce type de comportements, les économistes prennent un air désolé et vous font judicieusement observer que votre compte en banque contient des dollars ou des euros absolus, pas des « pour cent de moins ». Il faut traverser la ville pour économiser cinquante dollars, et peu importe sur quel article, parce que ces dollars épargnés, vous les dépenserez pour payer le gaz et l'épicerie[20]. Mais cet argument économique tombe dans des oreilles de sourds car l'homme ne pense pas en dollars absolus : cinquante dollars peuvent être, ou pas, une somme importante, tout dépend par rapport à quoi (c'est la raison pour laquelle des gens qui se fichent totalement de savoir si leur courtier en bourse prend 0,5 ou 0,6 pour cent de commission ne vont pas moins passer des heures à chercher dans le journal un coupon leur offrant quarante pour cent de réduction sur un tube de dentifrice). Les spécialistes de la mercatique, politiciens et autres agents d'influence connaissent notre manie des valeurs relatives et la tournent systématiquement à leur avantage. Exemple : ce stratagème vieux comme le monde qui consiste à réclamer à quelqu'un un sacrifice impensable (« Vous viendrez à notre réunion de “Sauvons les ours” vendredi prochain et à notre manif devant le zoo samedi, n'est-ce pas ? »), avant de lui en proposer un moindre (« Bon d'accord, vous n'êtes pas libre, mais vous pouvez au moins verser cinq dollars à notre organisation, non ? »). La recherche démontre que nous pouvons davantage concéder un petit sacrifice après en avoir redouté un gros : le petit nous semble alors très acceptable[21].

La valeur subjective d'une marchandise étant relative, elle change suivant ce à quoi on la compare. Par exemple, chaque matin, sur le chemin du bureau, je m'arrête au Starbucks Coffee du coin et tends un dollar quatre-vingt-neuf au garçon, lequel me sert alors un café de premier choix. Je ne sais pas du tout ce que ce café coûte à Starbucks, ni pourquoi ils ont choisi de me le faire payer cette somme-là. Mais ce que je sais, c'est que si je découvrais un matin qu'il est passé à deux dollars quatre-vingt-neuf, je ferais illico l'une des deux choses suivantes : soit je comparerais le nouveau prix à l'ancien, conclurais que leur café est devenu beaucoup trop cher et boirais le mien à la maison ; soit je comparerais ce café aux autres produits que je pourrais acheter pour le même prix (deux marqueurs, une branche de bambou artificiel de quatre-vingts centimètres ou un centième du coffret de vingt CD : *L'intégrale de Miles Davis à Montreux*) et en conclurais que c'est une affaire. En théorie, je pourrais faire l'une ou l'autre de ces comparaisons. En pratique, je ferais laquelle ?

Vous et moi connaissons déjà la réponse : je ferais la comparaison facile. Quand je tombe sur une tasse de café à deux dollars quatre-vingt-neuf, il m'est plus facile de me rappeler ce que je l'ai payée la veille que d'imaginer tout ce que je pourrais acheter avec cette somme[22]. Il m'est tellement plus facile de *me souvenir du passé* que de *générer de nouvelles possibilités* : je compare donc le présent au passé alors même qu'il *faudrait* le comparer au possible. En effet, franchement, *peu importe* ce que coûtait le café la veille, la semaine dernière ou en 1930. Dans l'immédiat, ce sont des dollars absolus que j'ai dans la poche et j'ai une seule question à me poser : comment les dépenser de manière à optimiser ma satisfaction ? Si, par suite d'un embargo international, le cours du café faisait brusquement monter le prix de la tasse à dix mille dollars, j'aurais une seule question à me poser : « Que puis-je acheter d'autre avec dix mille dollars, et cette autre chose m'apportera-t-elle plus ou moins de satisfaction qu'un café ? » Si la réponse est « plus de satisfaction », je dois oublier le café. Si la réponse est « moins de satisfaction », je dois prendre mon café. Et embaucher un comptable équipé d'un fouet.

Cette aisance à se souvenir du passé au lieu de fabriquer du possible nous fait prendre beaucoup de décisions insolites. Nous allons acheter un voyage soldé cinq cents dollars s'il en faisait six cents la veille, mais nous ne mettrons pas quatre cents dollars dans le même voyage s'il en coûtait trois cents hier[23]. Comme il est plus facile de comparer le prix du voyage à son prix antérieur qu'à d'autres articles, nous finissons par préférer une mauvaise affaire devenue une affaire correcte à une bonne affaire qui était autrefois une affaire exceptionnelle. La même tendance nous amène à ne pas traiter de la même manière les marchandises « avec passé » et les marchandises « sans passé ». Exemple : vous avez dans votre portefeuille un billet de vingt dollars et une place de concert à vingt dollars. Seulement, en arrivant au concert, vous vous apercevez que vous avez perdu la place. Allez-vous en acheter une autre ? À cette question, la plupart des gens répondent non[24]. Maintenant, imaginez qu'au lieu d'un billet de vingt dollars et d'une place de même valeur, vous ayez deux billets de vingt dollars dans votre portefeuille : vous arrivez au concert et vous apercevez que vous avez perdu un des deux billets. Allez-vous acheter une place de concert ? À cette question, la plupart des gens répondent oui. Nul besoin d'être logicien pour constater que les deux exemples sont identiques : dans les deux cas, vous avez perdu un bout de papier d'une valeur de vingt dollars (place de concert ou billet de banque), et dans les deux cas, vous devez décider de dépenser ou non l'argent qui vous reste pour assister à un concert. Et pourtant, notre obstination à comparer le présent au passé nous conduit à raisonner différemment dans un cas et dans l'autre. Quand on perd un billet de vingt dollars avant d'envisager d'acheter une place de concert, le concert n'a pas de passé ; de ce fait, on compare légitimement le prix du concert à d'autres possibilités (« Je dépense vingt dollars pour assister à ce concert ou je me paie une paire de gants en peau de requin ? »). Mais quand on perd une place qu'on avait achetée et qu'on envisage de « la remplacer », le concert a un passé ; on compare alors son prix actuel (quarante dollars) à son prix antérieur (vingt dollars), et on se sent peu disposé à assister à un spectacle dont le prix vient brusquement de doubler.

Comparer avec le possible

On se trompe en comparant avec le passé au lieu de comparer avec le possible, mais quand on compare avec le possible, il arrive qu'on se trompe aussi. Exemple : si vous êtes comme moi, votre salon ressemble à un petit entrepôt de biens de consommation : fauteuils, lampes, chaîne stéréo, téléviseur, etc. Vous avez sans doute fait le tour des magasins avant d'acheter ces articles et comparé celui que vous avez fini par acquérir avec d'autres possibilités : autres lampes du même catalogue, autres fauteuils en exposition, autres chaînes stéréo du même rayon, autres téléviseurs dans le même centre commercial. Au lieu de décider *si* vous alliez dépenser votre argent, vous étiez en train de décider *comment* le dépenser. Et toutes les manières de le dépenser étaient exposées sous vos yeux par des vendeurs sympathiques qui voulaient justement votre argent. Ces vendeurs sympathiques vous ont aidé(e) à surmonter votre disposition naturelle à comparer avec le passé (« Cette télé est-elle vraiment mieux que ma vieille ? ») en vous facilitant la comparaison avec le possible (« Quand vous les regardez côte à côte, le Panasonic a une bien meilleure résolution que le Sony »). On se laisse tous, hélas, trop facilement abuser par ces comparaisons « côte à côte » : c'est bien pourquoi les commerçants se donnent tant de mal à nous les fourrer sous le nez.

En général, nous n'aimons pas acheter l'article le plus cher de la gamme ; ils augmentent donc leurs ventes en exposant quelques rares articles hors de prix que personne n'achète (« Oh là, là ! un pessac-léognan à cinq cents dollars la bouteille ! »), mais qui donnent aux articles moins onéreux des allures de bonnes affaires (« Je vais m'en tenir au rouge californien à soixante dollars »)[25]. Des agents immobiliers peu scrupuleux font visiter des taudis opportunément situés entre une maison de passe et un squat de dealers *avant* les logements ordinaires qu'ils espèrent vendre, car les taudis font paraître les logements ordinaires extraordinaires (« Regarde, mon amour, il n'y a pas de seringues sur la pelouse ! »)[26]. Des éventualités extrêmes – vins extravagants ou appartements délabrés – peuvent influer sur nos comparaisons « côte à côte ». C'est aussi ce qui se produit quand on ajoute des éventualités identiques à celles que nous avons déjà en tête. Exemple : dans le cadre d'une étude, on donne à des médecins un article sur un médicament X ; ensuite, on leur demande s'ils le prescriraient à un patient atteint d'arthrose[27]. La majorité des médecins juge le médicament valable car ils ne sont que vingt-huit pour cent à choisir de ne pas le prescrire. Mais quand on demande à un autre groupe de médecins s'ils prescriraient soit le médicament X, soit un médicament Y tout aussi efficace à un patient atteint de la même maladie, ils sont quarante-huit pour cent à choisir de ne prescrire aucun des deux. À l'évidence, ajouter un autre médicament à la liste des possibles rend le choix difficile et amène les médecins à n'en recommander aucun. Si vous vous êtes déjà surpris(e) à dire :

« J'ai tellement de mal à choisir entre ces deux films que je vais rester à la maison et regarder la télé », vous savez pourquoi les médecins ont réagi comme ils l'ont fait[28].

Il y a une dimension particulièrement sournoise dans la comparaison « côte à côte » : elle nous fait prêter attention à *n'importe quelle* caractéristique différenciant les choses que nous sommes en train de comparer[29]. J'ai passé certaines des heures les plus noires de ma vie dans des magasins où j'avais l'intention de rester un quart d'heure. En route pour un pique-nique, je m'arrête au centre commercial, gare la voiture et me précipite, m'attendant à ressortir quelques minutes plus tard avec un chouette petit appareil photo numérique. Mais à peine entré chez « Super Méga Géant Monde de la photo », me voici confronté à un arsenal déconcertant de chouettes petits appareils photo numériques qui diffèrent sur beaucoup de leurs attributs. Certains de ces attributs, je les aurais pris en considération même avec un seul appareil en vitrine (« Celui-ci est assez léger pour que je puisse le glisser dans ma poche de chemise ») ; les autres, je n'y aurais jamais pensé tout seul (« L'Olympus a un compensateur d'exposition, mais pas le Nikon. Au fait, *c'est quoi* un compensateur d'exposition ? »). Les comparaisons côte à côte m'obligeant à réfléchir à *tous* les attributs qui font la différence entre ces appareils, je finis par prendre en considération des attributs qui ne m'intéressent pas vraiment, mais permettent de distinguer un appareil d'un autre[30]. Exemple : quels attributs vous intéresseraient si vous deviez acheter un nouveau dictionnaire ? Dans le cadre d'une étude, on a donné à certaines personnes la possibilité de faire une offre pour un dictionnaire en parfait état comprenant dix mille entrées : elles en ont offert en moyenne vingt-quatre dollars[31]. À d'autres personnes, on a demandé de proposer un prix pour un dictionnaire à la couverture déchirée, mais comprenant vingt mille entrées : elles en ont offert en moyenne vingt dollars. Mais quand on a fait comparer les deux ouvrages côte à côte à un troisième groupe, ce dernier a donné dix-neuf dollars pour le petit dico intact et vingt-sept pour le gros déchiré. Apparemment, on accorde de l'importance à l'état physique d'un dictionnaire, mais on ne se penche sur son nombre d'entrées que lorsqu'une comparaison côte à côte attire notre attention sur cette caractéristique.

Comparaison et présentisme

Maintenant, arrêtons-nous un instant et demandons-nous en quoi toutes ces données sur la comparaison concernent notre aptitude à imaginer nos émotions futures. En résumé, les données en question sont les suivantes : *a)* la valeur d'une chose est déterminée en fonction de sa comparaison avec une autre chose ; *b)* dans toute situation, il existe plus d'un type de comparaison ; *c)* on peut accorder davantage de valeur à une chose quand on fait un type de comparaison plutôt qu'un autre. Ces données nous disent que, si on veut prévoir ce que nous fera tel ou tel événement dans l'avenir, il *faut* prendre en considération le type de comparaison qu'on fera dans l'avenir et *pas* celui qu'on fait maintenant. Mais comme on compare sans le savoir (« Eh mec ! ce café est devenu hors de prix ! » ou « Je vais tout de même pas payer deux fois pour assister à ce concert »), on tient rarement compte du fait que les comparaisons d'aujourd'hui risquent fort de ne pas être celles de demain[32]. Dans une expérience, des chercheurs ont demandé à des volontaires de s'asseoir à une table et de dire s'ils aimeraient manger des chips quelques minutes plus tard[33]. Certains sujets avaient un sachet de chips et une barre chocolatée sur la table ; d'autres un sachet de chips et une boîte de sardines. Ces aliments sans rapport avec la question ont-ils influé sur leurs réponses ? Oh que oui ! Ils ont tout naturellement comparé les chips aux aliments sans lien avec la question, et les sujets avec sardines ont *plus* prévu d'aimer les chips que les sujets avec chocolat. Et tous se sont trompés. Car, quand *ils ont réellement mangé* les chips, ni les sardines ni la barre chocolatée *n'ont influencé* le plaisir que leur procuraient les chips. Après tout, quand on a la bouche pleine de pétales de pomme de terre grillés, croustillants et bien gras, tout autre aliment se trouvant posé là, sur la table, est totalement indifférent – tout comme est indifférente la personne avec laquelle vous *auriez pu* faire l'amour pendant que vous faites l'amour avec une autre. Ce que les volontaires n'ont pas vu, c'est que la comparaison qu'ils ont faite en *s'imaginant* en train de manger des chips (« Bien sûr, les chips, c'est bon… mais le chocolat, c'est *tellement meilleur* ») n'était pas celle qu'ils feraient en en dévorant une poignée.

Nous avons tous connu des expériences semblables. On compare de ravissantes petites enceintes à d'énormes et horribles haut-parleurs, on note la différence acoustique et on achète les mastodontes.

Hélas, la différence acoustique, on ne la remarquera plus jamais car, une fois les monstres à la maison, on ne va pas comparer leur son avec celui d'un autre baffle entendu une semaine plus tôt dans le magasin ; en revanche, on compare leur aspect mastoc au reste de notre déco, jadis si raffinée. Ou bien, en vacances en France, on rencontre un couple qui vient de la même ville que nous. Instantanément, on devient copains de tourisme parce que, comparé à tous ces Français qui nous détestent quand on n'essaie pas de parler leur langue et nous détestent encore plus dans le cas contraire, le couple américain nous paraît exceptionnellement chaleureux et intéressant. Ravis d'avoir trouvé ces nouveaux amis, on s'attend à les aimer tout autant à l'avenir qu'aujourd'hui. Mais quand, un mois après notre retour, on les reçoit à dîner, on est tout étonnés de constater que nos nouveaux amis sont plutôt ennuyeux et distants comparés à nos amis habituels, et qu'en fin de compte ils nous déplaisent assez pour pouvoir prétendre à la nationalité française. Notre erreur n'a pas été de visiter Paris avec un couple de compatriotes sans intérêt. Non, notre erreur a été de ne pas nous apercevoir que comparer au présent (« Lisa et Walter sont tellement plus sympathiques que le serveur du Grand Colbert ») n'est pas comparer au futur (« Lisa et Walter sont loin d'être aussi sympathiques que Toni et Dan »). Le même principe explique pourquoi on achète des choses qui nous plaisent sur l'instant, et cessent de nous plaire tout de suite après. Quand on commence à courir les opticiens pour acheter des lunettes de soleil neuves, on oppose naturellement la paire chic et branchée de la boutique aux vieilles bésicles démodées qu'on a sur le nez. On achète donc la paire chic et branchée, et on flanque la vieille dans un tiroir. Seulement, après quelques jours de cohabitation avec nos nouvelles lunettes, on cesse de les comparer aux vieilles et… et alors, à votre avis ? Le plaisir que nous donnait la comparaison s'évanouit.

Cette manie de faire des comparaisons différentes à des moments différents – mais sans s'en apercevoir – explique en partie certaines énigmes qui, sinon, resteraient insolubles. Exemple : économistes et psychologues ont démontré que nous nous attendons à ce que la perte d'un dollar nous affecte plus que ne nous réjouirait un gain équivalent. C'est pourquoi nous refuserions un pari avec quatre-vingt-cinq pour cent de chances de doubler les économies d'une vie, mais quinze pour cent de les perdre[34]. La probable perspective d'un gros bénéfice ne compense pas l'improbable perspective d'une grosse perte : à montants égaux, les pertes ont pour nous plus d'impact que les gains.

Seulement, voir une chose comme un gain ou une perte dépend souvent des comparaisons que l'on fait. Par exemple, combien vaut, à votre avis, un cabriolet Mazda Miata de 1993 ? L'avis de mon assureur est qu'il vaut cette année environ deux mille dollars. Mais, en tant que possesseur d'une Mazda Miata 1993, je peux vous garantir que, si vous vouliez m'acheter ma jolie petite voiture avec toutes ses adorables bosses et ses bruits de ferraille malicieux pour deux mille malheureux dollars, il vous faudrait arracher les clefs des mains rigides de mon cadavre. Je vous garantis aussi que, si vous voyiez ma bagnole, vous penseriez que, pour deux mille dollars, je devrais non seulement vous la donner avec les clefs, mais ajouter un vélo, une tondeuse à gazon et un abonnement à vie à votre quotidien favori. D'où vient ce désaccord entre nous sur la juste valeur de ma voiture ? De ce que vous, vous verriez la transaction comme un bénéfice potentiel (« Comparé à ce que j'éprouve aujourd'hui, jusqu'où serai-je heureux d'acheter cette voiture ? ») et moi comme une perte potentielle (« Comparé à ce que j'éprouve aujourd'hui, jusqu'où serai-je heureux de perdre cette voiture ? »)[35]. Je voudrais être dédommagé pour ce que je m'attends à être une grosse perte, et vous ne voudriez pas me dédommager car vous, vous en attendriez un moins gros bénéfice. Ce que vous ne verriez pas, c'est qu'une fois en possession de ma chère voiture, votre cadre de référence changerait, vous feriez la même comparaison que moi en ce moment même, et ce cabriolet vaudrait chaque centime sorti de votre poche pour l'acquérir. Ce que moi je ne verrais pas, c'est qu'une fois dépossédé de ma voiture, je n'aurais plus le même cadre de référence et ferais la même comparaison que vous en ce moment même : je serais ravi de l'aubaine car, en définitive, je ne *paierais* jamais deux mille dollars pour la voiture que je viens de vous vendre. Si nous sommes en désaccord sur le prix et nous interrogeons en silence sur l'honnêteté de l'autre, c'est qu'aucun de nous ne s'aperçoit de la chose suivante : les types de comparaisons qui nous viennent naturellement en tant qu'acheteurs et vendeurs ne sont pas ceux qui nous viendront une fois devenus propriétaires et anciens propriétaires[36]. En un mot, nos comparaisons influencent profondément nos émotions, et quand on ne voit pas que les comparaisons d'aujourd'hui ne seront pas celles de demain, on ne voit pas non plus à quel point nos émotions seront différentes dans l'avenir.

À venir

Les historiens emploient le mot *présentisme* pour décrire le travers qui consiste à juger les personnages historiques à l'aune de critères contemporains. Quelque mépris que nous inspirent le racisme et le sexisme, ils n'ont que récemment été considérés comme des turpitudes ; par conséquent, condamner Thomas Jefferson pour avoir eu des esclaves ou Sigmund Freud pour sa condescendance à l'égard des femmes, c'est un peu comme arrêter quelqu'un aujourd'hui pour avoir conduit sans ceinture en 1923. Pourtant, le fait est là : la tentation de voir le passé avec les yeux du présent est irrésistible, ni plus ni moins. Comme l'a noté la présidente de l'American Historical Association (Association américaine pour l'Histoire) : « Il n'y a aucune solution toute faite au présentisme : il est très difficile d'échapper à la modernité[37]. » La bonne nouvelle, c'est que nous ne sommes pas tous historiens : nous n'avons donc pas à trouver cette échappatoire. La mauvaise, c'est que nous sommes tous « futuriens » ; or le présentisme est un problème encore plus important quand on regarde devant que quand on regarde en arrière. Les prévisions sur l'avenir se font *dans* le présent et sont nécessairement influencées *par* le présent. Nos sensations immédiates (« J'ai une faim de loup »), nos pensées immédiates (« Les gros baffles ont un meilleur son que les petits ») exercent une influence considérable sur ce que nous croyons être nos émotions futures. Le temps étant un concept insaisissable, on a tendance à imaginer l'avenir comme un simili-présent : nos lendemains imaginés ressemblent inévitablement à des versions légèrement faussées d'aujourd'hui. La réalité de l'instant est si palpable, si puissante, qu'elle retient l'imagination dans une orbite étriquée à laquelle on n'échappe jamais tout à fait. Si le présentisme existe, c'est qu'on ignore ceci : notre moi futur ne verra pas le monde avec nos yeux d'aujourd'hui. Nous allons le constater, notre inaptitude à nous mettre à la place de la personne qui va vivre le reste de notre vie est un problème insidieux, le plus sournois auquel un futurien soit confronté.

Cinquième partie

RATIONALISATION

Rationalisation (ra-ssio-na-li-za-ssion)
Acte qui consiste à rendre une chose sensée, à lui en donner l'air.

8

UN PARADIS SUR MESURE

« Car il n'existe rien de bon ni de mauvais que la pensée ne crée. »

SHAKESPEARE, *Hamlet, prince de Danemark*

Oubliez le yoga. Oubliez la liposuccion. Et oubliez aussi ces compléments alimentaires à base de plantes qui promettent d'accroître votre mémoire, d'améliorer votre humeur, de réduire votre tour de taille, de regarnir votre front, de prolonger votre sexualité et… d'accroître votre mémoire. Si vous voulez être heureux et en bonne santé, essayez une technique nouvelle : elle a le pouvoir de transformer le crétin grognon et sous-payé que vous êtes aujourd'hui en l'individu éclairé et comblé que vous avez toujours rêvé d'être. Vous ne me croyez pas ? Jetez donc un œil aux témoignages de ceux qui l'ont testée :

- « Je me sens tellement mieux physiquement, financièrement, mentalement ; bref, je me sens mieux sur quasiment tous les plans » (*J. W., Texas*) ;
- « C'était une expérience magnifique » (*M. B., Louisiane*) ;
- « Avant, je n'appréciais pas du tout les autres comme je les apprécie aujourd'hui » (*C. R., Californie*).

Qui sont ces clients satisfaits ? Quelle est donc la miraculeuse technique dont ils parlent ? Le premier est Jim Wright, ancien porte-parole à la Chambre des députés américaine : il a émis cette remarque après avoir violé à soixante-neuf reprises le code de déontologie parlementaire et été contraint de démissionner dans l'opprobre. Le deuxième est Moreese Bickham, ancien détenu : il a prononcé cette phrase en étant libéré du pénitencier de l'État de Louisiane, où il venait de passer trente-sept années pour s'être défendu contre des membres du Ku Klux Klan qui lui avaient tiré dessus. Le troisième est Christopher Reeve, star virtuose de *Superman* : il a fait cette réflexion après une chute de cheval qui le laissa paralysé et sous respirateur artificiel. La morale de l'histoire ? Si vous voulez être heureux, en bonne santé, riche et sage, laissez tomber les vitamines et la chirurgie esthétique et essayez plutôt l'humiliation publique, l'incarcération arbitraire ou la tétraplégie.

D'accord, d'accord... Faut-il vraiment croire que des gens ayant perdu leur emploi, leur liberté et leur mobilité sortent *bonifiés* des tragédies qui leur sont tombées dessus ? Cette hypothèse vous semble exagérée ? Soyez tranquille, vous n'êtes pas le seul. Pendant plus d'un siècle, les psychologues ont cru que les drames de la vie – la perte d'un être cher ou une violence physique – avaient un effet dévastateur durable sur leurs victimes [1]. Ce postulat est encore si bien ancré dans nos idées reçues que ceux qui ne manifestent *aucune réaction extrême* face à une tragédie font parfois l'objet du diagnostic suivant : il s'agit d'un état pathologique, l'« absence de chagrin ». Mais, il y a peu, la recherche a battu en brèche les idées reçues ; l'absence de chagrin est un phénomène tout à fait normal : loin d'être des petites fleurs vulnérables, comme l'a prétendu un siècle de psychologie, nous témoignons d'une surprenante capacité de résilience face au traumatisme. La perte d'un parent ou d'un conjoint est un événement triste, souvent tragique : il serait contraire à toute logique de le nier. Cependant, si le deuil nous attriste profondément pendant un certain temps, nous sommes rares à sombrer dans la dépression chronique : non, l'intensité et la durée de notre souffrance sont relativement faibles [2]. Plus de la moitié des Américains subiront un traumatisme dans leur vie – viol, agression ou catastrophe naturelle –, mais seule une petite fraction développera une pathologie post-traumatique ou aura besoin du soutien d'un professionnel [3]. Certains chercheurs l'ont noté : « La résilience est souvent l'issue la plus courante après un événement potentiellement traumatique [4]. » En effet, les études pratiquées sur des sujets ayant survécu à des traumatismes majeurs montrent qu'en grande majorité ils s'en sortent plutôt bien ; ils sont même nombreux à affirmer que cette expérience a *donné du relief* à leur vie [5]. Je sais, je sais. « Je survivrai » : ça vous a un petit côté disco assez louche. Mais le fait est qu'on s'en tire plutôt super bien quand les choses tournent plutôt super mal.

Si la résilience est partout, pourquoi ces statistiques nous surprennent-elles ? Pourquoi avons-nous du mal à croire que, *pour nous*, une vie derrière les barreaux puisse jamais être une « expérience magnifique[6] », ou la paralysie une « opportunité unique » ayant donné « un sens nouveau[7] » à notre existence ? Pourquoi ce hochement de tête incrédule quand, après plusieurs années d'une chimiothérapie exténuante, un athlète nous dit : « Je ne voudrais rien changer à ma vie[8] », ou quand un musicien frappé d'un handicap définitif confie : « Si c'était à refaire, je voudrais que tout se passe de la même manière[9] », ou quand tétraplégiques et paraplégiques nous disent être aussi heureux que tout un chacun[10] ? Les déclarations de ceux qui ont vécu pareils événements semblent incongrues à qui se contente de les imaginer – seulement qui sommes-nous pour les contredire ?

Certes, les événements négatifs nous affectent, mais ni autant ni aussi longtemps que l'on s'y attendrait[11]. Lorsqu'on demande aux gens quelles seraient leurs émotions s'ils n'avaient plus leur emploi ou leur partenaire amoureux, si leur candidat perdait une élection importante ou leur équipe un match important, s'ils rataient un entretien d'embauche, un examen ou un concours, immanquablement ils surestiment leur affliction et la durée de cette affliction[12]. Les valides sont prêts à payer beaucoup plus cher pour ne pas devenir invalides, que les invalides pour redevenir valides, parce que les valides mésestiment le bonheur des invalides[13]. Un groupe de chercheurs l'a formulé ainsi : « Les patients malades et les patients handicapés accordent en général plus de prix à leur vie dans l'état de santé qui est le leur que ne l'imagineraient pour eux-mêmes des patients hypothétiques[14]. » Une personne en bonne santé considère pas moins de quatre-vingt-trois états pathologiques comme « pires que la mort » ; pourtant, ceux qui en souffrent se suicident rarement[15]. Alors, si les événements négatifs ne nous touchent pas avec la violence attendue, pourquoi s'y attend-on ? Si chagrins d'amour et catastrophes peuvent camoufler des bienfaits, comment se fait-il que le camouflage soit si réussi ? Parce que l'esprit humain tend à *exploiter l'ambiguïté* – et si cette expression vous paraît ambiguë… laissez-moi l'exploiter.

Ça suffit d'embêter les gens !

Il est une chose plus difficile que trouver une aiguille dans une botte de foin, c'est trouver une aiguille dans une botte d'aiguilles : un objet entouré d'objets semblables se fond naturellement parmi eux ; entouré d'objets dissemblables, il s'en détache tout aussi naturellement. Regardez la figure 12. Si vous aviez un chronomètre affichant les millisecondes, vous constateriez que vous repérez la lettre O dans le tableau du haut (où elle est entourée de chiffres) un peu plus rapidement que dans celui du bas (où elle est entourée de lettres). C'est compréhensible : il est plus difficile de localiser une lettre au milieu d'autres lettres qu'une lettre au milieu de chiffres. Pourtant, si je vous avais demandé de chercher le « zéro » et pas la « lettre O », vous l'auriez trouvé un peu plus vite dans le tableau du bas que dans celui du haut[16]. Nous pensons qu'une aptitude sensorielle basique comme la vue s'explique très bien par ses connexions, et si vous voulez vraiment la comprendre, vous ferez bien de vous documenter sur la luminance, le contraste, les bâtonnets rétiniens, cônes, nerfs optiques, rétines, et autres. Mais même quand vous saurez tout ce qu'il y a à savoir sur les propriétés physiques des tableaux présentés figure 12 et

Fig. 12.

1	5	9	3	1	5	4	4	2	9
6	8	4	2	1	6	2	2	3	3
9	2	7	6	9	7	5	5	1	1
5	3	7	2	7	6	2	7	8	9
3	7	5	9	6	8	8	2	9	8
4	8	3	1	2	1	6	8	1	8
4	3	4	2	3	9	1	7	0	9
6	2	4	1	8	6	7	5	2	3
7	6	4	2	9	6	5	4	4	5
9	5	2	3	6	7	8	4	5	3

L	G	V	C	L	G	E	E	P	V
I	T	E	P	L	I	P	P	C	C
V	Q	R	I	V	R	G	G	L	L
G	C	R	P	R	I	P	R	T	V
C	R	G	V	I	T	T	P	V	T
E	T	C	L	P	L	I	T	L	T
E	C	E	P	C	V	L	R	O	V
I	P	E	L	T	I	R	G	P	C
R	I	E	P	V	I	G	E	E	G
V	G	Q	C	I	R	T	E	G	C

sur l'anatomie de l'œil humain, vous ne pourrez toujours pas expliquer pourquoi une personne trouve plus facilement un rond dans un tableau que dans l'autre, sauf si vous savez quelle est la *signification* du rond pour cette personne.

Même dans le plus basique des processus psychologiques, la signification compte. C'est peut-être une évidence pour des personnes sensées, comme vous et moi, et pourtant le mépris de cette évidence a envoyé les psychologues à la chasse au dahu pendant presque trente ans et les prises furent maigres... Durant une bonne seconde moitié du vingtième siècle, les psychologues expérimentalistes ont chronométré des rats dans des labyrinthes et regardé des pigeons qui picoraient des clefs parce qu'ils croyaient que le meilleur moyen de comprendre le comportement, c'était de consigner la relation existant entre un stimulus et la réaction d'un organisme à ce stimulus. En mesurant soigneusement les réactions d'un organisme à un stimulus physique – une lumière, un son ou un aliment –, ils espéraient développer une science qui rapprocherait des stimuli et un comportement observable sans avoir à utiliser des concepts vagues et glissants comme *la signification*. Hélas, avant même de voir le jour, ce projet naïf était voué à l'échec car, si les rats et les pigeons réagissent aux stimuli tels qu'ils *se présentent* dans la réalité, les hommes, eux, ne réagissent pas aux stimuli tels qu'ils sont *représentés* dans l'esprit. Un stimulus objectif dans la réalité provoque un stimulus subjectif dans l'esprit, et c'est à ce stimulus subjectif que nous réagissons. Exemple : les lettres du milieu dans les deux mots de la figure 13 sont des stimuli objectivement identiques (je le jure : je les ai découpées et collées de mes mains). Pourtant, la plupart des anglophones y réagissent différemment – ils les voient différemment, les prononcent différemment, se les rappellent différemment – parce que l'une représente la lettre H et l'autre la lettre A. En fait, il serait plus juste de dire que l'une *est* la lettre H et que l'autre *est* la lettre A : en effet, l'identité d'un signe tracé à l'encre noire est moins sa construction objective que *l'interprétation subjective qu'on en fait*. Deux lignes verticales avec une barre transversale *signifient* une chose quand elles sont flanquées d'un T et d'un E, et tout autre chose quand elles sont flanquées d'un C et d'un T. Et, ce qui nous différencie des rats et des pigeons, c'est, entre autres, que nous réagissons aux *significations* de ce type de stimuli et non aux stimuli eux-mêmes. Voilà pourquoi mon père peut se permettre de m'appeler « rase-mottes » et pas vous.

Fig. 13. Le signe du milieu a des significations différentes dans des contextes différents.

Désambiguïser les objets

La plupart des stimuli sont ambigus : ils peuvent avoir plus d'une signification. Ce qui est intéressant, c'est de voir comment nous nous y prenons pour les *désambiguïser*, comment nous savons déduire de telle ou telle circonstance la signification d'un stimulus. La recherche a prouvé qu'à cet égard le contexte, la fréquence et la récence (ou proximité dans le passé) revêtent une importance particulière.

• Prenez le *contexte*. Le mot *canon* a (au moins) deux significations : « une pièce d'artillerie » et « la partie de l'office contenant les paroles sacramentelles ». Pourtant, on ne confond jamais des expressions comme « le canon du militaire » ou « le canon de la messe » parce que les mots *militaire* et *messe* fournissent un contexte qui nous dit quelle signification de *canon* déduire dans chaque cas.
• La *fréquence*. Nos rencontres passées avec un stimulus nous renseignent sur sa signification. Par exemple, un soldat est susceptible d'interpréter l'expression « Vous vous écartez du canon » comme une sage recommandation et non comme un reproche formulé par un ecclésiastique car, dans le cours d'une journée normale, le soldat entend plus souvent le mot *canon* dans son sens militaire que religieux.
• La récence. Mais le religieux est aussi susceptible d'interpréter l'expression « Vous vous écartez du canon » comme une référence au monde militaire, s'il se trouve avoir vu récemment un film de guerre et donc avoir à l'esprit la signification militaire du mot *canon*. Tiens, en parlant de canon, je suis prêt à

parier que la phrase « Il a pris du galon » vous fait fabriquer l'image mentale d'une personne à qui l'on remet une décoration et pas celle d'une personne en train d'acheter un métrage de ruban dans une mercerie. (Je parierais aussi que votre interprétation du titre de cette partie n'est pas la même selon que vous avez récemment embêté quelqu'un ou qu'on vous a récemment embêté[e], vous.)

Ainsi, contrairement aux rats et aux pigeons, on réagit à des significations. Et trois facteurs, le contexte, la récence et la fréquence déterminent la signification à retenir quand on tombe sur un stimulus ambigu. Mais il existe un autre facteur, tout aussi important et plus intéressant. Comme les rats et les pigeons, on a tous des désirs, des envies et des besoins. Nous ne sommes pas de simples spectateurs de la réalité, nous l'investissons et nous *préférons* souvent qu'un stimulus ambigu signifie une chose plutôt qu'une autre. Prenez le dessin représentant une boîte figure 14. Cet objet (appelé « cube de Necker », du nom du cristallographe suisse qui le découvrit en 1832) est ambigu en lui-même : pour en avoir la preuve, il vous suffit de le fixer quelques secondes. Au début, la boîte semble posée sur une face, et vous avez l'impression qu'elle se trouve *face à vous*. Le point est à l'intérieur, à l'intersection entre la face sombre et celle du fond. Mais si vous continuez à le fixer, soudain le dessin change : la boîte semble posée sur le fond, et vous avez l'impression qu'elle se trouve *en dessous de vous*, avec le point perché dans le coin supérieur droit. Ce dessin ayant deux interprétations concevables, votre cerveau gambade allègrement de l'une à l'autre, vous divertit un peu et finit par vous donner le tournis. Et si l'une des deux significations était meilleure que l'autre ? Et si vous *préfériez* l'une de ces deux interprétations ? Certaines expériences ont montré que, si on récompense un sujet pour qu'il voie la boîte de telle ou telle manière, l'orientation qui lui vaut la récompense commence à « sortir » plus souvent, et son cerveau « s'accroche » à cette interprétation sans en changer[17]. Autrement dit, quand votre cerveau est libre d'interpréter un stimulus de plus d'une façon, il a tendance à choisir celle qu'il *souhaite* : vos préférences influencent votre interprétation des stimuli exactement comme le font le contexte, la fréquence et la récence.

Le phénomène ne se limite pas à l'interprétation de dessins insolites. Exemple : pour quelle raison pensez-vous avoir du talent ?

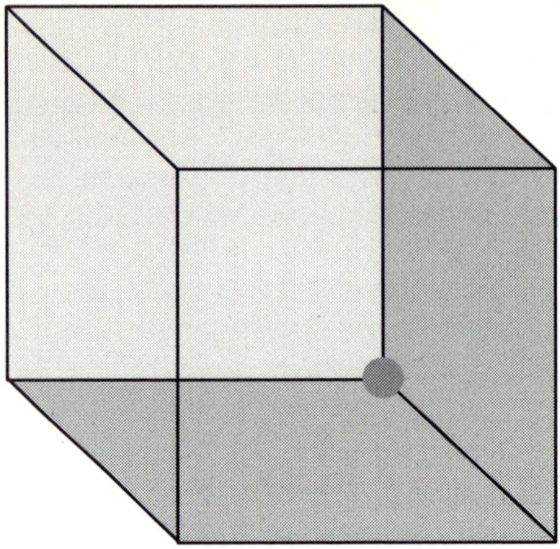

Fig. 14. Si vous fixez un cube de Necker,
vous aurez l'impression que son orientation change.

(Mais si, mais si : vous savez bien que vous le pensez.) Pour répondre à cette question, des chercheurs ont demandé à des volontaires (les définisseurs) de coucher par écrit leur définition du mot *talent*, puis d'évaluer le leur à l'aune de cette définition[18]. Ensuite, on a donné à d'autres volontaires (les non-définisseurs) les définitions écrites par le premier groupe, et ils ont dû évaluer leur propre talent en fonction de ces définitions. Chose intéressante, les définisseurs s'estimaient plus talentueux que les non-définisseurs. Ayant eu toute liberté de définir à leur guise le mot *talent*, ils l'avaient fait en fonction de l'activité dans laquelle ils excellaient (« Pour moi, le mot *talent* se rapporte à une *réalisation artistique exceptionnelle* ; par exemple, ce tableau que je viens de peindre », ou encore « Le *talent* est *une faculté que l'on a de naissance*, comme la force : je vous repose par terre maintenant ? »). Les définisseurs pouvaient imposer la norme du talent ; ce n'était donc pas vraiment une coïncidence s'ils répondaient plus que d'autres à des critères qu'ils avaient eux-mêmes fixés. Une des raisons pour lesquelles nous nous pensons tous talentueux, sympathiques, sages et impartiaux, c'est que ces mots sont les équivalents lexicaux du cube de Necker : notre esprit exploite naturellement leur ambiguïté à son avantage.

Désambiguïser l'expérience vécue

S'il est un gisement plus riche en ambiguïtés exploitables que les mots, les phrases ou les formes géométriques, c'est bien celui des *expériences* complexes, variées et multidimensionnelles dont chaque vie humaine est un patchwork. Un cube de Necker a deux interprétations possibles, le mot *talent* en a quatorze, mais *quitter la maison*, *tomber malade* ou *obtenir un emploi à la poste* ont des centaines, voire des milliers d'interprétations possibles. Les choses qui nous *arrivent* – se marier, élever un enfant, trouver un boulot, démissionner du Congrès, faire de la prison, être paralysé – sont bien plus complexes qu'une lettre inachevée ou un cube colorié, et cette complexité crée une foule d'ambiguïtés qui n'attendent que d'être exploitées. Et elles n'ont pas à attendre bien longtemps. Exemple : on dit aux sujets d'une étude qu'ils vont manger une glace délicieuse, mais mauvaise pour la santé (les mangeurs de glace) ; à d'autres, on dit qu'ils vont manger une assiette de chou frisé amer, mais bon pour la santé (les mangeurs de chou)[19]. Avant de manger, les volontaires doivent évaluer les ressemblances entre plusieurs aliments, dont la glace, le chou frisé et le porc en conserve (unanimement considéré à la fois comme immangeable et mauvais pour la santé). Les résultats montrent que, pour les mangeurs de glace, le porc en conserve ressemble plus au chou frisé qu'à la glace. Pourquoi ? Parce que, pour une obscure raison, les mangeurs de glace pensent la nourriture en termes de *goût* – or, contrairement au chou frisé et à la conserve, la glace a un goût délicieux. En revanche, pour les mangeurs de chou, le porc en conserve ressemble plus à la glace qu'au chou. Pourquoi ? Parce que, pour une obscure raison, les mangeurs de chou frisé pensent la nourriture en termes *diététiques* – or, contrairement au chou, la glace et le porc en conserve ne sont pas des aliments diététiques. Quant à l'obscure raison, elle n'est pas vraiment si obscure. Tout comme le cube de Necker se trouve à la fois en face et en dessous de vous, la glace est à la fois calorique et succulente, et le chou frisé à la fois diététique et amer. Si votre cerveau et le mien jonglent avec aisance entre ces diverses façons de penser les aliments, c'est que nous sommes juste en train de lire. Mais si nous étions sur le point de *manger*, nos cerveaux exploiteraient automatiquement l'ambiguïté de l'aliment : ils nous permettraient de le penser de la manière qui nous plairait (délicieux dessert ou légume nourrissant) plutôt que de celle qui nous déplairait (dessert grossissant ou légume amer). Dès qu'une expérience *potentielle* devient expérience *réelle* – dès qu'on est intéressé à sa qualité –, notre cerveau cherche des moyens de la penser qui nous permettent de l'apprécier.

Les expériences étant par nature ambiguës, en trouver une « vision positive » est souvent aussi simple que trouver « la vision par en dessus » d'un cube de Necker : la recherche nous apprend qu'on le fait tous très bien et très souvent. Le consommateur a une vision plus positive d'un appareil électroménager une fois qu'il l'a acheté[20], le chômeur a une vision plus positive d'un emploi une fois qu'il l'a accepté[21], et le futur étudiant une vision plus positive d'une université une fois qu'il y est entré[22]. Les turfistes ont une vision plus positive de leurs chevaux en quittant le PMU qu'en y arrivant[23], et les électeurs une vision plus positive de leur candidat en sortant de l'isoloir qu'en y entrant[24]. Un grille-pain, une entreprise, une fac, un cheval et un député sont tous excellents, mais quand ils deviennent *nôtres*, ils deviennent instantanément encore plus excellents. Des études comme celles auxquelles je fais allusion montrent que nous sommes imbattables pour trouver une vision positive des choses… quand ces choses deviennent les nôtres.

Cuisiner les faits

Dans le classique *Candide* de Voltaire, le précepteur Pangloss est un professeur de « métaphysico-théologo-cosmolo-nigologie » qui croit vivre dans le meilleur des mondes possibles.

> « Il est démontré, disait-il, que les choses ne peuvent être autrement : car, tout étant fait pour une fin, tout est nécessairement pour la meilleure fin. Remarquez bien que les nez ont été faits pour porter des lunettes ; aussi avons-nous des lunettes. Les jambes sont visiblement instituées pour être chaussées, et nous avons des chausses. Les pierres ont été formées pour être taillées et pour en faire des châteaux ; aussi monseigneur a un très beau château : le plus grand baron de la province doit être le mieux logé ; et, les cochons étant faits pour être mangés, nous mangeons du porc toute l'année. Par conséquent, ceux qui ont avancé que tout est bien ont dit une sottise : il fallait dire que tout est au mieux[25]. »

Telle que je l'ai décrite jusqu'ici, la recherche semble nous montrer des humains incurablement panglossiens : il existe plus de façons de voir une expérience que d'expériences à voir, et les humains témoignent d'une exceptionnelle inventivité dès lors qu'il s'agit de trouver la meilleure possible. Dans ce cas, pourquoi ne se promène-t-on pas avec un grand sourire niaiseux et des yeux ronds en remerciant Dieu pour ces miracles que sont la crise hémorroïdaire et la belle-famille ? Parce que l'esprit est peut-être crédule, mais ce n'est pas non plus un gogo. Le monde est *comme ci*, nous le voudrions *comme ça*, et notre expérience du monde – comment nous le voyons, nous le remémorons, l'imaginons – est un mélange de réalité brute et d'illusion réconfortante. On ne peut faire l'économie ni de l'une ni de l'autre. Si on devait vivre le monde exactement tel qu'il est, on serait trop déprimé pour sortir du lit le matin, mais si on devait le vivre exactement tel qu'on le veut, on planerait trop pour trouver les pantoufles. Sans doute voyons-nous le monde avec des lunettes roses mais, pour être roses, nos lunettes ne sont ni opaques ni transparentes. Elles ne peuvent pas être opaques car il nous faut voir le monde avec assez de netteté pour y participer : pour piloter des hélicoptères, récolter le maïs, changer le bébé, tous ces trucs que les mammifères intelligents doivent faire pour survivre et prospérer. Mais nos lunettes ne peuvent pas non plus être transparentes car nous avons besoin de leurs verres teintés de rose pour *concevoir* les hélicoptères (« Pas de doute, ce machin va voler »), *planter* le maïs (« Cette année, on aura la récolte du siècle ») et *supporter* les bébés (« Quel adorable petit trésor ! »). Impossible de se passer de la réalité et impossible de se passer de l'illusion. Elles ont l'une et l'autre leur utilité, chacune limitant l'influence de l'autre, et notre expérience du monde n'est autre que l'ingénieux compromis négocié par ces rudes concurrentes[26].

Alors, au lieu de nous considérer comme d'incurables panglossiens, voyons-nous plutôt comme des individus équipés d'un *système immunitaire psychologique* qui défend l'esprit contre la tristesse, comme le *système immunitaire physique* défend le corps contre la maladie[27]. Ici, la métaphore est d'une exceptionnelle pertinence. Exemple : le système immunitaire physique doit maintenir l'équilibre entre deux nécessités rivales : celle d'identifier et détruire ces envahisseurs étrangers que sont virus et bactéries, et celle d'identifier et respecter les cellules du corps. S'il est hypoactif, il n'arrive pas à défendre le corps contre ses micro-prédateurs, et on attrape des infections. S'il est hyperactif, il défend le corps contre lui-même, et on est atteint de maladies auto-immunes. Un système immunitaire sain doit pondérer ces nécessités rivales et trouver le moyen de bien nous défendre, sans *trop bien* nous défendre.

De la même manière, quand on se trouve confronté à la douleur du rejet, de la perte, du malheur ou de l'échec, le système immunitaire *psychologique* ne doit nous défendre ni trop bien (« Je suis parfait : tout le monde est contre moi »), ni trop peu (« Je suis un raté : je devrais être mort »). Un système immunitaire psychologique *sain* doit maintenir un équilibre nous permettant d'être assez bien pour supporter notre situation, mais assez mal aussi pour pouvoir y remédier (« D'accord, je me suis planté, je ne suis pas fier, mais je suis assez sûr de moi pour retenter le coup »). Nous avons besoin d'être défendus, sans être ni sans défense, ni sur la défensive ; de ce fait, notre esprit cherche naturellement la meilleure façon de voir les choses, tout en insistant pour que cette façon de voir soit assez proche de la réalité. C'est pourquoi nous avons beau guetter toute occasion d'avoir de nous-mêmes une vision positive, nous repoussons quand même systématiquement toute vision certes positive, mais *irréaliste*[28]. Par exemple, les étudiants demandent à changer de piaule quand leur camarade de chambre a une mauvaise opinion d'eux, mais aussi quand il a une *trop bonne* opinion d'eux[29]. Personne n'aime se sentir mystifié, même lorsque la mystification fait plaisir. Afin de conserver ce subtil équilibre entre réalité et illusion, nous cherchons des visions positives de notre vécu, mais ne nous autorisons à les adopter que si elles semblent *crédibles*. Or, qu'est-ce qui rend une vision crédible ?

Trouver des faits

Nous accordons beaucoup de crédit à ce que nous racontent les scientifiques parce que nous savons qu'ils tirent leurs conclusions de la collecte et de l'analyse des faits. Si on vous demandait ce qui vous fait croire que courir est bon pour la santé et fumer mauvais, que la Terre est ronde et la galaxie plate, ou que les cellules sont petites et les molécules plus petites encore, vous citeriez des faits. Il vous faudrait peut-être expliquer que vous ne les tenez pas de première main, mais ce dont vous êtes sûr, en revanche, c'est qu'à un moment donné dans le passé, des gens très sérieux vêtus de blouses blanches ont observé le monde avec des stéthoscopes, télescopes, microscopes, ont couché leurs observations par écrit, analysé ces écrits, puis nous ont dit ce qu'il fallait croire sur la nutrition, la cosmologie et la biologie. Les scientifiques sont crédibles parce qu'ils tirent leurs conclusions de l'observation, et depuis que les *empiristes*, l'emportant sur les *dogmatiques*, sont devenus les rois de la médecine grecque antique, les Occidentaux ont un respect particulier pour les conclusions basées sur des choses visibles. Rien d'étonnant donc à ce qu'on considère nos propres façons de voir comme crédibles quand elles se fondent sur des faits observables, mais pas quand elles sont basées sur des désirs, des besoins ou des envies. Sans doute *aimerait-on* croire que tout le monde nous aime, qu'on va vivre éternellement et que la bulle Internet n'a pas dit son dernier mot. Il serait si commode d'avoir juste à appuyer sur un petit bouton à la base du crâne pour croire instantanément à ce que nous souhaitons. Mais croire ne fonctionne pas comme ça. Au cours de l'évolution, le cerveau et l'œil ont développé une relation contractuelle : le cerveau a accepté de croire ce que l'œil voit et de ne pas croire ce que l'œil dément. Par conséquent, dès lors qu'il s'agit pour nous de croire à une chose, cette chose doit être corroborée – ou, en tout cas, pas ouvertement contredite – par les faits.

Si nos façons de voir ne sont acceptables que crédibles, et si elles ne sont crédibles que fondées sur des faits, comment pouvons-nous avoir une vision positive de nous-mêmes et de ce que nous vivons ? Comment pouvons-nous nous penser excellents conducteurs, amants brillants et véritables cordons bleus quand notre vie présente un défilé pathétique de voitures cabossées, de partenaires déçus et de soufflés dégonflés ? La réponse est simple : *nous cuisinons les faits*. Pour collecter, interpréter et analyser des faits, il existe plusieurs techniques différentes ; or, qui dit techniques différentes dit souvent aussi conclusions différentes. C'est la raison pour laquelle les scientifiques divergent sur les dangers du réchauffement climatique, les avantages de l'économie de l'offre et le bien-fondé d'une alimentation pauvre en glucides. Les bons scientifiques pallient cet inconvénient en choisissant les techniques qu'ils jugent les plus appropriées et en acceptant les conclusions qui en découlent, et ce quelles que puissent être ces conclusions. Mais les *mauvais* scientifiques, eux, tirent parti de l'inconvénient et choisissent les techniques susceptibles de produire les conclusions qui les arrangent grâce à des faits soudain devenus fort secourables. Après des décennies de recherche, on peut dire que, lorsqu'il s'agit de collecter et d'analyser des données sur nous-mêmes et nos expériences, nous avons l'équivalent d'un diplôme supérieur en Très Mauvaise Science.

Prenez, par exemple, le problème des échantillons. Ne pouvant observer chaque bactérie, comète, pigeon ou individu, le scientifique étudie des échantillons de ces populations. Une règle fondamentale de la bonne science comme du bon sens veut que ces échantillons soient prélevés dans toutes les couches de la population. Inutile de faire un sondage d'opinion si on se contente d'interroger des républicains déclarés ou des anarchos-rien-du-tout. Pourtant, c'est exactement ce qu'on fait en recherchant des faits susceptibles de confirmer nos conclusions préférées[30]. Par exemple, quand on dit aux volontaires d'une expérience qu'ils ont obtenu de piètres résultats à un test d'intelligence et qu'on leur donne ensuite à lire des articles sur les tests de QI, ils passent plus de temps à parcourir ceux qui questionnent la validité de ces tests que ceux qui les cautionnent[31]. Quand, dans une autre étude, les sujets reçoivent une évaluation élogieuse d'un responsable, ils s'intéressent plus aux lectures louant la compétence et la sagacité du responsable en question qu'à celles qui les mettent en doute[32]. En contrôlant les informations auxquelles ils s'exposent, ces gens contrôlent aussi indirectement les conclusions qu'ils en tirent.

Vous aussi, vous le faites. Exemple : vous achetez une nouvelle voiture et, peu après avoir opté pour la Honda plutôt que pour la Toyota, vous commencez à savourer les publicités Honda dans les magazines et à survoler les annonces de la concurrence[33]. Si votre entourage vous en fait la remarque, vous lui expliquez sans doute qu'il vous intéresse plus d'apprendre des choses sur la voiture que vous venez d'acheter que sur les autres. Seulement le mot *apprendre* relève ici d'un bien curieux choix sémantique : en effet, il désigne d'ordinaire l'acquisition de connaissances objectives, or l'enseignement à tirer de la lecture exclusive des pubs Honda est loin d'être objectif. Les publicités évoquent les qualités des produits qu'elles décrivent, pas leurs défauts ; ainsi, votre soif de connaissance a l'intérêt de vous faire baigner *uniquement* dans des arguments qui confirment le bien-fondé de votre décision.

Nous sélectionnons aussi dans notre mémoire les éléments qui nous arrangent. Dans une expérience, on montrait à certains sujets la preuve que les extravertis sont mieux payés et plus souvent promus que les introvertis (groupe extravertis à succès) ; aux autres sujets, on montrait la preuve du contraire (groupe introvertis à succès)[34]. Quand on leur a demandé de se remémorer certains comportements passés permettant de déterminer s'ils étaient extravertis ou introvertis, ceux du groupe extravertis à succès ont eu tendance à se rappeler un jour où ils avaient abordé avec aplomb un parfait inconnu, et ceux du groupe introvertis à succès un jour où, croisant une connaissance, ils avaient été trop timides pour la saluer.

Bien sûr, notre source d'informations la plus riche quant au bien-fondé de nos décisions, à l'étendue de nos aptitudes et à notre irrésistible et pétillante personnalité, ce sont les autres, pas les souvenirs ou les pubs dans les magazines. Et notre quête d'informations venant alimenter nos conclusions préférées s'exprime dans le choix de nos fréquentations. Sans doute avez-vous déjà remarqué qu'on ne choisit ni ses amis ni ses amours au hasard. Au contraire, nous passons un temps fou et dépensons des sommes tout aussi folles pour organiser notre vie de manière à nous entourer de gens qui nous *aiment* et qui nous *ressemblent*. Rien de surprenant donc, si, quand nous nous tournons vers eux pour obtenir un avis ou un conseil, ils tendent à confirmer nos conclusions préférées – soit parce qu'ils les partagent, soit parce qu'ils ne veulent pas nous blesser en les désavouant[35]. Et, s'il arrive à notre entourage de ne pas nous dire ce que nous voulons entendre, nous avons des moyens très astucieux de l'y aider.

Exemple : certaines expériences font apparaître la subtilité avec laquelle nous posons des questions qui manipulent les réponses[36]. Une question comme « Suis-je le meilleur amant que tu aies jamais eu ? » est dangereuse, car elle suppose une seule réponse satisfaisante. Mais une question comme « Qu'est-ce que tu préfères dans ma façon de faire l'amour ? » est formidable : elle suppose une seule réponse vraiment insatisfaisante. La recherche démontre notre propension à poser la question la plus susceptible de provoquer la réponse désirée. Et quand on entend cette réponse, on croit ce qu'on a poussé l'autre à nous dire. C'est pourquoi « Dis-moi que tu m'aimes » reste une doléance si courante[37]. Bref, nous alimentons nos conclusions préférées en écoutant les mots placés par nous dans la bouche de personnes choisies pour leur empressement à nous dire ce que nous souhaitons entendre.

Et il y a pire : nous savons fort bien nous y prendre pour faire confirmer nos conclusions sans même engager la conversation. Pour être un conducteur, un amant ou un cuisinier hors pair, nul besoin de réussir ses créneaux les yeux fermés, de faire se pâmer dix mille jeunes filles ou de confectionner une pâte feuilletée ébouriffante. Non, il suffit de se garer, d'embrasser et de faire la pâtisserie mieux que la majorité des gens. Mais comment savoir si les autres s'en tirent mieux ou moins bien ? En regardant autour de soi, bien entendu. Seulement, pour être bien sûr de voir ce que nous voulons voir, nous regardons de manière *sélective*[38]. Exemple : dans le cadre d'une étude, les sujets passent un test visant à mesurer leurs aptitudes sociales, puis apprennent qu'ils ont échoué à la plupart des questions[39]. Lorsque, ensuite, on leur montre les résultats de personnes ayant mieux ou moins bien réussi, ils survolent les premiers pour se plonger dans les seconds. Avoir 9 sur 20 n'est pas si mal quand on se compare exclusivement à ceux qui ont eu 5.

Cette tendance à se documenter sur ceux qui sont plus mal en point que nous apparaît encore davantage si l'enjeu est important. Les malades atteints de pathologies graves, comme le cancer, se comparent plus volontiers à ceux dont l'état est pire que le leur[40] : ainsi, dans une étude, quatre-vingt-seize pour cent des patients atteints d'un cancer se déclaraient en meilleure santé que la moyenne des cancéreux[41]. Et si on n'arrive pas à *trouver* des gens qui font moins bien que nous, on les *fabrique*. Les volontaires d'une expérience passaient un test à la suite duquel ils pouvaient fournir à un ami des indices visant à aider ou à entraver sa réussite au même test[42]. Ils ont aidé l'ami quand on leur a décrit le test comme un jeu, mais lui ont activement barré la route quand on leur a dit qu'il s'agissait d'une évaluation des capacités intellectuelles. Apparemment, quand nos amis n'ont pas le bon goût d'arriver derniers pour nous offrir la joie d'être premiers, nous les poussons amicalement dans la bonne direction. Une fois leur performance sabotée et leur échec garanti, ils deviennent un parfait critère de comparaison. À la vérité, si le cerveau et l'œil ont développé une relation contractuelle dans laquelle le cerveau accepte de croire ce que voit l'œil, en retour l'œil accepte de chercher ce que veut le cerveau.

Braver les faits

Qu'on choisisse l'information ou l'informateur, notre aptitude à cuisiner les faits nous aide à adopter des visions qui soient à la fois positives et crédibles. Bien sûr, si vous avez déjà discuté d'un match, d'un débat politique ou du journal télé avec quelqu'un de l'autre bord, vous savez que, même quand ils rencontrent des données qui infirment leurs conclusions favorites, les gens ont un talent pour les écarter, les oublier ou les voir autrement que nous. Lorsque les étudiants de Dartmouth et de Princeton assistent au même match de foot, pour un camp comme pour l'autre, les faits sont criants : l'équipe de l'autre école a manqué de sportivité[43]. Quand démocrates et républicains assistent au même débat télévisé, pour un camp comme pour l'autre, les faits sont criants : leur candidat est sorti vainqueur[44]. Quand des téléspectateurs pro-Israéliens et pro-Arabes voient la même couverture médiatique du conflit au Moyen-Orient, pour un camp comme pour l'autre, les faits sont criants : la presse manque d'objectivité à leur égard[45]. Hélas, la seule chose que crient ces faits, c'est qu'on a tendance à voir ce qu'on veut bien voir.

Cependant, il arrive inévitablement que certains faits crient trop fort pour être ignorés. Quand l'attaquant de notre équipe donne un coup de boule au défenseur de l'équipe adverse, ou que notre candidat confesse un détournement de fonds à la télé, fermer les yeux ou oublier devient difficile. Comment soutenir notre conclusion préférée quand les faits refusent de coopérer ? Le mot *fait* semble suggérer une sorte d'irréfutabilité, mais, en réalité, les faits ne sont rien d'autre que des hypothèses ayant rencontré un certain niveau de preuve. Si on place ce niveau de preuve assez haut, rien ne peut jamais être prouvé, y compris le « fait » de notre propre existence. Si on le place assez bas, tout est vrai et le contraire aussi. Nihilisme et postmodernisme étant des philosophies assez décevantes, nous avons tendance à placer notre niveau de preuve quelque part entre les deux. Personne ne sait précisément où il doit se situer. Mais, quelle que soit sa place, il faut l'y maintenir lorsqu'on évalue les données qu'on privilégie… et aussi les autres. Il serait inique de la part d'un enseignant de donner aux élèves qu'il aime bien des examens plus faciles qu'aux autres, injuste d'exiger pour les produits étrangers des contrôles plus sévères que pour les marchandises nationales, ou, au tribunal, d'insister pour que la défense présente de meilleurs arguments que la partie civile.

Pourtant, ces iniquités, nous les faisons subir aux faits qui infirment nos conclusions privilégiées. On a demandé aux volontaires d'une expérience d'évaluer deux études scientifiques qui portaient sur l'efficacité dissuasive de la peine capitale[46]. La première utilisait la « technique inter-États » (on y comparait le taux de criminalité des États autorisant la peine de mort à celui des États ne l'autorisant pas).

La seconde employait la « technique intra-État » (on y comparait le taux de criminalité à l'intérieur d'un État unique avant et après l'instauration ou l'abrogation de la peine de mort). Pour la moitié des sujets, l'étude inter-États concluait que la peine capitale était dissuasive, et l'étude intra-État qu'elle ne l'était pas. Pour l'autre moitié, les conclusions s'inversaient. Les résultats ont révélé que ces volontaires avaient favorisé la technique dont la conclusion vérifiait leurs convictions personnelles. Quand la technique intra-État donnait des conclusions défavorables, ils la récusaient : le taux de criminalité d'une décennie (les années 1980) n'était pas comparable à celui d'une autre (les années 1990) puisque, sur la durée, des facteurs comme l'emploi et le revenu varient. Et quand la technique inter-États produisait des conclusions défavorables, ils la récusaient : l'emploi et le revenu variant en fonction de la situation géographique, le taux de criminalité d'un État (l'Alabama) n'était pas comparable à celui d'un autre (le Massachusetts)[47]. À l'évidence, les volontaires plaçaient plus haut la barre méthodologique quand les études infirmaient leurs conclusions favorites. Voilà comment nous obtenons et conservons une vision positive et crédible de nous-mêmes et de notre vécu. Dans le cadre d'une expérience, on a dit aux sujets qu'ils avaient réussi, ou raté, un test portant sur leurs aptitudes sociales avant de leur soumettre deux rapports scientifiques : l'un disait le test valable, l'autre le disait non valable[48]. Pour les volontaires qui avaient réussi, les méthodes scientifiques utilisées dans le rapport validant le test étaient plus solides que celles de l'autre rapport. Pour ceux qui avaient échoué, c'était évidemment le contraire.

Quand les faits viennent défier nos conclusions privilégiées, nous les soumettons à un examen plus minutieux, à une analyse plus rigoureuse. Nous exigeons aussi beaucoup plus d'éléments. Combien d'éléments demanderiez-vous avant de conclure à l'intelligence de quelqu'un ? Ses bulletins scolaires du lycée seraient-ils suffisants ? Un test de QI peut-être ? Auriez-vous besoin de connaître l'avis de ses profs, de son employeur ? Dans une expérience où ils devaient évaluer l'intelligence d'une personne, on a vu les volontaires exiger des preuves considérables. Chose curieuse, ils exigeaient *encore plus* de preuves pour un odieux casse-pieds que pour un individu drôle, gentil et sympathique[49]. Quand on *veut* croire quelqu'un intelligent, une simple lettre de recommandation suffit, mais quand on *ne veut pas* le croire intelligent, on exige tout un dossier bourré de bulletins scolaires, de tests et de témoignages.

Il se produit exactement la même chose quand on veut, ou quand on ne veut pas croire une chose sur soi-même. Exemple : on invite les sujets d'une expérience à passer un examen médical censé leur dire s'ils ont ou non une dangereuse déficience enzymatique les prédisposant à des maladies du pancréas[50]. Les volontaires déposent une goutte de salive sur une bande de papier que l'expérimentateur prétend imprégnée de réactif. On dit à certains (les testeurs positifs) que, si le papier vire au vert dans les soixante secondes, ils ont la déficience enzymatique. Aux autres (les testeurs négatifs), on dit que, si le papier vire au vert dans la minute, ils *n'ont pas* cette carence. La bande réactive en question était un vulgaire bout de papier qui n'a bien sûr jamais viré au vert, mais les testeurs négatifs ont mis beaucoup plus de temps que les autres à décider que le test était terminé. Les sujets donnaient au papier tout le temps de prouver qu'ils allaient bien, mais ils lui en accordaient beaucoup moins s'il s'agissait de prouver qu'ils étaient malades. Il suffit de peu de chose pour nous convaincre que nous sommes intelligents et en bonne santé ; en revanche, des tonnes de données sont nécessaires pour nous persuader du contraire. Ce qu'on demande aux faits, c'est soit de nous *permettre* de croire à nos conclusions privilégiées, soit de nous *obliger* à croire à nos conclusions non privilégiées[51]. Il est donc logique que celles-ci aient bien du mal à répondre à un niveau de preuve si rigoureux[52].

À venir

En juillet 2004, le conseil municipal de la ville de Monza, en Italie, a pris une mesure insolite : l'interdiction des bocaux à poissons rouges. Selon lui, il fallait faire barboter les poissons dans des aquariums rectangulaires car le « poisson tenu enfermé dans son bocal a une vision déformée de la réalité et en souffre[53] ». Personne n'a rien dit de l'alimentation insipide, du bruit de la pompe ou des ridicules châteaux en plastique. Non, le problème est qu'un bocal rond déforme l'expérience visuelle de ses habitants. Or tout poisson rouge a le droit imprescriptible de voir le monde tel qu'il est réellement. Les braves conseillers municipaux de Monza n'ont pas revendiqué le même droit imprescriptible pour les humains. Peut-être savaient-ils qu'il ne suffit pas de nous changer de bocal pour corriger notre vision déformée de la réalité, ou alors ils ont compris que nous souffrons moins avec que sans… Ce qui crée cette vision déformée du réel, c'est l'ambiguïté de nos expériences : on peut les voir de plusieurs façons crédibles, mais certaines sont plus positives que d'autres. Pour s'assurer de la crédibilité de notre vision du monde, le cerveau accepte ce que voit l'œil. Pour s'assurer de la positivité de notre vision du monde, l'œil recherche ce que veut le cerveau. La conspiration de nos deux valets nous permet de vivre au carrefour entre la rigueur du réel et le réconfort de l'illusion. Mais quel rapport avec notre avenir émotionnel ? On va le voir, nous vivons peut-être au carrefour de la réalité et de l'illusion… seulement la plupart d'entre nous ne savent pas où ils habitent.

9

IMMUNISÉS CONTRE LA RÉALITÉ

> « Je me tiens sur mon dos pour défendre mon ventre ; sur mon esprit pour défendre mes ruses ; sur mes secrets pour défendre mon honneur ; sur mon masque pour défendre ma beauté. »
>
> SHAKESPEARE, *Troïlus et Cressida*

Albert Einstein a sans doute été le plus grand génie du vingtième siècle, mais, peu de gens le savent, il s'en est fallu… d'un cheval qu'il ne perde cette distinction. En 1891, Wilhelm von Osten, instituteur en retraite, prétend que son étalon, qu'il appelle Hans le Malin, est capable de répondre à des questions portant sur l'actualité, les mathématiques et une foule d'autres sujets, en frappant le sol avec l'un de ses sabots. Quand Osten demande à Hans d'additionner trois et cinq, le cheval attend la fin de la question, frappe huit coups et s'arrête. Parfois, au lieu de poser *oralement* la question, Osten l'écrit sur une carte, et le cheval semble comprendre l'écrit aussi bien que l'oral. Certes, il arrive à Hans le Malin de se tromper, mais pour quelqu'un en sabots, il s'en tire plutôt bien. Ses prestations publiques sont si impressionnantes qu'il devient rapidement la coqueluche de Berlin. Seulement voilà qu'en 1904, le directeur de l'Institut de psychologie envoie l'un de ses étudiants, Oskar Pfungst, étudier plus à fond la question. Et Pfungst note que le cheval ne répond pas correctement quand Osten se tient derrière lui ou quand il ne connaît pas lui-même la réponse. Après une série de tests, Pfungst le Malin démontre que Hans sait effectivement lire – mais ce qu'il sait lire, c'est le langage corporel de Osten. Quand Osten se penche légèrement, le cheval commence à frapper du sabot, et quand il se redresse, incline un peu la tête ou hausse à peine un sourcil, Hans s'arrête. Bref, Osten indique à son cheval de frapper et d'arrêter aux bons moments, ceux qui vont créer l'illusion de l'intelligence.

Hans le Malin n'est peut-être pas un génie, mais Osten n'est pas non plus le mauvais cheval. Il a passé des années à parler patiemment à Hans des mathématiques et des affaires du monde, et il est sincèrement choqué, consterné d'apprendre qu'il s'est leurré lui-même comme il a leurré les autres. La supercherie est sophistiquée, efficace, mais elle a été perpétrée inconsciemment. En cela, Osten n'est pas un cas unique. Quand on s'expose à des données favorables, quand on les remarque, qu'on se les rappelle, quand on les soumet à un niveau de preuve assez faible, on n'est en général pas plus conscient de notre subterfuge qu'Osten ne l'était du sien. Le mécanisme par lequel le système immunitaire psychologique fait son boulot, on peut le baptiser « tactique » ou « stratégie », mais ces termes – avec leur inévitable connotation de calcul intentionnel – ne doivent pas nous induire en erreur : nous ne sommes pas des manipulateurs intrigants qui *s'efforcent* en toute conscience de fabriquer des visions positives de ce qu'ils vivent. Bien au contraire, la recherche démontre qu'on est *inconscient* des raisons pour lesquelles on fait ce qu'on fait[1], mais on en fournit une sans hésiter dès lors qu'on nous pose la question[2]. Exemple : lorsqu'on montre à des volontaires un écran d'ordinateur où des mots apparaissent dans un flash pendant quelques millisecondes ; ils n'ont pas conscience de les voir. Ils ne savent donc pas ceux qu'ils ont vus. Pourtant, ils en subissent l'influence. Quand c'est le mot *hostile* qui file sous leurs yeux, ils jugent négativement les autres[3]. Quand c'est le mot *âgé*, ils marchent avec lenteur[4]. Quand c'est *stupide*, ils obtiennent de mauvais résultats à leurs tests[5]. Et quand, par la suite, on leur demande *pourquoi* ils ont eu ce jugement négatif, cette lenteur ou ce mauvais résultat, deux choses se produisent : primo, ils ne le savent pas ; secundo, ils ne disent pas : « Je ne sais pas. » Non, leur cerveau examine à la hâte les faits dont ils *ont conscience* (« J'ai marché lentement ») et tire la même déduction plausible mais erronée que le ferait un observateur extérieur (« Je suis fatigué »)[6].

De la même manière, quand on cuisine les faits, on ne sait pas consciemment pourquoi. Et c'est tant mieux : des efforts *délibérés* visant à fabriquer des visions positives (« Il doit y avoir quelque chose de bon dans la faillite, et je ne bougerai pas de ce fauteuil tant que je ne l'aurai pas trouvé ») contiennent les germes de leur propre destruction. Les sujets d'une expérience ont écouté *Le Sacre du printemps* d'Igor Stravinski[7]. À certains, on a juste dit d'écouter la musique ; aux autres, d'écouter la musique en s'efforçant consciemment d'être heureux. À la fin de l'intermède musical, ceux qui s'étaient efforcés d'être heureux étaient *plus démoralisés* que les autres. Il y a deux raisons à cela. La première, c'est qu'on est peut-être capable de fabriquer intentionnellement des visions positives de ce qu'on vit, si, les yeux fermés, on reste sans bouger[8]. Mais la recherche nous apprend que, si on est ne serait-ce qu'un peu distrait, ces efforts délibérés tendent à se retourner contre nous, et on finit plus abattu qu'au début[9]. La seconde, c'est que nos efforts pour cuisiner les faits deviennent si patents qu'on se sent minable. Bien sûr, on *veut* croire qu'on sera mieux sans la fiancée qui vient de nous plaquer devant monsieur le maire. Et, bientôt, on se sentira *effectivement* mieux : on commencera à trouver des faits qui viennent soutenir cette conclusion (« C'était pas vraiment une fille pour moi, pas vrai, m'man ? »), mais le processus par lequel on trouve ces faits doit donner *l'impression* d'une découverte, pas d'un boniment. Si on *se voit* en train de cuisiner les faits (« En formulant la question comme ça et en la posant juste à m'man, j'ai de bonnes chances de voir confirmée ma conclusion privilégiée »), c'est cuit : l'expression « *il se raconte des histoires* » vient aussitôt rejoindre le mot *plaqué* dans la liste de nos pitoyables qualités. Pour que les visions positives soient crédibles, elles doivent s'appuyer sur des faits que l'on *croit* découvrir en toute honnêteté. On y arrive en les cuisinant inconsciemment avant de les consommer en toute conscience. Le dîner se déroule dans la salle à manger, mais le cuisinier est en sous-sol. L'avantage de toute cette tambouille inconsciente : elle marche. Son inconvénient : elle nous rend inconnus à nous-mêmes. Laissez-moi vous expliquer comment.

La rétrospection en perspective

À ma connaissance, personne n'a jamais réalisé une étude systématique sur les amoureux plaqués devant monsieur le maire par un ou une fiancé(e) indélicat(e). Mais je suis prêt à parier une bonne bouteille que, si on demandait à un échantillon représentatif d'ex-futures-mariées et de presque-époux s'il s'agit de « la pire ou de la meilleure chose qui leur soit jamais arrivée », cette dernière réponse l'emporterait. Et je vous parie *une pleine caisse de bonnes bouteilles* que, si vous demandez à des gens n'ayant jamais vécu la chose de prévoir à quelle expérience future ils pourraient repenser comme à

« la meilleure chose qui leur soit arrivée », pas un ne vous répondra : « Me faire plaquer. » Il en est du plaquage comme du reste : prospective, l'affaire est douloureuse ; rétrospective, elle est plus rose. Quand on en envisage la perspective, on fabrique tout naturellement la pire vision possible de l'expérience, mais une fois qu'on a *effectivement* eu le cœur et l'amour-propre brisés devant la famille, les amis et le traiteur, notre cerveau commence à courir les boutiques en quête d'une vision moins terrible. Or, on l'a vu, le cerveau humain sait très bien faire son marché. Mais comme il fait son shopping inconsciemment, on ne s'en aperçoit pas : on suppose donc que la vision terrible de la perspective sera celle qu'on aura en repensant à l'événement. Bref, on ne sait pas que notre façon de voir changera, car on est inconscient des processus qui viennent la modifier.

Voilà qui peut rendre l'avenir émotionnel très difficile à prévoir. Dans une expérience, on permettait aux volontaires de postuler à un emploi bien rémunéré qui consistait à goûter des glaces et à leur inventer des noms rigolos[10]. La procédure de candidature imposait un entretien filmé. À certains, on a dit que leur entretien serait visionné par un juge qui avait seul le pouvoir discrétionnaire de décider de leur embauche (groupe avec juge). Aux autres, on a dit que

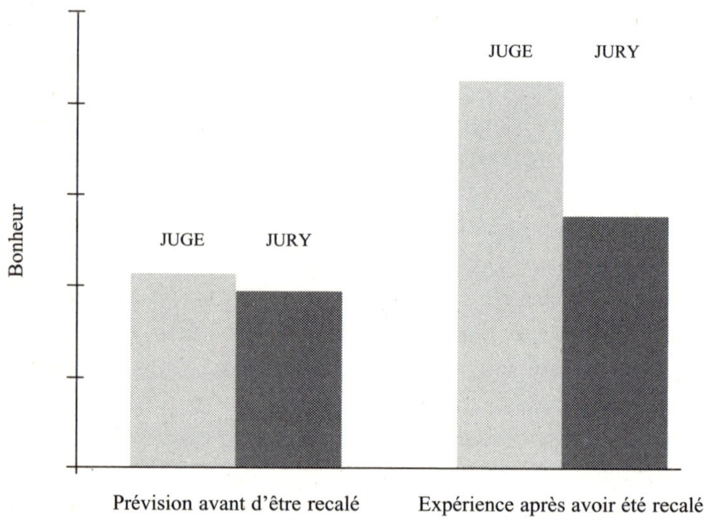

Fig. 15. Les sujets sont plus heureux quand ils sont recalés par un juge capricieux que par un jury unanime (*barres de droite*). Mais ils ne l'ont pas prévu (*barres de gauche*).

l'entretien serait vu par un jury dont les membres voteraient leur embauche (groupe avec jury). On a aussi dit au groupe avec jury que, même si *un seul* juré votait pour eux, ils avaient le job : ainsi, la seule circonstance qui pouvait les priver du poste, c'était l'unanimité du jury contre eux. Puis tous les volontaires ont dû prédire leur sentiment en cas d'échec. Quelques minutes plus tard, un chercheur à la mine contrite est venu expliquer à chacun qu'il n'était pas retenu, avant de lui demander ce qu'il ressentait.

Les résultats de l'étude apparaissent figure 15. Comme le montrent les barres de gauche, les deux groupes s'attendaient à être également malheureux. Après tout, essuyer un rejet est une gifle majeure : on s'attend à ce qu'elle fasse mal, que le gifleur soit juge, jury ou rabbin orthodoxe. Toutefois, les barres de droite le montrent, la gifle est plus douloureuse administrée par un jury que par un juge. Pourquoi ? Eh bien, imaginez que vous postuliez à un job de top-modèle pour maillots de bain : vous devez porter un truc microscopique et défiler devant un abruti aux yeux perçants et au costume à deux balles. Si l'abruti vous scrute sous toutes les coutures, secoue la tête et dit : « Désolé, mais vous n'avez pas l'étoffe d'un top-modèle », vous allez être mal. Mais pas plus d'une minute ou deux. C'est le genre de rejet de personne à personne dont on fait tous l'expérience de temps en temps : au bout de quelques minutes, la plupart d'entre nous surmontent l'épreuve et passent leur chemin. Notre système immunitaire psychologique n'a aucune peine à exploiter l'ambiguïté de l'expérience et à en adoucir la morsure : « Ce type n'a même pas fait attention à ma façon extraordinaire de pivoter », ou « encore un de ces barjos qui aiment les fil(le)s de fer », ou « avec un costard *comme ça*, il va quand même pas me donner de leçon ! ».

Maintenant, imaginez-vous en train de présenter le string microscopique devant un parterre d'hommes, de femmes, de vieux, de jeunes : tous vous détaillent et tous secouent la tête d'un air navré. Vous êtes mal. Vraiment mal. Humiliation, vexation, confusion ! Vous vous précipitez dans les coulisses, les oreilles chaudes, la gorge nouée et l'œil humide. Se faire recaler par plusieurs personnes différentes est une expérience démoralisante parce que totalement dépourvue d'ambiguïté : difficile pour le système immunitaire psychologique de lui trouver une vision positive crédible. On peut aisément imputer un rejet aux lubies d'un seul juge, mais pas à celles d'un jury unanime. Une affirmation du style « frappées de cécité massive, quatre-vingt-quatorze personnes n'ont pas vu mon admirable façon de pivoter » n'est tout bonnement pas crédible. Aussi les sujets de l'expérience ont-ils plus facilement digéré leur échec face à un juge unique et caractériel que face à un jury entier.

Toutes ces conclusions vous paraissent peut-être d'une laborieuse évidence tandis que vous les méditez depuis votre canapé : permettez-moi de vous rappeler que les évidences ne deviennent laborieuses que si quelqu'un s'est donné le labeur de les souligner. En effet, si ces conclusions sont vraiment si banales, comment se fait-il qu'aucun de ces sujets intelligents n'ait été *capable de les prévoir* ? Pourquoi n'ont-ils pas vu qu'ils s'en tireraient mieux en en voulant au juge qu'au jury ? Parce que, quand ils ont dû prévoir leurs réactions émotionnelles à un phénomène de rejet, ils ont imaginé la douleur. Point. Ils n'ont pas poursuivi, pas imaginé que leur cerveau pourrait tenter de soulager cette douleur. N'ayant pas conscience d'alléger leur souffrance en blâmant celui qui la provoquait, ils n'ont pas songé à mettre en cause une seule personne plutôt qu'un groupe. D'autres études ont confirmé cette conclusion. Exemple : on *s'attend* à être aussi accablé lorsqu'un accident est le fruit d'une négligence que celui de la malchance. *En réalité*, on est plus abattu dans ce dernier cas, car on ne peut imputer à personne la responsabilité de la tragédie[11].

Ignorer notre système immunitaire psychologique nous fait nous tromper sur les circonstances dans lesquelles nous nous en prendrons aux autres, mais aussi sur celles où nous nous en prendrons à nous-mêmes[12]. Qui peut oublier la dernière scène de *Casablanca* ? Sur le tarmac de l'aéroport, Ingrid Bergman essaie de décider si elle reste à Casablanca avec l'homme qu'elle aime ou si elle prend l'avion avec son mari. Bogart se tourne vers elle et lui dit : « Au fond, nous savons tous deux que ta place est auprès de Victor. Tu fais partie de son travail, ce qui lui permet de continuer. Si cet avion décolle sans toi, tu le regretteras. Peut-être pas aujourd'hui, peut-être pas demain, mais bientôt et pour le reste de ta vie[13]. »

Ce bout de mélo compte parmi les scènes les plus mémorables de l'histoire du cinéma, non tant du fait d'une interprétation remarquable, mais parce que nous nous sommes tous déjà trouvés sur le même tarmac. Nos choix les plus lourds de conséquences – se marier, avoir des enfants, acheter une maison, embrasser une profession, déménager à l'étranger – sont souvent façonnés par ce qu'on imagine de nos regrets futurs (« Mince, j'ai oublié de faire un bébé ! »). Le regret est l'émotion qui nous vient quand nous nous sentons responsables d'une issue malheureuse qui aurait pu être empêchée si nous nous étions comportés autrement par le passé. Cette émotion étant franchement désagréable, notre attitude présente vise souvent à l'éviter[14]. On a tous des théories sur le moment et les raisons qui poussent les gens à regretter : ces théories nous permettent justement d'éviter les regrets. Exemple : on s'attend à avoir plus de regrets si on apprend qu'il existait un autre choix possible que si on n'en sait rien[15], si on accepte un mauvais conseil que si on en repousse un bon[16], si notre mauvais choix est insolite que s'il est conventionnel[17], si on échoue de peu que si on échoue de beaucoup[18].

Seulement, parfois, nos théories sont fausses. Prenez le scénario suivant : vous détenez des actions dans la société A ; l'an dernier, vous avez envisagé de les vendre pour investir dans la société B, mais vous avez finalement décidé de ne pas le faire. Vous découvrez aujourd'hui que vous seriez plus riche de mille deux cents dollars si vous aviez investi dans la société B. Vous aviez aussi des actions dans la société C ; l'année dernière, vous les avez vendues pour investir dans la société D. Vous découvrez aujourd'hui que vous seriez plus riche de mille deux cents dollars si vous aviez conservé vos actions de la société C. Laquelle de ces erreurs provoque chez vous le plus de regret ? La recherche nous l'apprend : neuf personnes sur dix s'attendent à éprouver plus de regret d'avoir bêtement déplacé leurs actions que de les avoir bêtement gardées où elles étaient, parce que neuf personnes sur dix pensent qu'elles regretteront davantage d'avoir bêtement fait quelque chose que de n'avoir bêtement rien fait[19]. Seulement la recherche nous apprend aussi que neuf personnes sur dix se trompent. En effet, sur le long terme, quels que soient leur âge ou leur appartenance sociale, les gens regrettent beaucoup plus *ce qu'ils n'ont pas fait* que *ce qu'ils ont fait*. C'est pourquoi les regrets les plus répandus sont les suivants : ne pas avoir fait d'études, ne pas avoir saisi des occasions professionnelles lucratives et ne pas avoir passé assez de temps avec sa famille et ses amis[20].

Mais pourquoi regrette-t-on plus l'inaction que l'action ? Parce qu'il est plus facile pour le système immunitaire psychologique de fabriquer une vision positive et crédible d'une action que d'une inaction[21]. Quand notre action nous a fait épouser quelqu'un qui devient un tueur à la machette, on peut toujours se consoler en pensant à toutes les choses apprises grâce à cette expérience (« Collectionner les machettes n'est pas un passe-temps très sain »). Mais quand notre inaction nous a fait refuser d'épouser quelqu'un qui devient une vedette de cinéma, on ne peut pas se consoler en pensant à toutes les choses apprises car… on n'a rien appris du tout. Faute de s'apercevoir que le système immunitaire psychologique rationalise l'excès de courage plus facilement que l'excès de lâcheté, on évite les risques alors qu'on devrait foncer dans les gaffes. Les cinéphiles s'en souviennent : l'avertissement de Bogart sur ses regrets futurs incite Bergman à prendre l'avion et elle s'envole avec son mari. Si elle était restée avec Bogie à Casablanca, elle aurait sans doute été très heureuse. Peut-être pas tout de suite, mais bientôt et pour le reste de sa vie.

Petits déclencheurs

Les peuples civilisés ont appris à leurs dépens qu'une poignée de tyrans sème souvent mieux la mort et la destruction qu'une armée d'envahisseurs. Si un ennemi devait lancer des centaines d'avions et de missiles sur les États-Unis, il y a fort à parier qu'aucun n'atteindrait sa cible, car une frappe de cette ampleur déclencherait les systèmes de défense américains, lesquels seraient sans doute suffisants pour écarter la menace. En revanche, si un ennemi lançait sept mecs en pantalons baggy et casquettes de base-ball, ces gars seraient bien capables d'atteindre leurs cibles et de lâcher leurs bombes, répandre leurs produits toxiques ou écraser leurs avions sur des gratte-ciel. Le terrorisme est une stratégie basée sur l'idée que la meilleure attaque est celle qui arrive à ne pas déclencher la meilleure défense. Or les incursions à petite échelle sont moins susceptibles de déclencher l'alarme que les assauts de grande envergure. S'il est possible de concevoir une défense neutralisant même la plus petite menace (frontières électrifiées, interdiction de circuler, surveillance électronique, fouilles aléatoires), pareil système est très coûteux du fait des ressources nécessaires à son fonctionnement et des innombrables fausses alertes qu'il induit. Une défense comme celle-là relève du surarmement. Pour être efficace, un système de défense doit réagir aux menaces ; pour être réalisable, il ne doit réagir qu'aux menaces dépassant certain *seuil critique*. Les menaces en deçà du seuil critique ont donc un potentiel destructeur inversement proportionnel à leur taille. Contrairement aux grosses menaces, les petites peuvent se faufiler sous le radar.

Le déclencheur de l'intensité

Le système immunitaire psychologique est un système de défense : il obéit aux mêmes principes. Passé un certain seuil d'accablement, il cuisine les faits et en déplace la responsabilité afin de nous offrir une vision plus positive des choses. Mais il ne le fait pas au moindre frémissement de tristesse, de jalousie, de colère ou de frustration. Les mariages ratés et les emplois perdus sont le genre de grosses attaques contre notre bonheur qui déclenchent nos défenses psychologiques – pas les crayons cassés, les orteils écrasés ou les ascenseurs en panne. Un crayon cassé peut être un événement contrariant, mais comme il ne représente pas une menace sérieuse pour notre bien-être mental, il ne déclenche pas nos défenses psychologiques. Conséquence paradoxale : il est parfois plus difficile d'avoir une vision positive d'une *mauvaise* expérience que d'une *très mauvaise* expérience. Exemple : dans le cadre d'une étude, on invitait des étudiants à adhérer à un club dont le rituel initiatique consistait à recevoir trois chocs électriques[22]. Certains ont vécu une expérience terrible, les chocs reçus étant assez sévères (groupe à rite sévère) ; les autres juste une expérience désagréable, les chocs reçus étant modérés (groupe à rite modéré). Peut-être pensez-vous que nous n'aimons rien qui soit associé à une douleur physique. Eh bien, détrompez-vous : le groupe à rite sévère a plus apprécié le club que le groupe à rite modéré. Ses membres souffrant beaucoup, la douleur a déclenché leur système de défense, lequel les a aidés à trouver une vision crédible et positive de l'expérience. La chose était malaisée, mais possible. La douleur physique est négative (« Oh, ça fait *vraiment* mal ! »), mais elle ne l'est pas *totalement* si ce pour quoi l'on souffre a une grande valeur (« Mais je vais rejoindre un groupe *d'élite* plein de personnes *extraordinaires* »). En fait, la recherche nous apprend que les sujets ont *moins mal* quand ils croient souffrir pour une chose de valeur[23]. À l'inverse des chocs modérés, les chocs intenses étaient assez désagréables pour déclencher les défenses psychologiques ; ainsi, plus le rite initiatique était douloureux, plus ceux qui l'avaient subi appréciaient le club[24]. Si vous êtes parvenu à pardonner à votre conjoint quelque manquement flagrant, alors que la bosse sur la porte du garage ou la kyrielle de chaussettes sales dans l'escalier vous mettent toujours en rogne, vous connaissez ce paradoxe.

Une souffrance intense déclenche le mécanisme même de son éradication, ce que ne fait pas une souffrance modérée. Cette singularité peut rendre nos émotions difficiles à prévoir. Exemple : qu'est-ce qui serait pire pour vous ? que votre meilleure amie vous insulte, vous, ou qu'elle insulte votre cousine ? Même si vous aimez beaucoup votre cousine, on peut parier sans risque que vous vous aimez davantage. Vous pensez donc probablement que le pire serait que l'épithète vous soit adressée à vous. Vous avez raison. Ce serait pire. Au début. Car une souffrance intense déclenchant, à l'inverse d'une souffrance modérée, le système immunitaire psychologique, avec le temps, vous devriez pouvoir fabriquer une vision positive d'une insulte qui vous est adressée (« Felicia m'a traité(e) de tête de linotte... Ce qu'elle peut me faire marrer parfois ») plus facilement qu'une vision positive d'une insulte destinée à votre cousine (« Felicia a traité Gertrude de tête de linotte... Elle a *raison*, bien sûr, mais ce n'était pas très gentil à elle de le dire »). Ironie de la chose : on peut se sentir mieux quand on est *victime* d'une insulte que quand on en est simple *témoin*.

Cette hypothèse a été vérifiée dans une étude où deux volontaires devaient passer un test de personnalité, après quoi *un seul* des deux recueillait les commentaires d'un psychologue[25]. Ces commentaires étaient professionnels, détaillés et implacablement négatifs. Ils comportaient des phrases comme « Vous avez peu de qualités qui vous distinguent des autres », « Si les gens vous aiment, c'est parce que vous ne les menacez pas dans leurs compétences », etc. Les deux sujets devaient lire les commentaires, puis dire s'ils appréciaient le psychologue qui les avait rédigés. Étrangement, le volontaire *victime* des remarques négatives appréciait *plus* le psychologue que celui qui en était juste le *témoin*. Pourquoi ? Parce que le témoin était furax (« Mince alors ! c'est vraiment moche d'avoir fait ça à l'autre »), mais pas anéanti : par conséquent, son système immunitaire psychologique ne faisait rien pour réparer des émotions légèrement négatives. En revanche, la victime, elle, *était anéantie* (« Aïe, ça y est : j'ai mon certificat de loser ! ») et son cerveau courait chercher une vision positive de l'expérience (« Après réflexion, ce test ne pouvait donner qu'un petit aperçu de ma très riche personnalité, il ne signifie pas grand-chose »). Maintenant, voici la conclusion essentielle : on a demandé à un nouveau groupe de sujets de *prévoir* s'ils aimeraient ou non le psychologue, et ils ont répondu qu'ils l'aimeraient *moins* s'ils étaient victimes que témoins. À l'évidence, nous ignorons que nos défenses seront plus facilement déclenchées par une souffrance intense que par une souffrance modérée, d'où nos erreurs de pronostic sur nos réactions émotionnelles face à des épreuves différentes.

Le déclencheur de l'inévitable

Une souffrance intense est un déclencheur de nos défenses capable d'influencer nos émotions d'une manière imprévisible. Mais ce n'est pas le seul… Question : pourquoi pardonne-t-on à ses frères et sœurs ce qu'on ne tolérerait jamais d'un ami ? Pourquoi n'est-on pas troublé quand un président commet un acte qui nous aurait fait voter contre lui avant l'élection ? Pourquoi ferme-t-on les yeux sur les pannes d'oreiller d'un employé, alors qu'on refuse de recruter un candidat arrivé avec deux minutes de retard à son entretien ? Première possibilité : la voix du sang parle fort, les drapeaux sont faits pour qu'on s'y rallie, et c'est la première impression qui compte. Deuxième possibilité : on va chercher et trouver une vision positive des choses *dont on ne peut pas se débarrasser*[26]. Les amitiés sont volatiles ; quant aux présidentiables, on peut en changer comme de chemise. En revanche, les fratries et les présidents élus sont *à nous* pour le meilleur et pour le pire : une fois qu'ils sont là, on n'y peut plus grand-chose. Quand l'expérience que nous vivons n'est pas celle que nous *voulons*, notre première réaction, c'est d'en chercher une autre : on rend au loueur sa voiture trop poussive, on quitte les mauvais hôtels et on cesse de fréquenter les gens qui se curent le nez en public. Mais quand on ne peut pas *changer l'expérience*, on cherche à *changer notre façon de la voir* : voilà pourquoi on aime l'épave garée dans l'allée, la baraque en ruine dans la famille depuis des années, et l'oncle Arthur malgré son goût prononcé pour la spéléologie nasale. On ne trouve du bon à nos malheurs que lorsqu'on y est obligé. C'est la raison pour laquelle les gens éprouvent un surcroît de bonheur quand les tests révèlent qu'ils *n'ont pas* une dangereuse anomalie génétique, ou bien qu'ils l'*ont*, mais *pas* quand les tests n'apportent aucun résultat concluant[27]. On ne peut pas s'accommoder du sort tant qu'il n'est pas inévitablement, indéniablement et irrévocablement nôtre.

Comme une intense souffrance, des circonstances inévitables, indéniables et irrévocables déclenchent le système immunitaire psychologique, mais, comme une intense souffrance, on ne sait pas toujours les reconnaître. Exemple : dans le cadre d'une expérience, des étudiants s'inscrivent à un cours de photo[28]. Chacun prend une douzaine de clichés représentant des personnes et des lieux personnellement marquants, puis va assister à son cours. Là, l'enseignant passe une heure ou deux à montrer aux étudiants comment développer leurs deux meilleures photos. Une fois les épreuves sèches, il leur dit qu'ils peuvent garder l'un des clichés ; l'autre sera classé dans les archives. À certains (groupe de l'inévitable), on dit que, une fois la photo choisie, ils n'auront plus le droit de changer d'avis. Aux autres (groupe de l'évitable), on dit qu'ils ont plusieurs jours pour changer d'avis : l'enseignant échangera volontiers celle qu'ils ont emportée contre celle qu'ils ont laissée pour les archives. Les étudiants font donc leur choix et emportent un des deux tirages chez eux. Quelques jours plus tard, ils répondent à une enquête leur demandant (entre autres) s'ils aiment leur photo. Les résultats révèlent que ceux du groupe évitable aiment *moins* leur photo que ceux du groupe inévitable. Et, curieusement, quand on demande à un nouveau groupe d'étudiants de prévoir s'ils aimeront ou non leur photo selon qu'ils pourront ou non changer d'avis, ils répondent que cela n'aura aucune incidence sur leur satisfaction. Manifestement, des circonstances inévitables déclenchent les défenses psychologiques qui nous permettent d'en avoir une vision positive… mais nous ne l'avons pas prévu.

Notre inaptitude à le prévoir (et donc à prévoir cette contribution de notre système immunitaire psychologique à notre bonheur et à notre satisfaction) peut nous amener à commettre de cuisantes erreurs. Exemple : on demande à un nouveau groupe d'étudiants s'ils préfèrent avoir la possibilité de changer d'avis. Dans leur grande majorité, ils répondent oui, c'est-à-dire que, dans leur grande majorité, ils préfèrent s'inscrire à un cours où ils seront finalement insatisfaits de la photo produite ! Préférerait-on être moins satisfait que plus satisfait ? Non, bien sûr. En revanche, nous sommes nombreux à préférer plus de liberté à moins de liberté. En fait, quand notre liberté de décider – ou de changer d'avis après l'avoir fait – est menacée, nous éprouvons une forte envie de la réaffirmer[29]. C'est bien pourquoi les commerçants menacent parfois votre liberté de posséder leurs marchandises par des déclarations du genre « Stock limité ! » ou « Dernier jour de promotion ! »[30]. Notre culte de la liberté nous fait fréquenter les grands magasins hors de prix où l'on peut retourner la marchandise, et pas les ventes aux enchères qui ne le permettent pas ; il nous fait payer du matériel neuf avec possibilité de retour à des prix extravagants au lieu d'acheter une occasion pas chère, etc.

Nous payons un supplément aujourd'hui pour pouvoir changer

d'avis demain, et c'est parfois une bonne idée. Quelques jours passés à essayer un petit coupé rouge nous en disent beaucoup sur l'effet que ça peut faire d'en posséder un : ainsi, il est parfois sage de payer un modeste supplément pour un contrat avec possibilité de retour de la marchandise. Garder toutes les options ouvertes a ses avantages, mais aussi ses inconvénients. On est à l'étroit dans les petits coupés rouges : l'acheteur définitivement engagé trouvera une façon positive de voir cette exiguïté (« Ouaou ! on se croirait dans un avion de chasse ! »). Mais celui dont le contrat contient une clause d'annulation risquera de n'en trouver aucune (« Cette voiture est vraiment minuscule. Je devrais peut-être la rendre »). L'acheteur engagé va s'attacher aux atouts de la voiture sans prendre en compte ses défauts et cuisiner les faits pour créer un véritable festin de satisfactions. Mais l'acheteur qui a la possibilité de se dérober (et dont les défenses psychologiques n'ont pas encore été déclenchées) va porter sur la nouvelle voiture un regard plus critique et prêter une attention particulière à ses défauts avant de décider de la garder ou pas. Le prix de la liberté est clair, ses bénéfices aussi : hélas, ils ne sont pas d'une égale clarté, car si nous n'avons aucun mal à prévoir ce que nous apportera la liberté, nous semblons ne pas voir les joies qu'elle peut saboter[31].

Trouver des explications

Si vous avez déjà rendu tripes et boyaux après ingestion d'un chili con carne et si vous avez été incapable d'en remanger une bouchée pendant des années, vous avez une idée très précise de ce que ça fait d'être une drosophile ou mouche du vinaigre. Non, les drosophiles ne mangent pas de chili ; elles ne vomissent pas non plus tripes et boyaux. En revanche, elles savent associer leurs meilleures et leurs pires expériences aux conditions qui les ont accompagnées ou précédées ; ainsi peuvent-elles les rechercher ou les éviter à l'avenir. Exposez une drosophile à l'odeur d'une chaussure de sport, infligez-lui un minuscule choc électrique et, pour le restant de sa minuscule vie, elle fuira tout ce qui sent la basket. La capacité d'associer le plaisir ou la douleur aux circonstances qui ont présidé à leur apparition est d'une importance si vitale que la nature l'a installée dans chacune de ses créatures, depuis la *Drosophila melanogaster* jusqu'à Ivan Pavlov.

Mais, pour nous être nécessaire, cette aptitude ne nous est pas suffisante : le genre de leçon qu'elle autorise est beaucoup trop limité. Si un organisme n'associe qu'une expérience particulière à une circonstance particulière, il ne peut en tirer qu'une toute petite leçon particulière : rechercher ou éviter cette circonstance-là dans le futur. Un choc électrique peut apprendre à la drosophile à éviter l'odeur des tennis, mais il ne lui apprendra à éviter ni les après-skis, ni les chaussons de danse, ni les escarpins à talons aiguilles, ni les scientifiques armés de fusils miniatures. Pour maximiser ses plaisirs et minimiser ses déplaisirs, il faut certes pouvoir associer son expérience aux circonstances qui l'ont produite, mais il faut aussi *expliquer* comment et pourquoi lesdites circonstances ont engendré cette expérience. Si on a la nausée après quelques tours de grande roue et que notre explication retient un défaut d'équilibre, à l'avenir on évitera les grandes roues – tout comme le ferait la drosophile. Mais, contrairement à la drosophile, on évitera aussi certaines choses qui *ne sont pas associées* à notre expérience nauséeuse (le saut à l'élastique et la voile) et on n'en *évitera pas* d'autres qui, elles, lui *sont associées* (l'orgue de Barbarie et les clowns). Contrairement à la simple association, l'explication nous permet d'identifier certains aspects d'une circonstance (ça tourne) comme étant *causes* de notre expérience, et d'autres aspects (la musique) comme hors sujet. De ce fait, nous apprenons plus de nos haut-le-cœur que ne pourra jamais le faire une drosophile.

Si les explications nous permettent d'exploiter totalement nos expériences vécues, elles en modifient aussi la nature. On l'a vu, quand l'expérience est désagréable, nous intervenons rapidement pour trouver une explication réconfortante (« J'ai pas eu ce boulot parce que le juge avait un préjugé contre les gens qui dégobillent sur les grandes roues »). La recherche démontre que le seul fait d'expliquer un événement déplaisant peut contribuer à le neutraliser. Écrire sur un traumatisme – disparition d'un être cher ou agression – peut, par exemple, apporter une amélioration surprenante, aussi bien sur le plan du bien-être subjectif que physique (moins de visites chez le médecin, production accrue d'anticorps)[32]. En outre, les gens qui tirent le plus grand bénéfice de ces exercices d'écriture sont ceux dont les textes contiennent une *explication* du traumatisme[33].

Les explications corrigent l'impact des événements *désagréables*, mais aussi celui des événements *agréables*. Exemple : des étudiants se sont portés volontaires pour une expérience dans laquelle ils croyaient communiquer en ligne avec des étudiants d'autres universités[34]. En réalité, ils communiquaient avec un programme sophistiqué qui simulait la présence de ces autres étudiants. Les faux étudiants se sont présentés à l'étudiant réel (« Salut, je m'appelle Eva, et j'aime faire du bénévolat ») ; puis le chercheur a feint de demander aux faux étudiants de dire quelle personne ils préféraient sur le forum, de rédiger un paragraphe expliquant pourquoi et de l'envoyer ensuite à cette personne. En à peine quelques minutes, l'étudiant réel a reçu des messages électroniques de *tous* les faux étudiants : il était, lui, celui qu'ils préféraient ! Un faux message disait : « J'ai senti un déclic entre nous quand j'ai lu tes réponses. Quel dommage qu'on ne soit pas dans la même fac ! » Un autre : « Tu sors du lot. Tu décris tes centres d'intérêt et tes valeurs d'une façon très intéressante. » Un troisième : « Je regrette de ne pas pouvoir te parler de vive voix… Je te demanderais si tu aimes l'eau (j'adore le ski nautique) et la cuisine italienne (c'est ma préférée). »

Maintenant, voici où les choses se corsent : certains étudiants réels (groupe informé) ont reçu des messages leur permettant de savoir *quel* faux étudiant était l'auteur de quel message ; d'autres (groupe non informé) des messages sans identification de l'expéditeur. Autrement dit, chaque étudiant réel recevait le même message indiquant qu'il avait gagné le cœur de tous les faux étudiants, mais seul le groupe informé savait *quel* faux étudiant avait écrit quel message. De ce fait, ses membres pouvaient trouver des explications à leur bonne fortune (« Eva apprécie les valeurs qui sont les miennes parce qu'on est tous deux engagés dans Habitat pour l'humanité ; quant à Catarina, avec un prénom pareil, il est normal qu'elle évoque la cuisine italienne »). Le groupe non informé ne pouvait pas fournir ces explications (« Quelqu'un apprécie mes valeurs… Je me demande bien qui… Et qu'est-ce que c'est que cette histoire de cuisine italienne ? »). Les chercheurs ont mesuré la satisfaction des étudiants à réception des messages, puis quinze minutes plus tard. Les deux groupes ont été ravis d'avoir été choisis comme le meilleur ami de tout le monde, mais seuls les étudiants du groupe non informé l'étaient encore un quart d'heure après. S'il vous est déjà arrivé d'avoir un admirateur secret, vous comprenez pourquoi le groupe non informé est resté sur le petit nuage d'où est vite redescendu le groupe informé.

Les événements inexpliqués ont deux qualités qui amplifient et prolongent leur impact émotionnel. Premièrement, ils nous frappent comme étant rares et inhabituels[35]. Si je vous dis que mon frère, ma sœur et moi sommes nés le même jour, vous allez sans doute considérer cela comme un fait rare et inhabituel. Quand je vous aurai expliqué qu'on est des triplés, vous trouverez cela beaucoup moins rare et inhabituel. En fait, *n'importe quelle* explication (« Quand je dis *le même jour*, je veux dire qu'on est tous nés un jeudi », ou « On est tous nés par césarienne, comme ça papa et maman ont programmé nos naissances de façon à toucher un maximum d'allocs ») tendra à réduire le caractère exceptionnel de la coïncidence et à rendre l'événement apparemment plus probable. Les explications nous permettant de comprendre comment et pourquoi un événement s'est produit, on voit tout de suite comment et pourquoi il pourrait se reproduire. De fait, chaque fois qu'on dit d'une chose qu'elle est *impossible* – la télépathie, la lévitation, une loi qui limiterait le pouvoir des présidents sortants –, on veut juste dire qu'on n'aurait aucune explication si elle venait à se produire. Les événements inexpliqués ont l'air rares, et les événements rares ont naturellement un impact émotionnel plus fort que les autres. On est fasciné par une éclipse, mais tout juste impressionné par un coucher de soleil, bien que ce dernier soit plus spectaculaire.

Deuxième raison qui donne aux événements inexpliqués un impact émotionnel démesuré : nous avons tendance à y repenser. On essaie spontanément d'expliquer les événements[36] et, la recherche le prouve, si on n'achève pas ce qui est commencé, on y repense, on se rappelle le chantier inachevé[37]. Mais, une fois expliqué, l'événement se plie comme du linge propre, se range dans un tiroir de la mémoire, et on passe au suivant. En revanche, s'il résiste à l'explication, il devient un *mystère* ou une *énigme*, et nous savons tous qu'énigmes et mystères refusent de rester sagement pliés dans un coin de notre tête. Les cinéastes et les romanciers le savent aussi, qui donnent à leurs histoires des fins énigmatiques : les spectateurs repensent plus volontiers à un film lorsqu'ils ne peuvent pas expliquer ce qui est arrivé à son héros. Et, s'ils ont *aimé* le film, ce mystère final les rend heureux plus longtemps[38].

L'explication prive l'événement de son impact émotionnel : en le faisant paraître vraisemblable, elle nous permet de cesser d'y penser. Curieusement, elle n'a pas à *expliquer* vraiment quoi que ce soit pour être efficace : il lui suffit d'*avoir l'air*. Exemple : pour une expérience, un chercheur aborde des étudiants à la bibliothèque universitaire, leur tend des cartes avec une pièce de un dollar collée dessus, puis s'éloigne. Vous en conviendrez : c'est là un événement curieux qui demande explication. Comme le montre la figure 16, il y a deux cartes : toutes deux indiquent que l'homme est membre d'une « Société du sourire » dédiée à des « actes de gentillesse aléatoires ». Seulement, sur l'une des deux cartes, figurent deux phrases supplémentaires : « Qui sommes-nous ? » et « Quel est le but de notre action ? ». Ces formules vides n'apportent aucune information nouvelle, bien sûr, mais elles donnent aux étudiants *l'impression* que l'événement insolite a été expliqué (« Ah ! *maintenant* je comprends pourquoi ils m'ont donné un dollar ! »). Cinq minutes après, un autre chercheur vient les aborder. Il prétend réaliser une enquête sur le monde étudiant et leur demande de répondre à des questions, parmi lesquelles : « À cet instant précis, votre état d'esprit est-il plutôt positif ou négatif ? » Les résultats sont les suivants : les étudiants ayant reçu la carte aux formules pseudo-explicatives sont moins heureux que ceux dont la carte ne contient pas les formules. Apparemment, une explication, même fausse, peut nous amener à classer un événement et à passer au suivant.

Fig. 16.

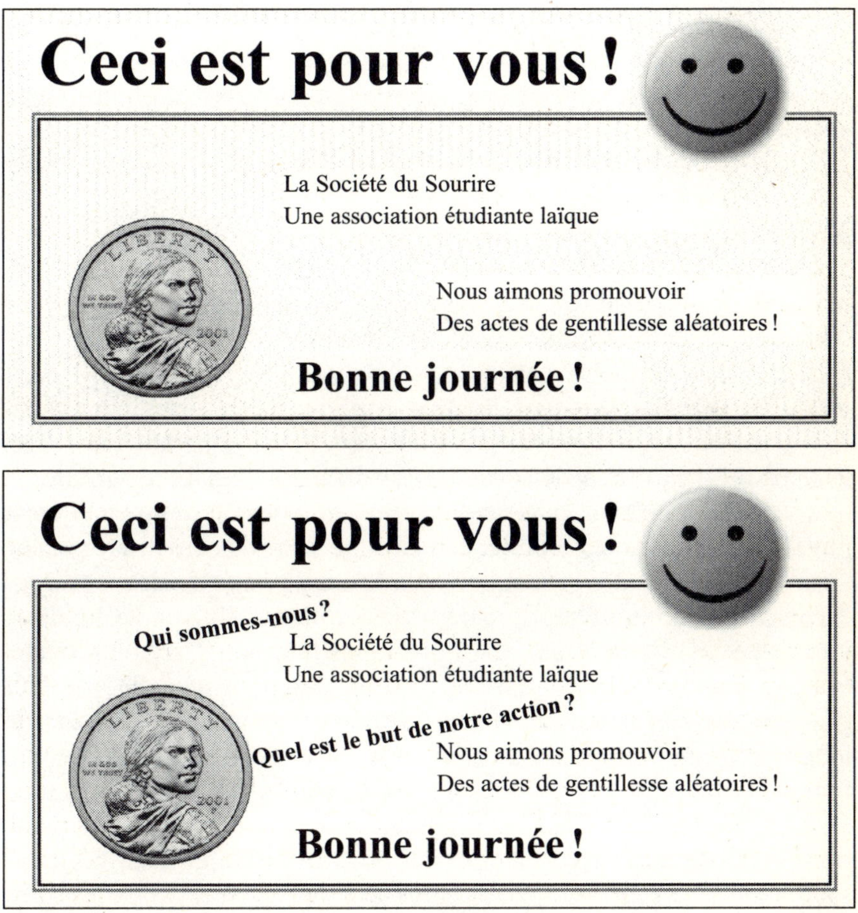

Si l'incertitude peut préserver et prolonger notre bonheur, nous devrions la chérir. Eh non, bien au contraire ! On a demandé à un nouveau groupe d'étudiants laquelle des deux cartes les rendrait plus heureux : à soixante-quinze pour cent, ils ont choisi celle avec l'explication qui n'explique rien. De même, dans l'expérience avec le forum en ligne, quand on a demandé aux étudiants s'ils préféraient savoir qui de leurs faux correspondants avait écrit telle ou telle réponse élogieuse, ils ont répondu oui à cent pour cent. Dans un cas comme dans l'autre, ils ont préféré la certitude à l'incertitude, la clarté au mystère, et ce malgré le fait que, dans un cas comme dans l'autre, il avait été prouvé que la clarté et la certitude diminuaient le bonheur. Le poète John Keats écrivait que, si les grands auteurs sont « capables de se trouver dans l'incertitude, le mystère ou le doute, en oubliant la quête exaspérante des faits et de la raison », nous autres, pauvres mortels, sommes « incapables de nous satisfaire d'un demi-savoir[39] ». Notre acharnement à tout expliquer nous distingue certes de la drosophile, mais il nous empêche aussi de bourdonner gaiement.

À venir

L'œil et le cerveau sont des comploteurs et, comme beaucoup de complots, le leur se fomente derrière des portes closes, dans la coulisse, à l'insu de notre conscience. N'ayant pas conscience d'avoir produit une vision positive de notre expérience présente, nous ignorons que nous recommencerons. Cette ignorance nous fait surestimer l'intensité et la durée de notre désarroi face à l'adversité future, et nous amène à entreprendre des actions capables de déjouer le complot. Nous fabriquons plus facilement une vision positive et crédible d'une action que d'une inaction, d'une expérience douloureuse que d'une simple contrariété, d'un désagrément inévitable que d'un désagrément évitable. Pourtant, nous préférons rarement l'action à l'inaction, la douleur à la contrariété, et l'engagement à la liberté. Nos procédés de fabrication des visions positives sont multiples : nous prêtons une grande attention aux informations favorables, nous entourons de personnes susceptibles de les fournir et les accueillons sans esprit critique. Ces dispositions nous aident à expliquer les expériences négatives d'une manière qui nous disculpe et nous fait nous sentir mieux. Le prix de cet irrépressible désir explicatif, c'est que, souvent, nous gâchons nos expériences les plus agréables en les comprenant.

Notre expédition au pays de l'imagination nous a fait parcourir un bon bout de chemin – du réalisme à la rationalisation en passant par le présentisme –, donc, avant de poursuivre vers le but de notre voyage, peut-être ne serait-il pas inutile de jeter un œil à la carte. On a vu à quel point il nous est difficile de prévoir précisément nos réactions émotionnelles, tant il est difficile d'imaginer les événements à venir tels qu'ils se produiront, et difficile aussi d'imaginer comment nous les verrons à ce moment-là. Comparant l'imagination à la perception et à la mémoire, je me suis efforcé de vous convaincre que la prévision est tout aussi faillible que la vision et la vision rétrospective. On peut remédier à une vue incertaine avec des lunettes, à une vision rétrospective incertaine avec des écrits du passé : mais qu'en est-il d'une prévision incertaine ? Il n'existe aucune paire de binocles pour aiguiser notre vision du lendemain, ni aucun écrit relatant l'avenir. Est-il possible de pallier les problèmes de la prévision ? Nous allons voir que oui, c'est possible… mais nous choisissons généralement de ne pas le faire.

Sixième partie

CORRECTIBILITÉ

Correctibilité (ko-rek-ti-bi-li-té)
État de ce qui peut être corrigé, réformé ou amélioré.

10

CHAT ÉCHAUDÉ…

« Expérience, oh ! quel démenti tu nous apportes ! »
SHAKESPEARE, *Cymbeline*

Ces dix dernières années, on a assisté à une explosion d'ouvrages consacrés au… caca. Quand ma petite-fille de deux ans grimpe sur mes genoux, elle ne se sépare pas d'un gros tas de livres d'images, dont plusieurs explorent avec un grand luxe de détails le miracle de la défécation et les mystères de notre plomberie intérieure. Certains proposent des descriptions circonstanciées à l'anatomiste en herbe ; d'autres juste des dessins d'enfants heureux – accroupis, debout ou en train de s'essuyer. En dépit de leurs nombreuses dissemblances, tous ces ouvrages transmettent le même message : *Les grands ne font pas caca dans leur pantalon, mais si ça t'arrive, ne t'en fais pas trop pour ça.* Ma petite-fille semble trouver dans ce message une source de réconfort et d'inspiration. Elle comprend qu'il existe une bonne façon et une mauvaise de faire caca et que, si on ne lui demande pas encore d'adopter la bonne, la plupart des gens autour d'elle l'ont apprise : tout laisse donc supposer qu'avec un peu d'entraînement et un bon coach, elle peut l'apprendre aussi.

Les bienfaits de l'entraînement et du coaching ne se limitent pas à cette aptitude particulière. En fait, entraînement et coaching sont les deux moyens par lesquels on apprend tout ce qu'on sait. Savoir direct et savoir indirect sont les deux seuls types de savoirs existants, et quelle que soit l'activité à maîtriser – défécation, cuisine, placements boursiers ou bobsleigh –, cette maîtrise est toujours le fruit d'une expérience directe et/ou de l'écoute de ceux qui ont eu cette expérience directe. Si les bébés font caca dans des couches, c'est que ce sont des bleus et qu'ils ne peuvent pas tirer profit des leçons des vétérans. Comme ils n'ont aucun savoir, ni direct ni indirect, du cérémonial du pot, on s'attend certes à ce qu'ils fassent des catastrophes – mais, sous peu, on le sait, entraînement et coaching commenceront à produire leurs effets correctifs, l'innocence le cédera à l'expérience et à l'éducation, et les erreurs de pot disparaîtront totalement. Pourquoi cette brillante analyse ne s'étend-elle pas à d'autres erreurs ? On a tous une expérience directe de certaines choses qui nous rendent heureux, ou pas heureux. On a tous des amis, des thérapeutes, des chauffeurs de taxi et des animateurs de talk-show qui nous parlent de certaines choses qui nous rendront heureux, ou pas heureux. Pourtant, malgré tout cet entraînement et tout ce coaching, notre quête du bonheur aboutit souvent à des catastrophes. De la prochaine voiture, prochaine maison, prochaine promotion, on attend qu'elle nous rende heureux, même si la précédente à échoué à le faire, et même si notre entourage ne cesse de nous répéter que la prochaine ne le fera pas davantage. Pourquoi n'apprend-on pas à éviter ces erreurs comme on a appris à éviter les couches sales ? Entraînement et coaching peuvent nous apprendre à garder propre notre culotte, alors pourquoi ne peuvent-ils pas nous apprendre à prévoir nos émotions ?

La règle du plus improbable

Prendre de l'âge a beaucoup d'aspects positifs, sauf que personne ne les connaît. On s'endort et on se réveille à contretemps, il y a plus d'interdits alimentaires que d'aliments à consommer, et on avale des pilules pour se rappeler quelles pilules avaler. En fait, le seul point vraiment positif dans le fait de vieillir, c'est que les gens qui ont encore tous leurs cheveux sont parfois obligés de prendre un peu de recul pour admirer la richesse de notre expérience. Et, s'ils la voient comme une richesse, c'est que, selon eux, elle nous évite de commettre deux fois la même erreur : c'est vrai… parfois. Il existe, *certes*, quelques rares expériences dont on est affreusement riche et qu'on ne réitérera pas, et shampouiner un chat à proximité d'un verre de menthe me vient à l'esprit pour des raisons que je passe volontiers sous silence. Mais il existe aussi d'innombrables erreurs déjà abondamment expérimentées et éternellement reproductibles. On épouse des gens qui ressemblent bizarrement à ceux dont on a divorcé, on assiste chaque année à des réunions de famille où on se jure de ne pas remettre les pieds, et on programme méticuleusement ses dépenses pour encore se retrouver dans le rouge le 15 du mois. Ces récidives périodiques semblent difficilement explicables : ne devrions-nous pas tirer les leçons de notre vécu ? L'imagination a ses faiblesses : peut-être est-il inévitable de se tromper en prévoyant des événements qu'on n'a encore jamais vécus. Mais quand on a déjà épousé un(e) cadre débordé(e) qui passe moins d'heures à la maison qu'au bureau, quand on a déjà assisté à une réunion de famille où les tantes se bagarrent avec les oncles, lesquels font de leur mieux pour vexer les cousins, et quand on a déjà vécu la disette entre deux salaires, on devrait pouvoir imaginer ces événements avec une précision raisonnable et prendre des mesures pour les éviter, non ?

Oui, on devrait ; d'ailleurs, on le fait, mais ni aussi souvent ni aussi bien que vous le pensez. On *essaie* de répéter les expériences dont le souvenir nous rend fiers et heureux, et on *essaie* d'éviter de répéter celles dont le souvenir provoque gêne et regrets[1]. Le problème, c'est que, bien souvent, nos souvenirs nous trompent. Se remémorer une expérience donne *l'impression* d'ouvrir un tiroir pour en sortir une histoire classée depuis le jour où elle a été écrite, mais, comme nous l'avons vu dans les chapitres précédents, cette impression est l'une des illusions les plus raffinées que produit notre cerveau. La mémoire n'est pas un scribe appliqué qui garde une transcription complète de notre vécu, mais un éditeur sophistiqué qui en extrait et sauvegarde les éléments clefs, puis les utilise pour récrire l'histoire chaque fois que nous demandons à la relire. D'habitude, la méthode de sauvegarde des extraits fonctionne très bien parce que l'éditeur a un sens aigu de ce qui est essentiel et de ce qui ne l'est pas. C'est pourquoi on se rappelle la tête du marié quand il a embrassé la mariée, mais pas avec quel pied la demoiselle d'honneur a marché sur la traîne. Hélas, en dépit d'un talent éditorial très sûr, la mémoire a ses bizarreries, et ces bizarreries l'amènent à déformer le passé et nous amènent, nous, à déformer l'avenir.

Exemple : libre à vous de dire ou non des gros mots, mais je suis sûr que vous ne les avez jamais comptés. Alors essayez de deviner : existe-t-il dans notre langue plus de gros mots commençant par la lettre *c* (c-1) ou ayant un *c* comme troisième lettre (c-3) ? Si vous êtes comme tout le monde, vous avez deviné que les c-1 sont plus nombreux que les c-3[2]. Sans doute avez-vous répondu à la question en faisant appel à votre mémoire (« Hum, il y a *con, couille, cul*... »), et parce qu'il vous a été plus facile de vous rappeler les c-1 que les c-3, vous avez supposé qu'ils *devaient être* plus nombreux. Normalement, la déduction est excellente. En fait, vous avez plus de *souvenirs* d'éléphants à quatre pattes (e-4) que d'éléphants à six pattes (e-6) parce que vous avez *vu* plus de e-4 que de e-6, et si vous avez *vu* plus de e-4 que de e-6, c'est qu'il *existe* plus de e-4 que de e-6. Le nombre réel de e-4 et de e-6 dans le monde détermine la fréquence à laquelle vous les rencontrez, et la fréquence de vos rencontres détermine la facilité avec laquelle vous pouvez vous remémorer ces rencontres.

Hélas, le raisonnement qui vous sert si bien pour les éléphants vous sert bien mal pour les mots. Car s'il est effectivement plus facile de se rappeler les c-1 que les c-3, *ce n'est pas* parce qu'il s'en rencontre davantage. Non, s'il est plus facile de se rappeler les mots commençant par un *c*, c'est parce qu'il est plus facile de se rappeler *n'importe quel* mot par sa première lettre que par sa troisième. Comme tous les dictionnaires, notre dictionnaire mental est plus ou moins organisé alphabétiquement ; de ce fait, on ne peut pas « chercher » un mot dans notre mémoire par n'importe quelle lettre, sauf la première. C'est pourquoi les c-1 sont plus faciles à mémoriser que les autres, et aussi pourquoi on répond assez systématiquement faux à ce genre de questions : on suppose tout naturellement (mais à tort) que les choses qui viennent aisément à l'esprit sont aussi celles qu'on a souvent rencontrées.

Ce qui est vrai des éléphants et des mots l'est aussi des expériences[3]. On se rappelle tous plus facilement avoir grimpé sur une bicyclette qu'avoir grimpé sur un yack : on en conclut à juste titre qu'on a conduit plus de vélos que de yacks par le passé. C'est là un raisonnement d'une logique irréfutable, sauf… sauf que la fréquence d'une expérience ne détermine pas seule l'aisance avec laquelle nous nous la remémorons. En réalité, les expériences rares ou *inhabituelles* comptent souvent parmi les plus mémorables : la plupart des Américains savent précisément où ils se trouvaient le matin du 11 septembre 2001, mais pas le matin du 10[4]. Le fait que les expériences rares soient si vivaces dans notre esprit peut nous amener à d'étranges conclusions. Exemple : j'ai depuis toujours la nette impression de choisir la file la plus lente au supermarché, et chaque fois que, de guerre lasse, je change de file, celle que je viens de quitter se met à avancer plus vite que celle que je viens de choisir[5]. Maintenant, si c'était vrai – si j'avais vraiment un mauvais karma, le mauvais œil ou quelque autre forme métaphysique de mauvaiseté capable de ralentir toute file d'attente dans laquelle je m'insère –, si c'était vrai, donc, il devrait bien exister quelque part un individu équipé d'une forme métaphysique capable d'accélérer toute file d'attente dans laquelle lui s'insère. Après tout, *tout le monde* ne peut pas se glisser chaque fois dans la file la plus lente, pas vrai ? Et pourtant personne de ma connaissance n'a le sentiment de pouvoir accélérer les files d'attente. Au contraire, tous les gens que je connais ou presque se croient, comme moi, inexorablement attirés par la file la plus lente et pensent qu'en tentant de contrer le destin, ils ralentissent les files dans lesquelles ils s'insèrent et activent celles qu'ils abandonnent. Pourquoi est-ce qu'on croit tous ça ?

Parce que faire la queue dans une file qui avance vite, ou même moyennement vite, est une expérience d'une telle banalité qu'on ne la remarque pas, ou qu'on ne s'en souvient pas. Non, on est là, on s'ennuie, on jette un œil aux programmes télé, on regarde les bonbons près de la caisse, et on se demande quel est le crétin qui a décidé que les piles électriques devaient être classées par nombre de A et pas par des mots mémorisables comme *grandes*, *moyennes* et *petites*. Ce faisant, on se tourne rarement vers son conjoint pour lui dire : « Dis donc, t'as vu comme elle avance *normalement*, cette file ? Elle est tellement normale qu'il faut absolument que je prenne des notes pour pouvoir le raconter. » Non, les expériences de files d'attente dont on se *souvient* sont celles où le type au chapeau rouge qui se trouvait initialement derrière nous a changé de file, est sorti du magasin et a déjà démarré sa voiture alors qu'on attendait toujours parce que, devant nous, une mémé à l'air bovin agitait ses bons de réduction sous le nez de la caissière en conférant sur le sens exact de l'expression *valable jusqu'au*. Cela n'arrive pas vraiment si souvent, mais, parce que c'est mémorable, on a tendance à penser que si.

Le fait que *l'expérience la plus improbable* devienne souvent *le souvenir le plus probable* peut anéantir notre aptitude à prévoir nos émotions futures[6]. Exemple : des chercheurs demandent à des voyageurs en correspondance sur un quai de métro d'imaginer ce qu'ils éprouveront s'ils ratent leur train[7]. Avant de répondre, certains voyageurs doivent décrire « une fois où vous avez raté le train » (groupe n'importe-quel-souvenir). D'autres doivent décrire « *la pire fois* où vous avez raté le train » (groupe pire-souvenir). Les résultats montrent que les voyageurs du groupe n'importe-quel-souvenir se souviennent d'un épisode en tout point aussi horrible que celui évoqué par les voyageurs du groupe pire-souvenir. Autrement dit, quand les voyageurs pensent au fait de louper leur train, seuls les épisodes les plus fâcheux et les plus exaspérants leur viennent d'abord à l'esprit (« J'ai entendu le train arriver, j'ai couru pour l'attraper, mais j'ai trébuché dans l'escalier et renversé le marchand de parapluies ; résultat : j'avais une demi-heure de retard à mon entretien d'embauche et ils avaient déjà pris quelqu'un d'autre »). La plupart des trains ratés sont ordinaires et sans grand intérêt ; aussi, quand on y pense, a-t-on tendance à se remémorer les plus extraordinaires.

Quel rapport avec l'avenir émotionnel ? me direz-vous. Les mots en c-l nous viennent vite à l'esprit à cause de l'organisation de notre dictionnaire mental, et non à cause de leur fréquence. Les files d'attente qui n'avancent pas nous viennent vite à l'esprit à cause de l'attention particulière qu'on leur prête, et pas à cause de leur banalité. Mais, comme nous n'identifions pas les *véritables* raisons qui les font surgir à notre souvenir, nous concluons à tort qu'elles sont habituelles. De même, nos détestables histoires de trains manqués nous viennent vite à l'esprit non parce qu'elles sont courantes, mais bien parce que, justement, *elles ne le sont pas*. Mais, n'identifiant pas les *véritables* raisons qui les font surgir à notre souvenir, nous concluons à tort qu'elles sont courantes. Et, en effet, quand on demande aux voyageurs de *prévoir* ce qu'ils éprouveront s'ils ratent leur train *aujourd'hui*, ils s'attendent à vivre une expérience beaucoup plus fâcheuse et exaspérante qu'elle ne le serait sans doute.

Cette propension à se rappeler les événements inhabituels et à y appuyer notre raisonnement est l'une des raisons qui nous font répéter si souvent nos erreurs. Quand on repense aux vacances en famille de l'an dernier, on ne mobilise pas un échantillon représentatif des deux semaines passées dans l'Idaho. Non, le souvenir qui nous vient tout naturellement et très vite, c'est celui de ce premier samedi après-midi, quand on a emmené les gosses faire du cheval et qu'on s'est retrouvé surplombant une magnifique vallée. La rivière cheminait vers l'horizon, un ruban de miroirs sur lequel jouait le soleil, l'air était frais, les bois silencieux. Soudain, les enfants ont arrêté de se chamailler, ils se sont figés sur leurs chevaux, quelqu'un a fait « Ouaaouh ! » à mi-voix, tout le monde souriait à tout le monde, et l'instant s'est cristallisé à jamais comme le point culminant des vacances. Voilà pourquoi il nous vient tout de suite à l'esprit. Seulement, si on s'appuie sur ce souvenir pour préparer les prochaines vacances, sans tenir compte du reste du voyage, globalement décevant, on risque fort de se retrouver dans le même camping surpeuplé, avec les mêmes sandwichs rassis, dévorés par les mêmes fourmis hargneuses, et on se demandera comment on a pu ne pas tirer les leçons de notre première visite. Comme on a tendance à se souvenir du meilleur, du pire, mais pas du plus probable, cet investissement expérientiel admiré des jeunes gens ne rapporte pas toujours de clairs dividendes.

Tout est bien qui finit...

Récemment, je me suis disputé avec ma femme : elle me soutenait que j'aimais *La Liste de Schindler*. Soyons clair : elle ne soutenait pas que *j'avais aimé* ce film ou que je *devrais l'aimer*. Elle soutenait que *j'aime* ce film, que nous avons vu ensemble en 1993. J'ai trouvé cela extrêmement déloyal. Je ne prétends pas avoir raison sur grand-chose, mais je me réserve le droit d'avoir raison sur ce que j'aime. Or, comme je le répète depuis plus de dix ans à qui veut bien m'entendre, je n'aime pas *La Liste de Schindler*. Mais ma femme a dit que je me trompais et, en tant que scientifique, je me sens moralement tenu de vérifier toutes les hypothèses, surtout quand elles impliquent de manger du pop-corn. Nous avons donc loué *La Liste de Schindler*. Nous l'avons revu, et le résultat de mon expérience a prouvé sans équivoque qui avait raison : nous avions tous les deux raison. Elle avait raison parce que j'ai effectivement été captivé par le film pendant les deux cents premières minutes. J'avais raison parce que, à la fin, il s'est produit une chose affreuse : au lieu de me laisser tranquillement à la conclusion de l'histoire, Steven Spielberg a ajouté une scène où les hommes et femmes qui ont inspiré les personnages du film apparaissent sur l'écran et rendent honneur au héros. J'ai trouvé cette scène si déplacée, si mièvre, si totalement superflue, que j'ai dit à ma femme : « N'en jetez plus ! » Apparemment, c'était déjà ce que j'avais dit assez fort à toute la salle en 1993. Quatre-vingt-dix-huit pour cent du film, les premiers, étaient géniaux : les deux pour cent de la fin étaient idiots. Et si je me suis rappelé ne pas avoir aimé le film, c'est que (pour moi) la fin était mauvaise. Seule chose curieuse : j'ai vu un nombre effroyable de films au pourcentage de génie sensiblement inférieur à quatre-vingt-dix-huit, et pourtant je les ai plutôt aimés. Mais, dans ces films-là, les morceaux stupides se trouvaient au début ou au milieu, ailleurs en tout cas que dans les toutes dernières images. Alors pourquoi est-ce que je préfère les films moyens avec une fin magnifique aux films presque parfaits avec une fin ratée ? Le film presque parfait ne m'offre-t-il pas davantage de minutes d'une émotion intense et fort satisfaisante ?

Si, mais à l'évidence ce n'est pas ce qui compte. On l'a vu, la mémoire ne stocke pas un long métrage de notre vécu, mais un synopsis original et, au nombre des originalités de la mémoire, il y a son obsession des scènes finales [8]. Qu'on entende une série de sons, lise une série de lettres, voie une série d'images, sente une série d'odeurs ou rencontre une série de personnes, on se rappelle la fin de la série mieux que son début ou son milieu [9]. De ce fait, quand on repense à la série dans son intégralité, notre impression est fortement influencée par sa fin [10]. Cette tendance se manifeste tout particulièrement quand on repense au plaisir et à la douleur. Exemple : dans une étude, on demande aux volontaires de plonger les mains dans l'eau glacée (une expérience de laboratoire assez pénible, mais inoffensive) et on utilise une mesure électronique qui évalue leur gêne seconde après seconde [11]. Chacun doit faire un essai court et un essai long. L'essai court consiste à plonger les mains dans une eau maintenue à un petit treize degrés pendant soixante secondes. L'essai long, à y plonger les mains pendant quatre-vingt-dix secondes, l'eau se réchauffant subrepticement à quinze degrés pendant les trente dernières secondes. L'essai court donne soixante secondes froides, et l'essai long *les mêmes soixante secondes froides* plus *trente secondes fraîches*. Lequel est le plus pénible ?

Eh bien, tout dépend de ce qu'on entend par *pénible*. L'essai long comporte par définition plus d'instants pénibles que le court. En effet, les mesures révèlent une gêne égale pendant la première minute des deux essais, mais beaucoup plus importante si la main reste dans l'eau (essai long) les trente secondes suivantes. Mais quand on demande aux sujets de *se remémorer* leur expérience et de dire lequel des deux essais a été le plus pénible, ils trouvent l'essai court *plus pénible* que le long. L'essai long a beau leur avoir imposé un contact plus long avec l'eau glacée, sa fin était un peu plus chaude : il est donc remémoré comme la moins pénible des deux expériences. La mémoire a le culte des fins, ce qui explique pourquoi les femmes se rappellent souvent leur accouchement comme moins douloureux qu'il ne le fut [12], et pourquoi les couples dont les rapports se sont détériorés se rappellent n'avoir jamais été heureux ensemble [13]. Shakespeare le disait plus joliment : « Le coucher du soleil, le finale d'une mélodie (l'arrière-goût des douceurs en est toujours le plus doux), restent gravés dans la mémoire plus que les choses antérieures[14]. »

Le fait de juger le plaisir d'une expérience à l'aune de sa fin peut nous amener à des choix étranges. Quand les chercheurs demandent aux sujets lequel des deux essais ils préféreraient réitérer, à soixante-neuf pour cent ils choisissent l'essai long, c'est-à-dire les *trente secondes pénibles supplémentaires*. Se souvenant de l'essai long comme étant moins pénible, c'est lui qu'ils choisissent de répéter. On pourrait aisément contester la rationalité de ce choix : la « somme de plaisir » d'une expérience est fonction de la qualité, mais aussi de la quantité des instants qui la composent. Or, de toute évidence, ces volontaires ne tiennent pas compte de la quantité[15]. Mais on pourrait tout aussi aisément défendre la rationalité de ce choix : on ne grimpe pas sur un taureau mécanique, on ne pose pas avec une star sur la Croisette parce que ces expériences éphémères sont agréables en tant que telles ; non, on le fait pour pouvoir passer le reste de l'année plongé dans un délicieux souvenir (« J'ai tenu une minute entière sur le taureau ! »). Si on peut passer des heures à jouir du souvenir d'une expérience qui a duré quelques secondes, et si la mémoire tend à surexposer les fins, pourquoi, en effet, ne pas endurer un peu plus de douleur pour garder un meilleur souvenir[16] ?

Les deux positions sont sensées, et vous pouvez tout aussi justement adopter l'une ou l'autre. Le problème, c'est que vous adoptez sûrement *les deux à la fois*. Prenez cette étude dans laquelle on disait aux sujets qu'une femme (appelons-la Mme Noire) a eu une vie sensationnelle jusqu'à soixante ans, âge auquel sa vie passe de sensationnelle à juste satisfaisante[17]. À soixante-cinq ans, Mme Noire meurt dans un accident de voiture. Sa vie (figurée par la ligne noire dans la figure 17) a-t-elle été bonne ? Sur une échelle de 0 à 9, les volontaires ont situé la vie de Mme Noire à 5,7. À un deuxième groupe de volontaires, on a dit qu'une femme (Mme Grise) avait eu une vie sensationnelle jusqu'à sa mort, à l'âge de soixante ans, dans un accident de voiture. Sa vie (figurée par la ligne grise, figure 17) a-t-elle été bonne ? Les volontaires ont situé la vie de Mme Grise à 6,5. Ils préféraient, semble-t-il, une vie sensationnelle (celle de Mme Grise) à une vie tout aussi sensationnelle avec quelques années d'un bonus juste satisfaisant (celle de Mme Noire). Réfléchissez-y et vous verrez que c'est exactement ce que pensent les sujets de l'expérience à l'eau froide. La vie de Mme Noire contenait plus en « somme de plaisirs » que celle de Mme Grise, mais la vie de Mme Grise avait une meilleure fin : les volontaires prisaient davantage la qualité d'une fin de vie que la somme totale des plaisirs contenus dans cette vie. Maintenant écoutez ça : on a demandé à un troisième groupe de comparer les deux vies côte à côte (comme vous pouvez le faire vous-même au bas de la figure 17), et ce groupe n'a pas préféré la vie de Mme Grise. Quand la différence quantitative apparaissait clairement aux volontaires, puisqu'ils examinaient simultanément les deux vies, ils n'étaient plus sûrs de préférer vivre bien, mourir jeune et laisser un cadavre heureux. La fin d'une expérience a plus d'importance que la somme totale des plaisirs qu'on en tire… tant qu'on n'y a pas réfléchi.

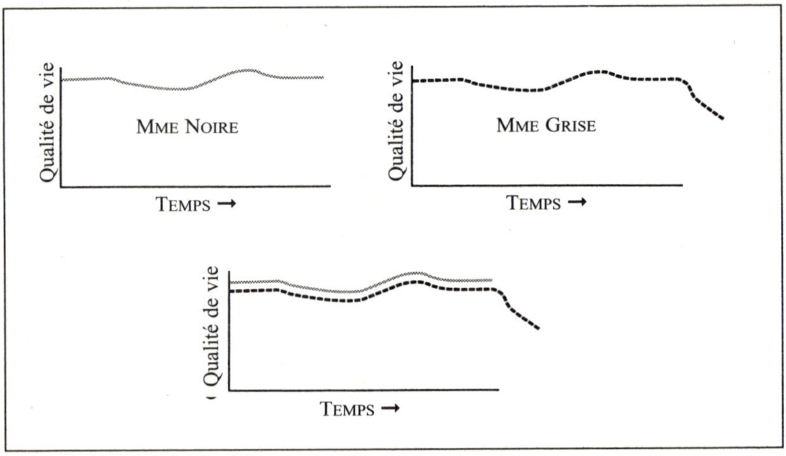

Fig. 17. Si on considère les courbes isolément, c'est leur aspect qui est important. Mais si on les compare, c'est leur longueur…

Souvenirs, souvenirs…

Si vous étiez un Américain en âge de voter le soir du 8 novembre 1988, alors vous étiez chez vous, à regarder les résultats de l'élection présidentielle opposant Michael Dukakis à George Bush. Vous vous rappelez peut-être le spot publicitaire infamant qui associait Dukakis à un criminel, ou l'expression « adhérent à l'Union américaine de défense des libertés individuelles », ou encore la cinglante repartie de Lloyd Bentsen, candidat démocrate à la vice-présidence, au républicain Dan Quayle : « Sénateur, j'ai servi sous Kennedy. Je connaissais Kennedy. Kennedy était mon ami. Sénateur, vous n'êtes pas

Kennedy. » Vous vous souvenez sûrement que les Américains ont décidé de ne pas envoyer le démocrate du Massachusetts à la Maison Blanche. Mais, si Dukakis avait perdu la présidentielle, il remportait certains États traditionnellement libéraux, et puisque nous parlons mémoire, j'aimerais vous demander d'utiliser la vôtre. Fermez les yeux et essayez de vous rappeler vos émotions quand le présentateur a annoncé que Dukakis le libéral remportait la Californie. Étiez-vous déçu ou ravi ? Avez-vous bondi au plafond ou secoué la tête d'un air navré ? Versé des larmes de joie ou de peine ? Avez-vous dit : « Merci pour la côte Ouest ! », ou « Ces surfeurs, décidément, y a rien à en attendre » ? Si vous vous situez à l'extrémité libérale du spectre politique, vous vous rappelez sans doute avoir été heureux, et moins heureux si vous êtes plutôt conservateur. Alors, si tels sont vos souvenirs, chers amis et compatriotes américains, je me lève devant vous aujourd'hui pour vous dire que votre mémoire vous abuse. Car, en 1988, les Californiens ont voté George Herbert Walker Bush.

Pourquoi est-il si facile de réussir un coup aussi minable ? Parce que la mémoire est un processus de reconstruction qui exploite chaque info à sa disposition pour fabriquer des images mentales, lesquelles viennent spontanément quand on commence à se remémorer quelque chose. En l'occurrence, l'information en question, c'est que la Californie est bien cet État libéral qui nous a apporté la méditation transcendantale, le muesli, le rock psychédélique et certains pornos historiques. Il paraît donc logique que Michael Dukakis – comme Bill Clinton, Al Gore et John Kerry – ait remporté l'État haut la main. Sauf que, avant de se mettre à voter Clinton, Gore et Kerry, chaque fois qu'ils l'ont pu, les Californiens ont voté Ford, Reagan et Nixon. Si vous n'êtes ni spécialiste en sciences politiques, ni drogué de CNN, ni californien de longue date, vous ne vous êtes sans doute pas rappelé ce détail politique. À défaut, vous avez fait une déduction logique : la Californie est un État libéral, Dukakis est un candidat libéral, les Californiens ont dû voter pour lui. Les anthropologues exploitent à la fois les faits (un crâne vieux de treize mille ans trouvé près de Mexico est long et étroit) et la théorie (« un crâne long et étroit indique une ascendance européenne ») pour tenter de pénétrer le passé (« les Caucasiens sont arrivés dans le Nouveau Monde deux mille ans avant d'y être remplacés par les mongoloïdes »). De même, notre cerveau exploite un fait (« Dukakis était démocrate ») et une théorie (« les Californiens sont démocrates ») pour tenter de deviner un événement passé (« les Californiens ont voté Dukakis »). Hélas, comme votre théorie était fausse, votre supposition l'a été aussi.

Et notre cerveau utilise également faits et théories pour essayer de deviner les émotions passées[18]. Contrairement aux élections présidentielles et aux civilisations préhistoriques, les sensations ne laissent pas de faits derrière elles ; le cerveau doit donc s'appuyer encore davantage sur la théorie pour fabriquer des souvenirs de celles qu'on a ressenties autrefois. Et quand la théorie est fausse, on se trompe dans le souvenir de nos émotions. Prenez votre théorie sur une chose – mettons, les hommes et les femmes, d'accord ? – et voyez l'influence qu'elle peut avoir sur le souvenir de vos émotions passées. Nous croyons tous les hommes moins émotifs que les femmes (« Elle a pleuré, pas lui ») ; nous croyons tous que, face à des événements identiques, hommes et femmes ont des réactions émotionnelles différentes (« Lui était en colère, elle était triste ») ; nous croyons tous les femmes sujettes aux émotions négatives à certains moments de leur cycle (« Elle est un peu irritable aujourd'hui, si tu vois ce que je veux dire »). Il se trouve que ces croyances ne sont guère fondées, mais là n'est pas la question. La question est que ces croyances sont des théories capables d'influer sur le souvenir de nos propres émotions. Voyez plutôt :

- Dans une expérience, on demande à des volontaires de se rappeler une émotion ressentie quelques mois plus tôt : hommes et femmes se rappellent avoir ressenti des émotions d'égale intensité[19]. On demande à un autre groupe de sujets de se rappeler ce qu'ils ont ressenti un mois plus tôt, mais, avant, de réfléchir un peu sur le masculin et le féminin. Après cette réflexion, les femmes se rappellent avoir éprouvé une émotion plus intense et les hommes une émotion moins intense.
- Toujours dans le cadre expérimental, des volontaires hommes et femmes entrent dans une équipe et jouent un match contre une équipe adverse[20]. Certains doivent relater immédiatement les émotions éprouvées pendant le match ; les autres s'en souvenir une semaine plus tard. Aucune différence dans les émotions rapportées par les hommes et par les femmes. En revanche, une semaine plus tard, les femmes se rappellent avoir éprouvé des émotions plus proches des stéréotypes féminins (compassion et culpabilité) et les hommes des émotions plus proches des stéréotypes masculins (colère et fierté).

• On demande à des volontaires femmes de tenir un journal intime et d'y décrire quotidiennement leurs émotions pendant quatre à six semaines[21]. Le journal montre que celles-ci ne varient pas en fonction de leur cycle. Mais quand, par la suite, on demande à ces femmes de relire telle ou telle journée et de se rappeler leurs émotions ce jour-là, elles se rappellent en avoir eu de négatives le jour de leurs règles.

Nos théories sur ce que ressentent *habituellement* les gens de notre sexe peuvent, semble-t-il, influencer le souvenir de nos émotions réelles. Et nos théories sur les hommes et les femmes ne sont pas les seules capables de transformer nos souvenirs, loin de là. Exemple : la culture asiatique insiste moins que la culture européenne sur l'importance du bonheur personnel. Par conséquent, les Américains d'origine asiatique se croient généralement moins heureux que leurs compatriotes d'origine européenne. Dans le cadre d'une étude, les sujets ont emporté un ordinateur portable partout pendant une semaine : toute la journée, l'ordinateur bipait à intervalles irréguliers, et les volontaires notaient ce qu'ils éprouvaient[22]. Résultat : les Américains d'origine asiatique étaient un peu plus heureux que les Américains d'origine européenne. Mais, quand on leur a demandé de *se souvenir* de leurs émotions cette semaine-là, ils ont répondu avoir été *moins* heureux. Quant aux Hispano-Américains, ils avaient ressenti le même bonheur que les Américains d'origine européenne, mais, dans leur souvenir, ils avaient été plus heureux[23]. Toutes les théories ne portent pas sur un trait immuable de la personne, comme son sexe ou sa culture. Par exemple : quels sont les étudiants qui obtiennent les meilleurs résultats à un examen : ceux qui se soucient de leurs notes ou les autres ? En tant que prof, je peux vous livrer ma théorie personnelle : ceux qui se soucient de leurs résultats ont tendance à étudier davantage et réussissent mieux que leurs camarades plus désinvoltes. Les étudiants partagent, semble-t-il, ma théorie : en effet, la recherche montre que les étudiants ayant réussi à un examen se rappellent avoir été plus anxieux qu'ils ne l'étaient en réalité, et ceux qui ont échoué moins anxieux[24].

On garde de ses émotions le souvenir de celles « qu'il faut avoir eues ». Le problème avec cette erreur de la vision rétrospective, c'est qu'elle nous empêche d'appréhender certaines erreurs de la vision prospective. Prenez l'élection présidentielle américaine de 2000 : le 7 novembre, les électeurs se rendent aux urnes afin de décider qui, de George Bush ou d'Al Gore, deviendra le quarante-troisième président des États-Unis. Il apparaît rapidement que l'élection se joue dans un mouchoir de poche : il va falloir patienter plusieurs semaines avant d'avoir le résultat définitif. Le lendemain du vote, 8 novembre, des chercheurs demandent à certains votants quel sera leur bonheur le jour où les résultats trancheront pour ou contre leur candidat favori. Le 13 décembre, Al Gore concède la victoire à George Bush. Le lendemain, 14 décembre, les chercheurs reviennent vérifier les émotions de leurs sujets. Quatre mois plus tard, en avril 2001, ils reprennent contact avec eux et leur demandent de se remémorer leurs émotions du 14 décembre. Cette étude fait apparaître trois conclusions. La première, c'est qu'au lendemain du vote, les pro-Gore s'attendaient à être anéantis et les pro-Bush au comble de l'allégresse si Bush l'emportait. La deuxième, c'est qu'une fois Bush déclaré vainqueur, les pro-Gore ont été moins anéantis et les pro-Bush moins allègres qu'ils ne l'avaient pensé (nous avons déjà vu cela dans d'autres chapitres). Troisième conclusion, la plus importante en l'occurrence : quelques mois après les résultats, les pour et les contre se rappellent avoir éprouvé ce qu'ils *s'attendaient* à éprouver, et non ce qu'ils ont *réellement* éprouvé.

À l'évidence, prospective et rétrospective peuvent être parfaitement d'accord, mais ne refléter ni l'une ni l'autre notre vécu[25]. Les théories nous font prévoir que tel événement nous rendra heureux (« Si Bush gagne, je serai aux anges »), elles nous font aussi nous rappeler que l'événement nous a rendus heureux (« Quand Bush a gagné, j'étais aux anges »), éliminant ainsi tout témoin de leur inexactitude. Comment savoir, dans ce cas, que nos prévisions étaient erronées ? On surestime le bonheur qu'on éprouvera le jour de son anniversaire[26], on sous-estime celui qu'on ressentira lundi matin[27], et ces prévisions banales, mais fausses, on les répète inlassablement, bien qu'elles soient régulièrement infirmées. Notre inaptitude à nous rappeler ce que nous avons véritablement ressenti fait de notre richesse en expériences une richesse de pauvres.

À venir

Lorsqu'on demande aux gens l'unique chose qu'ils tenteraient de sauver si leur maison était la proie des flammes, au grand dépit du chien, la réponse la plus courante est : « Mon album photos. » Nous ne nous contentons pas de chérir nos souvenirs, nous *sommes* nos souvenirs. Pourtant, la mémoire s'apparente moins à une collection de photos qu'à une série de toiles impressionnistes peintes par un artiste qui prendrait beaucoup de libertés avec son sujet. Plus le sujet est ambigu, plus l'artiste est libre, et il est peu de sujets aussi ambigus que l'expérience émotionnelle. La mémoire des émotions est soumise à l'influence des exceptions que l'on prend pour la règle, des fins que l'on retient trop bien et des théories sur ce qu'on a *dû* ressentir, et le tout compromet sérieusement notre aptitude à tirer la leçon de nos expériences. Il semblerait que l'entraînement ne donne donc pas toujours des résultats infaillibles. Mais rappelez-vous l'apprentissage du pot évoqué au début de ce chapitre : l'entraînement n'est qu'une des deux méthodes pour s'y mettre. Reste le coaching…

11

DE NOTRE REPORTER EN DIRECT DE… DEMAIN

> « Instruit par les temps anciens,
> Il doit être, il est et ne peut être que sage. »
> SHAKESPEARE, *Troïlus et Cressida*

Dans le remake américain qu'Alfred Hitchcock fit en 1956 de *L'homme qui en savait trop*, Doris Day chante une valse dans laquelle elle se remémore son enfance et les questions qu'elle posait alors à sa maîtresse sur ce que l'avenir lui réservait. Celle-ci lui répondait en substance qu'on n'est jamais sûr de rien et qu'il faut laisser les événements advenir : « Que sera, sera ».

Maintenant, loin de moi l'intention de chicaner le parolier, et je n'ai, croyez-le bien, que d'excellents souvenirs de Doris Day, mais le fait est que cette réponse n'a *rien* de particulièrement sage. Quand un enfant sollicite le conseil d'un enseignant, celui-ci devrait pouvoir lui fournir mieux qu'un cliché tel que « advienne que pourra ». *Bien sûr* qu'il est difficile de voir l'avenir, mais on y va tous et, si difficile soit-il à prévoir, il nous impose certaines *décisions*, histoire de savoir quoi viser et quoi éviter. Seulement, comment décider si on se trompe quand on essaie de l'imaginer ?

Même les enfants connaissent la réponse : il faut demander à la maîtresse. L'un des avantages de notre condition d'animal social et parlant, c'est de pouvoir tirer parti de l'expérience des autres au lieu d'essayer de tout trouver par nous-mêmes. Depuis des millions d'années, les humains triomphent de l'ignorance en se répartissant le travail de découverte avant de s'en communiquer les résultats. C'est pourquoi n'importe quel gamin de Pittsburgh en sait plus sur l'univers que n'en savaient Galilée, Aristote ou Léonard de Vinci. Cette ressource, nous l'exploitons tous abondamment. Si vous deviez lister sur une feuille toutes les choses que vous savez, puis cocher toutes celles que vous connaissez uniquement parce qu'on vous les a racontées, vous développeriez une tendinite car presque *tout* ce que vous savez, vous le tenez de quelqu'un. Youri Gagarine fut-il le premier homme dans l'espace ? Le mot *week-end* est-il anglais ? Y a-t-il plus d'habitants en Chine ou dans le sud de la France ? Faut-il remettre à demain ce qu'on peut faire aujourd'hui ? Nous connaissons les réponses à ces questions, et pourtant, rares sont ceux d'entre nous qui ont assisté au lancement de *Vostok I*, supervisé personnellement l'évolution de la langue, recensé tous les habitants de Pékin et de Marseille, ou réalisé une étude en double aveugle sur la procrastination. Si nous connaissons les réponses, c'est que quelqu'un les a partagées avec nous. La communication est une sorte d'« observation par procuration [1] » qui nous permet d'apprendre le monde sans jamais quitter notre canapé. Les six milliards d'individus interconnectés couvrant la surface de cette planète forment un léviathan équipé de douze milliards d'yeux : toute chose vue par une paire d'yeux peut potentiellement être sue par la bête entière en quelques mois, quelques jours, voire quelques minutes.

Pouvoir se communiquer mutuellement les expériences vécues devrait apporter une solution simple au problème qui fait le cœur de ce livre. Oui, notre aptitude à imaginer nos émotions futures est défaillante, mais tant pis : pas besoin d'imaginer ce que ça fait d'épouser un médecin, de partir vivre au Texas ou de manger une sauterelle, alors que tant de gens l'ont fait et sont ravis de nous le raconter. Profs, voisins, collègues, parents, amis, amants, enfants, oncles, cousins, coachs, taxis, barmans, coiffeurs, dentistes, publicitaires – ils ont tous un truc à nous dire sur ce que ça ferait de vivre cet avenir-ci plutôt que celui-là, et on peut être sûr que l'un d'eux a déjà *vécu* cette expérience qu'on envisage encore à peine. Nous sommes les mammifères qui montrent et qui parlent ; nous avons donc tous accès à des informations sur presque toutes les expériences possibles et imaginables – et sur beaucoup d'autres moins imaginables. Les conseillers en formation nous parlent des meilleures carrières, les critiques gastronomiques des meilleurs restaurants, les voyagistes des meilleures vacances et les amis des meilleurs voyagistes. Chacun d'entre nous est cerné par un peloton de mentors débordants d'expériences vécues et capables de lui dire quel est l'avenir le plus souhaitable.

Avec cette pléthore de consultants, parangons, gourous, guides, marieuses et parents curieux comme des fouines, on devrait s'en sortir plutôt bien dans les décisions importantes de notre vie : où habiter, où travailler, qui épouser, etc. Pourtant, dans la sienne, l'Américain moyen déménage plus de six fois[2], change de travail plus de dix fois[3] et se marie plus d'une fois[4] : on dirait que nous sommes nombreux à faire de mauvais choix. Si l'humanité est une base de données vivante sur tout ce qui peut se faire et sur tout ce que ça fait de le faire, pourquoi les gens qui la consultent prennent-ils tant de mauvaises décisions ? Deux options : soit les conseils qu'on nous donne sont de mauvais conseils que nous suivons bêtement ; soit ce sont de bons conseils que, bêtement, nous ne suivons pas. Alors ? Écoutons-nous trop les autres, ou pas assez ? On va le voir, la réponse à cette question est *oui* dans un cas comme dans l'autre.

Super-réplicateurs

Le philosophe Bertrand Russell a déclaré un jour que croire est ce que nous faisons de « plus intellectuel[5] ». Peut-être, mais c'est aussi ce que nous faisons de plus *social*. Nous transmettons nos gènes pour fabriquer des gens dont les visages ressemblent au nôtre ; de même, nous transmettons nos croyances pour fabriquer des gens dont les esprits pensent comme le nôtre. Chaque fois ou presque que l'on dit quelque chose à quelqu'un, on cherche à modifier la façon dont fonctionne son cerveau : on cherche à modifier sa façon de voir le monde afin que sa vision colle davantage à la nôtre. Toutes les déclarations – depuis le sublime (« Dieu a un plan pour toi ») jusqu'au trivial (« Tournez à gauche après le feu, roulez trois kilomètres et vous verrez le bistrot sur votre droite ») – sont destinées à régler les croyances de l'auditeur sur celles du locuteur. Parfois, ça marche, parfois pas. Alors, qu'est-ce qui fait qu'une croyance se transmet d'un esprit à un autre ?

Les principes qui expliquent pourquoi certains gènes se transmettent mieux que d'autres valent aussi pour les croyances[6]. La biologie évolutionniste nous enseigne qu'avec le temps tout gène favorisant ses propres « moyens de transmission » apparaît de manière croissante dans la population. Exemple : imaginez un gène unique, responsable du développement complexe des circuits neuronaux qui rendent l'orgasme si agréable. Pour la personne ayant ce gène, l'orgasme serait… jouissif. Mais pour celle qui ne l'aurait pas, il se rapprocherait plutôt de l'éternuement : une brève et sonore convulsion physique, avec peu de plaisir à la clef. Maintenant, prenons cinquante personnes en bonne santé, aptes à se reproduire et ayant le gène en question, et cinquante autres personnes en bonne santé, aptes à se reproduire, mais sans le fameux gène. Si on les laisse sur une planète hospitalière pendant un million d'années, on trouvera probablement à notre retour une population comptant des milliers, voire des millions d'individus qui auront presque tous le gène de l'orgasme agréable. Pourquoi ? Parce qu'un tel gène aurait tendance à se transmettre de génération en génération car les gens qui apprécient l'orgasme sont enclins à faire la chose qui en transmet le gène. Cette logique est tellement circulaire qu'elle est pratiquement imparable : les gènes tendent à se transmettre quand ils nous font faire la chose qui transmet les gènes. En outre, même les *mauvais* gènes – ceux qui nous rendent sujets au cancer ou aux maladies cardiovasculaires – peuvent devenir de super-réplicateurs s'ils compensent les pertes qu'ils induisent en favorisant leurs propres moyens de transmission. Par exemple, si le gène de l'orgasme délicieux nous rend aussi sujets à l'arthrite et aux caries, on le retrouvera tout de même dans des proportions croissantes : en effet, les arthritiques édentés aimant l'orgasme sont plus susceptibles d'avoir des enfants que les personnes souples, avec toutes leurs dents, mais indifférentes à l'orgasme.

La transmission des croyances répond à la même logique. Si une croyance dispose d'une quelconque propriété facilitant sa transmission, elle sera adoptée par un nombre croissant d'esprits. Or, les propriétés augmentant la transmissibilité d'une croyance ne sont pas rares. Il en est une évidente : l'exactitude. Quand quelqu'un nous dit où nous garer dans le centre-ville ou comment cuire un gâteau en altitude, nous adoptons et transmettons sa croyance dans la mesure où elle nous aide, nous et nos amis, à réaliser ce que nous voulons, en l'occurrence poser la voiture et faire de la pâtisserie. Un philosophe l'a souligné : « La faculté de communiquer n'aurait pas résisté dans l'évolution si elle n'était, en gros, la faculté de transmettre de vraies croyances[7]. » Une croyance exacte nous donne du pouvoir : on comprend dès lors qu'elle se transmette si facilement d'un esprit à l'autre.

Ce qui est plus difficile à comprendre, c'est pourquoi une croyance *inexacte* se transmet avec la même facilité. Comme les mauvais gènes, les fausses croyances peuvent devenir, et deviennent, de super-réplicateurs. Imaginez une partie jouée par deux équipes dont chacune se compose d'un millier de joueurs ; chacun de ces joueurs est relié à ses coéquipiers par un téléphone. Le but du jeu consiste à faire partager par son équipe un maximum de croyances exactes. Quand les joueurs reçoivent un message qu'ils croient exact, ils appellent un de leurs coéquipiers et le lui transmettent. Quand ils reçoivent un message qu'ils croient inexact, ils n'appellent pas. À la fin de la partie, l'arbitre donne un coup de sifflet : chaque équipe reçoit un point par croyance exacte partagée et perd un point par croyance inexacte partagée. Maintenant, prenez un match entre une équipe appelée les Parfaits (ses membres transmettent toujours des croyances exactes) et une équipe appelée les Imparfaits (ses membres transmettent parfois des croyances inexactes). Les Parfaits devraient gagner, non ?

Eh bien, pas forcément. En réalité, dans certaines circonstances, les Imparfaits vont leur flanquer une raclée. Qu'arrive-t-il si un joueur des Imparfaits envoie le mauvais message suivant : « Parle au téléphone nuit et jour, et tu seras très heureux », et si d'autres joueurs sont assez candides pour le croire et le faire passer? Le message étant inexact, il coûtera un point aux Imparfaits. Mais cette perte est compensée par le fait qu'un plus grand nombre d'Imparfaits va rester au bout du fil, et pendant plus longtemps, ce qui augmente le nombre de messages exacts qu'ils transmettront. Dans des conditions adéquates, les avantages de cette croyance vont l'emporter sur ses inconvénients : les joueurs auront un comportement qui multipliera leurs chances de partager des croyances exactes. Conclusion : au jeu de la transmission, les croyances inexactes peuvent l'emporter si elles favorisent leurs propres « moyens de transmission ». Dans le cas précis, le moyen de transmission n'est pas le sexe mais la communication : toute croyance – même fausse – augmentant la communication a de fortes chances de se transmettre indéfiniment. Les fausses croyances en faveur des sociétés stables se propagent parce que, souvent, ceux qui les répandent vivent dans des sociétés stables, ce qui assure la propagation de ces fausses croyances.

Nos sagesses populaires sur le bonheur ressemblent étrangement à de fausses croyances super-réplicatrices. Prenez l'argent. Vous avez déjà vendu quelque chose ? Vous avez sans doute essayé de le vendre le plus cher possible, et l'autre a sans doute essayé de vous l'acheter le moins cher possible. Dans une transaction, chaque partie présume qu'il vaut mieux finir avec plus d'argent qu'avec moins. Cette supposition est à la base de notre comportement économique. Pourtant, elle est scientifiquement moins prouvée que vous ne le pensez. Économistes et psychologues ont passé des décennies à étudier le rapport entre l'argent et le bonheur : ils ont conclu que l'argent fait le bonheur quand il tire les gens de la misère pour les propulser dans la classe moyenne ; au-delà, il n'augmente guère leur félicité[8]. Les Américains qui gagnent cinquante mille dollars par an sont beaucoup plus heureux que ceux qui en gagnent dix mille, mais ceux qui en gagnent cinq millions ne sont pas beaucoup plus heureux que ceux qui en gagnent cent mille. Les habitants des pays pauvres sont beaucoup moins heureux que les habitants des pays moyennement riches, mais ces derniers ne sont pas beaucoup moins heureux que les habitants des pays extrêmement riches. Les économistes expliquent que la richesse a une « utilité marginale décroissante », une expression compliquée pour dire qu'il est très pénible d'être affamé, transi, malade, épuisé et terrorisé, mais que, une fois toutes ces plaies balayées par l'argent, ce qu'il vous reste en banque n'est plus qu'un tas de papiers d'une inutilité croissante[9].

Donc, une fois qu'on a gagné autant d'argent qu'il nous en faut pour vraiment en profiter, on arrête de travailler et… on en profite, pas vrai ? Non, pas vrai. Dans les pays riches, on trime dur et longtemps afin de gagner plus d'argent qu'on ne pourra jamais en dépenser avec plaisir[10]. Cette réalité nous intrigue moins qu'elle ne devrait : on peut inciter un rat à courir dans un labyrinthe si on met au bout une récompense en forme de fromage, mais une fois la bestiole gavée, le meilleur gruyère ne le fera plus avancer d'un centimètre. Quand on a mangé son content de pizzas, avoir d'autres pizzas n'offre plus d'intérêt : on arrête de se les procurer et de les consommer. Apparemment, avec l'argent, c'est une autre affaire. En 1776, Adam Smith, le père de l'économie moderne, formule ainsi la chose : « Dans tout homme, l'appétit pour la nourriture est borné par l'étroite capacité de son estomac ; mais on ne saurait mettre de bornes déterminées au désir des commodités et ornements qu'on peut rassembler dans ses bâtiments, sa parure, ses équipages et son mobilier[11]. »

Si la nourriture et l'argent cessaient tous deux de nous intéresser une fois qu'on en est comblé, pourquoi s'arrêterait-on de se remplir la panse, alors qu'on continue de se remplir les poches ? Adam Smith a une réponse. Il commence par affirmer ce que nous soupçonnons déjà : la production de richesse n'est pas nécessairement source de bonheur.

> « Pour ce qui fait le réel bonheur de la vie humaine, les déshérités de la terre sont aussi bien lotis que les grands de ce monde. Quant au bien-être du corps et à la paix de l'esprit, le mendiant

qui se chauffe au soleil sur le bord de la route possède la sécurité pour laquelle les rois se battent[12]. »

C'est bien joli tout ça, mais si c'est vrai, on est tous dans le pétrin : si les riches ne sont pas plus heureux que les pauvres, pourquoi ceux-ci devraient-ils renoncer à lézarder au soleil pour travailler et devenir riches ? Si personne ne veut être riche, on a un gros problème : l'économie exige, pour être florissante, qu'inlassablement les gens achètent et consomment leurs biens et leurs services réciproques. L'économie de marché veut qu'on ait tous un insatiable appétit de *marchandises* ; si tout le monde se contentait de celles qu'il a déjà, elle pilerait dans un crissement de pneus. Cependant, s'il s'agit là d'un gros problème *économique*, ce n'est pas un gros problème *personnel*. Peut-être le président de la Banque fédérale se lève-t-il chaque matin avec l'envie de faire ce que veut l'économie, mais nous, nous nous levons avec l'envie de faire ce que *nous*, nous voulons : autant dire que les besoins d'une économie en pleine santé et ceux d'un individu heureux ne sont pas nécessairement les mêmes. Alors qu'est-ce qui nous pousse à bosser tous les jours comme des ânes pour faire des choses qui vont peut-être satisfaire les besoins de l'économie, mais pas les nôtres ? Pour Smith comme pour beaucoup de penseurs, nous ne voulons qu'une seule chose : le bonheur. Aussi l'économie ne peut-elle croître et embellir que si on réussit à nous faire gober que produire des richesses va nous rendre heureux[13]. Si, et seulement si, nous adoptons cette fausse croyance, nous produirons et consommerons assez pour soutenir notre économie.

> « Les plaisirs de la richesse et de la grandeur [...] frappent l'imagination comme quelque chose de grand, de beau et de noble, dont l'obtention mérite amplement le labeur et l'angoisse que nous sommes si portés à lui consacrer. [...] C'est cette illusion qui suscite et entretient le mouvement perpétuel de l'industrie du genre humain. C'est elle qui d'abord incita les hommes à cultiver la terre, à construire des maisons, à fonder des villes et des États, à inventer et à améliorer toutes les sciences et tous les arts, qui ennoblissent et embellissent la vie humaine ; c'est elle qui a changé entièrement la face du monde, qui a transformé les forêts naturelles incultes en plaines fertiles et agréables, fait de l'océan vierge et stérile un nouveau fonds de ressources et la grande route de communication entre les différentes nations de la Terre[14]. »

Bref, produire des richesses ne rend pas forcément heureux, mais sert les besoins d'une économie qui elle-même sert les besoins d'une société stable, dont le maillage permet de propager des croyances illusoires sur le bonheur et la richesse. L'économie prospère quand les individus se battent, mais comme ils ne se battent que pour leur bonheur propre, ils doivent absolument s'imaginer que produire et consommer sont les voies qui mènent au bien-être personnel. Ne nous trompons pas : il ne s'agit pas d'une sombre conspiration orchestrée par une poignée d'hommes en noir. Le jeu de la transmission nous enseigne que, pour se propager, les fausses croyances n'ont pas besoin que quiconque *veuille* gruger une population innocente. Il n'existe aucune cabale au sommet, aucun tribunal secret, aucun grand manipulateur dont le génial programme d'endoctrinement et de propagande nous dupe en nous faisant miroiter que l'argent peut acheter l'amour. Non, cette fausse croyance est juste un super-réplicateur : l'adopter nous fait nous livrer aux activités qui la perpétuent[15].

Le jeu de la transmission nous montre pourquoi nous avons sur le bonheur certaines fausses croyances : « l'argent fait le bonheur » en est une, mais « les enfants font le bonheur » en est une autre, et qui nous touche sans doute encore plus intimement. Toute culture humaine dit à ses membres que faire des enfants rend heureux. Quand on pense à une descendance – soit qu'on imagine une descendance future, soit que l'on songe à celle qu'on a déjà –, on voit des images de nouveau-nés gazouillants qui sourient dans leur couffin, d'adorables petits bouts qui traversent la pelouse à la va-comme-je-te-pousse, de charmants garçons et de superbes filles jouant de la trompette et du tuba dans la fanfare de l'école, des étudiants brillants qui feront de beaux mariages, auront des carrières réussies et des petits-enfants irréprochables dont l'affection pourra s'acheter à coups de bonbons. Les futurs parents savent bien qu'il y aura des couches à changer, des devoirs à faire et des orthodontistes qui s'installeront aux Caraïbes avec leurs économies mais, *grosso modo*, ils voient comme un bonheur le fait de fonder une famille. C'est pourquoi la plupart d'entre eux finissent par sauter dedans à pieds joints. Quant à ceux qui sont déjà parents, ils se rappellent avoir eu les émotions que s'attendent à ressentir ceux qui ont hâte de le devenir. Rares sont les individus insensibles à ces béates méditations. J'ai un fils de vingt-neuf ans et suis profondément convaincu qu'il est, et a toujours été, l'une des plus grandes joies de ma vie. Il n'a que récemment été éclipsé par ma petite-fille de deux ans, laquelle est tout aussi adorable, mais ne m'a pas encore demandé de marcher dix pas derrière elle et de faire comme si on n'avait aucun lien de parenté… Quand on demande aux gens de dire ce qui fait leur joie, ils font comme moi : ils parlent de leurs gamins.

Et pourtant, si on mesure la satisfaction *effective* des gens avec enfants, une tout autre histoire se fait jour : les couples sont généralement très heureux au début de leur mariage, puis de moins en moins durant leur vie commune et ils ne retrouvent le niveau de satisfaction initial qu'avec le départ des enfants [16]. La presse populaire a beau vous dire le contraire, le seul symptôme connu du « syndrome du nid vide », c'est un radieux sourire [17]. Chose intéressante : cette courbe de satisfaction concerne plus les femmes (habituellement, dans le couple, ce sont elles qui s'occupent davantage des enfants) que les hommes [18]. Des études scrupuleuses sur les émotions des femmes dans leur quotidien les montrent moins heureuses quand elles s'occupent des enfants que lorsqu'elles mangent, regardent la télé, font de l'exercice, des courses ou une sieste [19]. En fait, s'occuper des gosses est juste un peu plus agréable que faire le ménage.

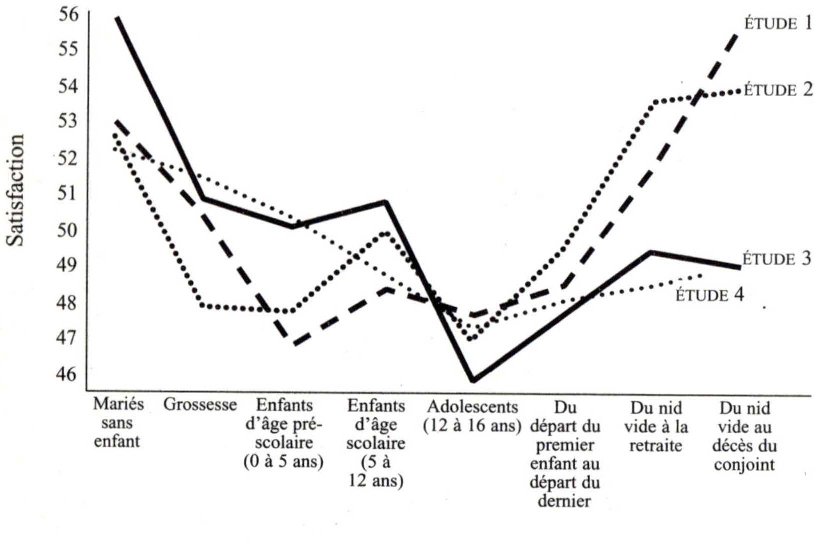

Fig. 18 : Comme le montrent les quatre études, la satisfaction diminue de façon spectaculaire après la naissance du premier enfant et n'augmente que lorsque le dernier a quitté la maison.

Rien de tout cela ne devrait nous surprendre. N'importe quel parent sait que les enfants exigent beaucoup de travail – et un travail vraiment *rude*. Certes, élever des enfants compte beaucoup de moments gratifiants, mais, la plupart du temps, on s'occupe dans la monotonie et le dévouement de gens qui mettront des dizaines d'années avant d'exprimer l'ombre d'une reconnaissance, même réticente. Alors, si avoir des enfants est une tâche aussi ingrate, pourquoi en avoir une vision aussi rose ? Parce qu'on passe nos journées avec les actionnaires de la société – nos mères, nos oncles, nos profs de gym –, lesquels nous transmettent une idée qu'ils *croient* vraie, mais qui ne doit pas le succès de sa propagation à son exactitude. « Les enfants font le bonheur » est un super-réplicateur. La chaîne de transmission des croyances dont nous sommes un maillon ne pourrait fonctionner si elle n'était constamment alimentée en individus transmetteurs. Si la croyance selon laquelle les enfants font le bonheur est devenue partie intégrante de notre sagesse populaire, c'est simplement qu'une croyance contraire minerait toute société qui l'adopterait. En effet, si on croyait les enfants sources de malheur et de désespoir, on arrêterait d'en avoir et, en une cinquantaine d'années, la chaîne de transmission des croyances serait hors-service : on aurait liquidé la croyance qui nous liquiderait. Les shakers, une communauté rurale utopiste surgie dans les années 1800, ont compté, à un moment donné de leur histoire, environ six mille membres. Ils étaient pour les enfants, mais contre l'acte qui préside à leur création. Avec le temps, leur stricte croyance dans la chasteté a provoqué leur déclin : aujourd'hui, il ne reste plus qu'une poignée de vieux shakers et ils n'ont plus personne à qui transmettre leur croyance d'apocalypse.

Le jeu de la transmission est truqué afin de nous *obliger* à croire que les enfants et l'argent font le bonheur ; peu importe la validité de la croyance. Cela ne signifie pas qu'il faille donner sa démission à son patron et abandonner sa famille. Non, cela signifie que nous *croyons* élever des enfants et gagner un salaire pour augmenter notre bonheur, alors qu'en réalité nous le faisons pour des raisons qui nous dépassent. Nous sommes les maillons d'une chaîne sociale qui a sa logique propre. C'est pourquoi on continue à trimer, s'accoupler et s'étonner de ne pas ressentir un bonheur si naïvement entrevu.

Le mythe des empreintes uniques

Mes amis me disent que j'ai tendance à poser les problèmes sans offrir de solutions. Mais ils ne me disent pas comment remédier à ce problème-là... Chapitre après chapitre, j'ai décrit pour vous une imagination qui nous fournit de fausses représentations de notre avenir émotionnel. J'ai dit que, lorsque nous imaginons l'avenir, nous bouchons les trous, omettons certaines choses et faisons peu de cas de la façon dont nous le verrons, cet avenir, quand nous y serons. J'ai dit que ni l'expérience personnelle ni la sagesse populaire ne viennent pallier les faiblesses de l'imagination. Je vous ai tellement baladés à travers les manies, distorsions, erreurs et fourvoiements de l'esprit humain que vous vous demandez sans doute comment on peut encore se préparer une tartine sans se beurrer les rotules. Si vous en êtes là, tranquillisez-vous : il *existe bel et bien* une méthode simple qui permet à quiconque de prévoir ses émotions futures, et ce avec une étonnante précision. Seulement, personne n'en veut.

En fait, pourquoi s'appuyer sur l'imagination ? L'imagination est la machine à explorer le temps du pauvre. Il nous est impossible de faire ce qu'on *aimerait* vraiment : c'est-à-dire, voyager dans le temps, rendre une petite visite à notre moi futur et *voir* s'il est heureux. Alors, faute de s'y rendre pour de bon, on imagine l'avenir. Mais, si on ne peut pas voyager dans le temps, en revanche on peut voyager dans l'espace, et à coup sûr, quelque part dans ses trois dimensions, un autre humain est en train de *vivre réellement* l'événement futur qu'on a en tête. On n'est pas le premier à envisager un départ pour Cincinnati, une carrière dans l'hôtellerie, une autre part de tarte à la rhubarbe ou une liaison extraconjugale, et la plupart de ceux qui l'ont fait acceptent volontiers de nous en parler. Certes, quand les gens nous font part de leur expérience passée (« En fait, elle n'était pas si froide, cette eau glacée », ou « J'adore m'occuper de ma fille »), les péchés véniels de la mémoire peuvent rendre leur témoignage douteux. Mais quand ils nous relatent leur expérience *présente* (« Ce que je ressens là, tout de suite ? L'envie de sortir mon bras de ce seau de glaçons et d'y plonger la tête de mon ado ! »), ils nous donnent de leur état subjectif un compte rendu qui sert d'étalon à la mesure du bonheur. Si vous croyez (comme moi) qu'en général les gens savent dire ce qu'ils éprouvent au moment où on leur pose la question, il suffit, pour prévoir nos émotions, de trouver quelqu'un en train de vivre l'expérience envisagée et de lui demander ce qu'il ressent. Au lieu de se remémorer le passé pour simuler l'avenir, peut-être devrait-on simplement demander aux autres quel est leur état intérieur. Peut-être devrait-on laisser tomber souvenir et imagination, et utiliser les autres comme *substituts* de notre moi futur.

L'idée vous paraît trop simple. En outre, je soupçonne en vous une objection du genre : *D'accord, d'autres personnes sont sans doute en train de vivre l'expérience que j'envisage pour moi-même, mais je ne peux pas l'utiliser comme un relais parce que ces autres ne sont pas moi. Chaque individu est aussi unique que le sont ses empreintes digitales ; connaître les émotions d'autres personnes ne va donc pas m'aider beaucoup. Sauf si ces autres sont mes clones et qu'ils ont vécu les mêmes expériences que moi, leurs réactions et les miennes vont forcément différer. Je suis un particularisme ambulant et parlant : par conséquent, mieux vaut fonder mes pronostics sur une imagination un peu capricieuse que sur les témoignages de gens dont les préférences, les goûts et les penchants émotionnels sont radicalement différents des miens.* Si telle est votre objection, elle est valable – si valable qu'il va me falloir deux étapes pour la démonter. Tout d'abord, laissez-moi vous prouver que l'expérience vécue par un individu choisi au hasard peut parfois fournir une meilleure base de prévision que votre imagination. Ensuite, laissez-moi vous montrer pourquoi vous – et moi – trouvons cela si difficile à croire.

Trouver la solution

L'imagination a trois faiblesses : si vous l'ignorez encore, c'est que vous avez commencé le bouquin par la fin. Si vous ne l'ignorez pas, vous savez aussi que sa première faiblesse, c'est d'avoir tendance à ajouter des détails et à en omettre d'autres sans nous en tenir informés (*cf.* la partie sur le *réalisme*). Nul ne peut imaginer un événement futur sous tous ses aspects, ni avec toutes ses conséquences : on est donc obligé d'en envisager certains, sans réussir à en envisager d'autres. Seulement, ce qu'on n'arrive pas à envisager est souvent très important. Vous vous rappelez peut-être l'étude dans laquelle on demandait à des étudiants d'imaginer leurs émotions quelques jours après le match opposant l'équipe de foot de leur université à sa rivale[20]. Les résultats montraient qu'ils surestimaient la durée de l'impact émotionnel du match car, quand ils imaginaient leur expérience future, ils voyaient la victoire de leur équipe (« La pendule marquera la fin du match, on envahira la pelouse, tout le monde applaudira... »), mais pas l'après (« Après, je rentrerai à la maison réviser mes partiels »). Focalisés sur le match, ils ne parvenaient pas à imaginer l'influence que les événements survenant *après* le match auraient sur leur bonheur. Alors, qu'auraient-ils *dû* faire ?

Ils auraient dû renoncer à l'imagination. Il existe une expérience qui plonge les gens dans le même embarras, avant de les obliger à renoncer à l'imagination. Un groupe de volontaires (les rapporteurs) reçoit un savoureux présent – un chèque-cadeau chez le glacier du coin –, puis accomplit une tâche longue et fastidieuse : relever les formes géométriques qui apparaissent sur un écran d'ordinateur[21]. Ensuite, les rapporteurs... rapportent ce qu'ils éprouvent. Puis on dit à un nouveau groupe de volontaires qu'ils vont aussi recevoir un cadeau et accomplir la même tâche assommante. À certains (les simulateurs), on dit ce qu'est le cadeau : on leur demande d'utiliser leur imagination pour prévoir leurs émotions futures. À d'autres (les substituteurs), on ne dit pas ce qu'est le cadeau ; en revanche, on leur montre le rapport d'un rapporteur choisi au hasard. Ignorant la nature du cadeau, il leur est impossible d'utiliser leur imagination pour prévoir leurs émotions futures : ils ne peuvent se fonder que sur le rapport du rapporteur. Tous les volontaires font leur prévision, reçoivent le cadeau, effectuent la longue tâche fastidieuse et rapportent ce qu'ils éprouvent. Comme le montrent les barres à l'extrême gauche de la figure 19, les simulateurs ne sont pas aussi heureux qu'ils pensaient l'être. Pourquoi ? Parce qu'ils n'ont pas imaginé que la joie du chèque-cadeau s'évanouirait si vite quand elle serait suivie par une longue tâche fastidieuse. Cette erreur est la même que celle commise par les supporters du club de foot. Maintenant, regardez les résultats des substituteurs. Comme vous le constatez, ils prévoient très exactement leur bonheur futur. Ils ne savaient pas quel cadeau ils recevraient ; en revanche, ils savaient qu'une personne l'ayant reçu s'était montrée peu enthousiaste une fois la fastidieuse besogne accomplie. Ils se sont donc dit que, eux non plus, ils ne seraient pas franchement enthousiastes quand ils auraient terminé la corvée – et ils ont eu raison !

La deuxième faiblesse de l'imagination, c'est sa tendance à projeter le présent dans l'avenir (*cf.* la partie sur le *présentisme*). Quand l'imagination peint une image de l'avenir, il y manque forcément

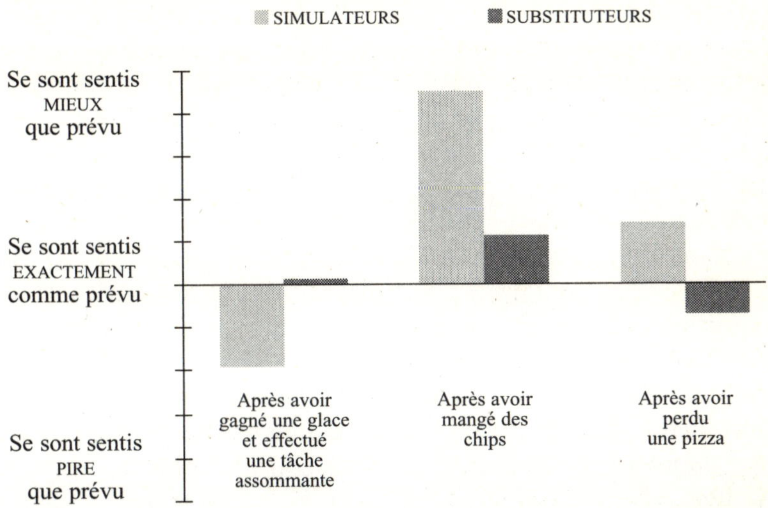

Fig. 19. Les volontaires ont mieux prévu leurs émotions futures en apprenant celles ressenties par une autre personne dans la même situation (les substituteurs) qu'en essayant de les imaginer (les simulateurs).

beaucoup de détails, un problème qu'elle résout en bouchant les trous avec des détails empruntés au présent. Quiconque a fait les courses l'estomac vide, juré d'arrêter de fumer juste après avoir écrasé une clope ou formulé une demande en mariage pendant une permission sait parfaitement que l'émotion d'aujourd'hui peut influencer à tort ce qu'on *pense* être celle de demain. Or, la substitution peut pallier cette faiblesse-là aussi. Dans une expérience, des volontaires (les rapporteurs) devaient manger des chips et consigner par écrit leur bonheur[22]. Ensuite, un autre groupe se voyait offrir des bretzels, des biscuits au fromage, du beurre de cacahuète, des nachos, des gressins et du pain grillé, ce qui, vous vous en doutez, les laissait repus et fort peu portés sur les amuse-gueules. On a alors demandé à ces sujets gavés de dire s'ils aimeraient manger tel ou tel aliment le lendemain. À certains (les simulateurs), on a dit que l'aliment en question serait des chips : ils devaient prévoir, grâce à leur imagination, ce qu'ils éprouveraient après les avoir mangées. À d'autres (les substituteurs), on n'a pas dit quel serait l'aliment du lendemain ; non, on leur a montré le compte rendu de n'importe quel rapporteur. Ne connaissant pas l'aliment du lendemain, les substituteurs n'ont pu faire appel à leur imagination pour prévoir le plaisir qu'ils en tireraient : ils ont donc dû se fier au rapport qu'ils avaient sous les yeux. Une fois leurs prévisions effectuées, les volontaires sont partis. Ils sont revenus le lendemain, ont grignoté quelques chips et dit si l'expérience leur avait plu. Comme le montrent les barres centrales de la figure 19, les simulateurs ont plus apprécié les chips qu'ils ne l'auraient cru. Pourquoi ? Parce qu'ils avaient fait leur prévision le ventre plein de bretzels et de biscuits salés. En revanche, les substituteurs – tout aussi repus – s'étaient fondés sur le rapport de quelqu'un qui n'avait pas le ventre plein : leurs prévisions étaient donc beaucoup plus exactes. Notons que les substituteurs ont prédit très exactement le plaisir qu'ils tireraient d'un aliment sans même savoir de quoi il s'agissait !

Troisième faiblesse de l'imagination : elle ne voit pas que les choses auront un air tout autre quand elles se produiront, ni, surtout, que les mauvaises sembleront bien meilleures (*cf.* la partie *rationalisation*). Quand on s'imagine perdant son emploi, on imagine une expérience douloureuse (« Le patron va faire irruption dans mon bureau, claquer la porte derrière lui… »), mais on n'imagine pas que notre système immunitaire psychologique va transformer le sens de cette expérience (« Je m'apercevrai que c'est une occasion unique de laisser tomber la vente pour suivre ma véritable vocation de sculpteur »). La substitution peut-elle remédier à cette faiblesse ? Pour le savoir, des chercheurs ont confronté un groupe de volontaires (les rapporteurs) à une expérience désagréable. Ils leur ont dit qu'ils allaient tirer à pile ou face : si la pièce tombait sur face, le sujet recevait un chèque-cadeau pour la pizzeria locale. On lançait la pièce et – *oh, pas de chance* – elle tombait sur pile : les rapporteurs ne recevaient rien du tout et rapportaient ce qu'ils éprouvaient[23]. Ensuite, on racontait à un nouveau groupe de volontaires le jeu de la pièce, en leur demandant de prévoir leurs émotions si la pièce tombait sur pile et s'ils n'obtenaient pas le chèque-pizza. À certains (les simulateurs), on disait la valeur précise du chèque-cadeau ; à d'autres (les substituteurs), on montrait le compte rendu d'un rapporteur. Puis on lançait la pièce et – *oh, pas de chance !* – elle tombait sur pile. Les barres à l'extrême droite de la figure 19 le montrent : les simulateurs ont mieux pris la chose qu'ils ne l'avaient prévu. Pourquoi ? Parce qu'ils ne s'étaient pas rendu compte de la vitesse ni de la facilité avec lesquelles ils rationaliseraient cette perte (« La pizza fait grossir et, en plus, j'aime pas ce restau »). Mais les substituteurs – qui s'étaient juste basés sur le rapport d'un individu pris au hasard – avaient supposé qu'ils ne seraient pas trop déçus s'ils perdaient, et leurs prévisions étaient plus exactes.

Rejeter la solution

Ces trois expériences prouvent que, privés de l'information requise par l'imagination, nous sommes *contraints* d'utiliser les autres comme substituts, ct prévoyons avec une remarquable exactitude nos émotions futures. Le meilleur moyen de prévoir nos sentiments de demain serait donc d'examiner ceux des autres aujourd'hui[24]. Au vu de l'efficacité impressionnante de cette technique simplissime, on pourrait s'attendre à ce que les gens fassent tout pour l'employer. Or ce n'est pas le cas. On a raconté à un nouveau groupe de volontaires les trois situations décrites plus haut : gagner un cadeau, manger un aliment mystérieux ou ne pas obtenir un chèque-cadeau. On leur a demandé s'ils préféreraient prévoir leurs émotions en se basant sur *a)* une info sur le cadeau, l'aliment, le chèque-cadeau ; ou *b)* une info sur ce qu'a ressenti un individu ayant gagné le cadeau, mangé l'aliment ou perdu le chèque-cadeau. Tous les sujets ou presque ont choisi la première option. Et si vous n'aviez pas connu le résultat de ces expériences, vous auriez sans doute fait de même. Si je vous dis que je vous paie le restau à condition que vous prévoyiez exactement la satisfaction que vous allez en tirer, voulez-vous consulter la carte ou le récit d'un client pris au hasard ? Si vous êtes comme la plupart des gens, vous allez préférer consulter la carte, et si vous êtes comme la plupart des gens, vous allez régler vous-même l'addition. Pourquoi ?

Parce que, si vous êtes comme la plupart des gens, vous ne savez pas que vous êtes comme la plupart des gens. La science nous a livré une foule de données sur l'individu moyen. Parmi ces données, l'une des plus fiables, c'est que l'individu moyen ne se voit pas comme moyen. La plupart des étudiants se voient plus intelligents que l'étudiant moyen[25], la plupart des directeurs commerciaux plus compétents que le directeur commercial moyen[26], et la plupart des joueurs de foot ont, selon eux, un meilleur « sens du jeu » que leurs coéquipiers[27]. Quatre-vingt-dix pour cent des automobilistes se considèrent plus prudents que la moyenne des conducteurs[28], et quatre-vingt-quatorze pour cent des profs d'université se considèrent meilleurs que la moyenne des enseignants[29]. L'ironie de la chose, c'est que la partialité qui nous conduit à nous voir meilleurs que la moyenne nous conduit aussi à nous voir comme plus impartiaux[30]. Une équipe de chercheurs a formulé ainsi ses conclusions : « La plupart d'entre nous se croient, semble-t-il, plus athlétiques, intelligents, organisés, moraux, logiques, intéressants, équitables, sains – et plus séduisants, cela va sans dire – que l'individu moyen[31]. »

Cette tendance à se croire meilleur que les autres ne témoigne pas forcément d'un narcissisme débridé, mais plutôt d'une propension générale à se croire *différent* : souvent pour le meilleur, mais parfois aussi pour le pire. Quand on interroge les gens sur leur générosité, ils prétendent accomplir plus d'actes généreux que les autres ; mais quand on les interroge sur leur égoïsme, ils répondent aussi être plus égoïstes que les autres[32]. Quand on leur demande s'ils sont capables d'exécuter une tâche facile, comme conduire une voiture ou un vélo, ils s'estiment meilleurs que les autres ; mais quand on leur pose la même question pour une activité difficile, comme jongler ou jouer aux échecs, ils s'estiment pires que les autres[33]. Si nous ne nous voyons pas toujours comme des êtres *supérieurs*, en revanche nous nous voyons presque toujours comme des êtres *uniques*. Même quand on fait exactement la même chose que les autres, on pense le faire pour des raisons qui nous sont propres. Par exemple, on impute le choix d'un autre aux spécificités de son caractère (« Phil a choisi ce cours parce que c'est un littéraire »), mais son propre choix aux spécificités de l'option en jeu (« Moi, je l'ai choisi parce que c'est plus facile que l'économie »)[34]. Nous reconnaissons que des règles sociales influencent nos décisions (« J'avais honte de lever la main en classe, même si je ne comprenais rien »), mais n'arrivons pas à discerner la même influence dans les choix des autres (« Si personne ne levait la main, c'est que personne n'était perdu au point où moi je l'étais »)[35]. Nous savons que nos choix reflètent parfois nos aversions (« J'ai voté Kerry parce que je ne supportais pas Bush »), mais, selon nous, les choix des autres reflètent leurs goûts (« Rebecca a voté Kerry parce qu'il lui plaisait »)[36]. La liste est longue, mais brève la conclusion : le moi se considère comme un être très spécial[37].

Qu'est-ce qui peut bien nous faire penser que nous sommes si extraordinaires ? Au moins trois choses. La première, c'est que, même si nous n'avons rien d'extraordinaire, ce qui est extraordinaire, en revanche, c'est la façon dont nous nous connaissons. Nous sommes les seules personnes que nous puissions connaître de l'intérieur. Nous vivons nos pensées et nos émotions, mais *déduisons* seulement la même chose chez les autres. Certes, nous pensons bien que, derrière ces yeux, dans ces crânes, nos amis et voisins vivent des expériences subjectives très proches des nôtres, mais cette pensée relève de la croyance et non de ces vérités palpables, évidentes, que sont nos propres expériences subjectives. Il y a entre notre connaissance de notre vie mentale et notre connaissance de celle de l'autre la même différence qu'entre faire l'amour et lire une scène d'amour. Parce que nous connaissons les autres et nous-mêmes par des moyens très différents, les informations que nous collectons varient, tant dans leur nature que dans leur volume. À tout instant de la journée, on suit le cours régulier des pensées et émotions qui nous passent par la tête. Mais, des autres, on ne suit que les mots et les actes, et encore, seulement s'ils sont en notre compagnie. L'une des choses qui nous rendent si extraordinaires à nos propres yeux, c'est que nous nous connaissons d'une manière très extraordinaire.

Deuxième raison : nous voir comme des êtres extraordinaires nous fait *plaisir*. Nous voulons nous accorder avec nos pairs, mais pas trop[38]. Nous faisons grand cas de notre unicité : la recherche prouve que, contraints de nous sentir semblables aux autres, notre humeur se dégrade rapidement et, par tous les moyens, nous tentons de prendre nos distances, de nous distinguer[39]. Si vous êtes déjà arrivé dans une soirée où quelqu'un portait pile la même robe ou la même cravate que vous, vous savez combien il est troublant de partager l'espace avec un jumeau indésirable dont la présence diminue temporairement votre sentiment d'individualité. Nous *prisons* notre unicité : rien d'étonnant à ce que nous ayons tendance à la surestimer.

La troisième raison qui nous fait justement la surestimer, c'est que nous surestimons l'unicité de tout un chacun : nous pensons les gens plus différents qu'ils ne le sont. Certes, tous les individus sont semblables sous certains aspects et différents sous d'autres. Les psychologues, biologistes, économistes et sociologues, toujours en quête de lois universelles dans le comportement humain, s'intéressent naturellement aux similitudes, mais nous, ce qui nous captive, ce sont nos différences. La vie sociale suppose de choisir certains individus pour partenaires sexuels, partenaires professionnels, partenaires de bowling, etc. : il faut donc se concentrer sur ce qui différencie un individu d'un autre, et non sur ce que tous partagent. C'est pourquoi, dans les petites annonces, on mentionne plus souvent son amour de la danse classique qu'un goût immodéré pour l'oxygène. Avoir un goût très net pour la respiration en dit long sur le comportement humain : pourquoi les gens vivent à la campagne, tombent malade en altitude, ont des poumons, résistent à l'asphyxie, aiment les arbres, etc. Il est certainement plus parlant que le fait d'aimer la danse classique, seulement il ne nous permet en rien de distinguer une personne d'une autre. Pour le commun des mortels occupé à choisir d'autres communs des mortels avec qui commercer, converser ou copuler, une prédilection pour l'oxygène est hors sujet. Nos ressemblances sont énormes, mais elles ne nous intéressent guère dans la mesure où elles ne nous aident pas à faire ce pour quoi nous sommes sur terre : à savoir, distinguer Jacques de Suzie, et Suzie de Jennifer. En tant que telles, ces ressemblances forment une discrète toile de fond sur laquelle de rares différences assez mineures prennent du relief.

On passe tant de temps à les rechercher, ces différences, à les relever, à y penser, à s'en souvenir, que, surestimant leur ampleur et leur fréquence, on finit par voir les gens comme plus divers qu'ils ne sont. Si vous passiez toute la sainte journée à trier des grappes de raisin en fonction de leurs formes, de leurs couleurs, de leurs variétés, vous deviendriez l'un de ces spécialistes exaspérants et intarissables sur les nuances de saveur et les permutations de texture. Vous en viendriez à penser le raisin comme infiniment varié, oubliant que la quasi-totalité de l'information vraiment *importante* sur le raisin découle de ceci : *c'est du raisin*. Notre croyance dans la diversité des autres et dans l'unicité du moi est particulièrement forte dès lors qu'on aborde le champ des émotions[40]. Capables de *ressentir* nos émotions, mais obligés de *déduire* celles des autres à leur mine ou au ton de leur voix, nous avons souvent l'impression qu'ils ne vivent pas la même intensité émotionnelle et nous attendons d'eux qu'ils reconnaissent nos émotions alors même qu'on ne peut pas reconnaître les leurs[41]. Cette impression d'unicité émotionnelle commence très tôt : si on demande à des tout-petits ce qu'ils éprouveraient et ce qu'éprouveraient d'autres enfants dans diverses situations, on constate qu'ils s'attendent à vivre des émotions uniques (« Billy serait triste, mais pas moi »), motivées par des raisons uniques (« Moi, je me dirais que le hamster est au ciel, mais Billy, lui, il pleurerait »)[42]. Les adultes ne font pas autre chose[43]...

Cette croyance mythique dans la diversité et l'unicité des individus est la principale raison qui nous fait refuser d'utiliser autrui comme substitut. Après tout, la substitution n'a d'intérêt que si l'on peut compter sur le substitut pour réagir à peu près comme nous : si on croit les réactions des gens plus diverses qu'elles ne le sont, la substitution paraît soudain beaucoup moins utile. La substitution est un moyen facile et efficace de prévoir nos émotions futures. Mais, ignorant à quel point nous sommes tous semblables, nous la repoussons et rejetons une méthode fiable au profit d'une imagination boiteuse et faillible.

À venir

Le mot *salade* désigne cette plante potagère que l'on donne à manger, entre autres, aux escargots. La salade est une chose que les escargots mangent, que les escargots aiment, dont les escargots ont besoin. Sans salade, l'escargot devient grognon. Mais le mot *salade* désigne également les bobards que les gens se racontent. Comme les salades dont on nourrit les escargots, celles que nous servent nos amis, professeurs et parents sont censées nous rendre heureux. Mais, contrairement aux salades des escargots, les salades humaines ne parviennent pas toujours à leur fin. On l'a vu, les idées s'épanouissent si elles préservent le système social qui assure leur transmission. Comme les individus ne se font pas un devoir de préserver le système social, les idées doivent se déguiser, et elles se déguisent en recettes de bonheur. On pourrait penser qu'après un bout de temps passé sur cette Terre, l'expérience viendrait démystifier les idées : mais non, ça ne marche pas toujours comme ça. Pour tirer les leçons de l'expérience, encore faut-il s'en souvenir ; or, pour diverses raisons, la mémoire est une amie infidèle. Avec un peu d'entraînement et un bon coach, on passe des couches-culottes au pantalon, mais pas du présent à l'avenir. Ironie de la chose : l'information dont on a besoin pour prévoir l'avenir avec exactitude est pile sous notre nez, mais manifestement on a le nez bouché… S'il n'est pas toujours profitable de tenir compte des croyances des gens sur le bonheur, en revanche il serait profitable de voir s'ils sont heureux dans telle ou telle circonstance. Hélas, comme nous nous pensons des entités uniques, des esprits différents de tous les autres esprits, nous refusons souvent les leçons que pourrait nous apporter l'expérience émotionnelle d'autrui.

Postface

« Mon âme présage heureux succès et conquête. »
SHAKESPEARE, *Henri VI*, troisième partie

On prend tous au moins trois décisions importantes dans notre vie : où habiter, quoi faire et avec qui. On choisit sa ville et son quartier, on choisit son travail et ses loisirs, on choisit son conjoint et ses amis. Ces décisions appartiennent si naturellement à l'âge adulte qu'il nous est facile d'oublier que nous sommes les premiers humains à les prendre. Pendant une grande partie de l'Histoire, les gens vivaient où ils naissaient, reprenaient le métier de leurs parents et fréquentaient des gens qui faisaient de même. La famille Boulanger fabriquait le pain, la famille Charpentier les charpentes, et les petits Boulanger et Charpentier épousaient qui on leur disait d'épouser et quand on le leur disait. Les structures sociales (religions, castes…) et les structures physiques (montagnes, océans…) étaient les grands tyrans qui décrétaient comment, où et avec qui on allait passer sa vie, ce qui laissait assez peu de choses à décider par soi-même. Mais les révolutions agricole, industrielle et technologique ont bouleversé la donne. Résultat : une explosion de la liberté individuelle qui a créé une affolante panoplie d'options, alternatives et autres choix. Jamais nos ancêtres n'avaient été confrontés à cela. Pour la première fois, notre bonheur est entre nos mains.

Comment est-on censé les faire, ces choix ? En 1738, un esprit universel néerlandais, Daniel Bernoulli, prétend avoir la réponse. Il suggère de calculer le bien-fondé de toute décision en multipliant la *probabilité* qu'elle nous apporte la chose désirée par l'*utilité* d'obtenir cette chose. Par *utilité*, Bernoulli veut dire *bienfait* ou *plaisir* [1]. La première partie de sa recette est facile à suivre : en effet, dans la majorité des cas, on peut évaluer quelles sont les probabilités pour que nos choix nous conduisent où nous voulons aller. Quelles sont vos chances d'être promu directeur général si vous acceptez ce poste chez IBM ? Quelles sont vos chances de passer vos week-ends à la plage si vous partez vivre à Saint-Pétersbourg ? Quels sont vos risques d'être obligé de vendre la moto si vous épousez Éloïse ? Calculer ce genre de probabilités est une affaire relativement simple ; c'est pourquoi les assureurs s'enrichissent en se contentant, ou presque, d'évaluer les risques que votre maison brûle, qu'on vous vole votre voiture et que votre vie s'achève rapidement. Avec un petit travail d'enquête, un crayon et une bonne gomme, on peut évaluer – en tout cas dans les grandes lignes – la probabilité qu'un choix nous apporte ou non ce qu'on désire.

Le problème, c'est qu'on n'évalue pas aussi aisément ce qu'on éprouvera quand on l'aura. Le génie de Bernoulli tient moins à ses calculs qu'à sa psychologie : il a compris que ce qu'on obtient objectivement (*la richesse*) est différent de *l'expérience* subjective que l'on fait une fois qu'on l'a (*l'utilité*). La richesse peut se mesurer en comptant des billets, mais l'utilité se mesure en comptant les bienfaits que procurent ces billets[2]. La richesse n'a pas d'importance ; l'utilité, si. L'argent, l'avancement ou les vacances à la plage ne nous intéressent pas en tant que tels : ce qui nous intéresse, ce sont les bienfaits ou le plaisir que ces formes de richesse peuvent offrir (ou pas). Les bons choix sont ceux qui optimisent notre plaisir, pas notre portefeuille. Et s'il nous reste un petit espoir de faire les bons choix, c'est en prévoyant correctement la quantité de plaisir que nous procurera ce portefeuille. Il est facile de prévoir quelle quantité de richesse attendre d'un choix, mais quelle quantité d'utilité ? Bernoulli le sait, il invente donc une formule de conversion toute simple, en espérant qu'elle permettra de transposer une estimation de la première en estimation de la seconde. Son idée est que chaque dollar qui s'ajoute apporte un peu moins de plaisir que le précédent : par conséquent, une personne peut calculer le plaisir qu'elle tirera d'un dollar en fonction du nombre de dollars dont elle dispose déjà.

> « On peut donner une définition du vocable *valeur* [...], à savoir celle de valeur estimée pas à partir du *prix* de la chose, mais à partir de l'*utilité* que chacun peut en tirer. Le prix estimé à partir de la chose elle-même est le même pour tous, l'utilité dépend

> de la condition de chacun. Il n'y a pas de doute que mille ducats offrent plus d'avantages pour un pauvre que pour un riche, bien que le montant soit le même pour l'un et l'autre[3]. »

Bernoulli s'étant fort justement aperçu que nous sommes sensibles aux valeurs relatives, sa formule doit prendre en compte cette vérité psychologique fondamentale. Seulement, il sait aussi que transposer la richesse en utilité est loin d'être aussi simple qu'il le prétend : il existe encore d'autres vérités psychologiques dont sa formule ne tient pas compte.

> « Ainsi, quoique le plus souvent un pauvre se réjouira plus qu'un riche d'une même somme, cependant il est possible qu'un homme, captif, riche de deux mille ducats, duquel le même montant serait exigé pour prix de sa liberté, ressente davantage la valeur de ces deux mille ducats qu'un autre qui serait moins riche ; des exemples de ce genre peuvent être trouvés sans limite, mais leur occurrence est fort rare[4]. »

Bien joué. Bernoulli a raison de penser que le centième dollar (le centième baiser, le centième beignet ou la centième victoire facile) ne nous rend pas aussi heureux que le premier. Mais il a tort de penser que c'est là le *seul* élément qui différencie richesse et utilité, et donc le seul élément à ajuster quand on prévoit l'utilité à tirer de la richesse. Ces exemples qu'il balaie comme des miettes sous le tapis *ne sont pas* « fort rares ». *Beaucoup* d'éléments autres que le volume de son compte en banque ont un impact sur l'utilité qu'une personne tire de son prochain dollar. Exemple : on accorde souvent aux choses plus de valeur une fois qu'on les possède, ou quand elles sont imminentes, on est souvent plus peiné des petites pertes que des grosses, on imagine souvent la douleur de la perte plus grande que le plaisir du gain, etc. Les phénomènes cités dans cet ouvrage sont, en effet, quelques-unes de ces exceptions pas si rares qui font du principe de Bernoulli une belle et inutile abstraction. Oui, il *faudrait* faire ses choix en multipliant probabilité et utilité, mais comment s'y prendre si cette utilité n'est pas appréciable à l'avance ? Les mêmes circonstances objectives donnent lieu à des expériences subjectives différentes : alors comment déduire une expérience subjective de la connaissance préalable d'une circonstance objective ? Le plus triste, c'est que traduire la richesse en utilité – c'est-à-dire prévoir ce qu'on éprouvera par la connaissance de ce qu'on aura – n'est pas traduire des miles en kilomètres, ou de l'allemand en japonais. Les relations simples et bornées par des règles qui marient les chiffres aux chiffres et les mots aux mots ne marient pas les événements objectifs aux expériences émotionnelles.

Alors que faire face à un choix ? Sans recette pour en prévoir l'utilité, on fait ce que seule notre espèce sait faire : on imagine. La structure unique de notre cerveau nous autorise à nous transporter mentalement dans les circonstances futures et à nous demander ce que ça nous fait d'être là. Au lieu de calculer l'utilité avec une précision mathématique, on chausse les pantoufles du lendemain pour voir si elles nous vont. Notre aptitude à nous projeter dans le temps et à vivre les événements avant qu'ils se produisent nous permet de tirer la leçon de nos erreurs sans les commettre et d'évaluer nos actions sans les entreprendre. La nature nous a-t-elle fait plus beau cadeau ? Pourtant, si impressionnante soit-elle, notre capacité de simuler un moi futur et des circonstances futures est loin d'atteindre la perfection. Quand on imagine l'avenir, on bouche les trous avec des détails qui n'existeront pas et on en omet d'autres qui, eux, seront bien là. Quand on imagine quelles seront nos émotions, on ne parvient ni à oublier celles d'aujourd'hui, ni à savoir ce qu'on pensera demain de l'événement attendu. Daniel Bernoulli a rêvé d'un monde dans lequel une simple formule nous permettrait à tous de décider de notre avenir avec perspicacité et clairvoyance. Mais la clairvoyance est un don fragile : elle nous laisse souvent l'œil plissé, louchant pour distinguer à quoi ça pourrait bien ressembler d'avoir ceci, de faire cela, d'aller là-bas… Il n'existe aucune recette simple pour trouver le bonheur. Mais si notre grand et gros cerveau ne nous permet pas d'entrer dans l'avenir d'un pas assuré, il nous permet au moins de comprendre ce qui nous fait chanceler.

Notes

Avant-propos

1. Les notes contenues dans ce livre renvoient à des recherches scientifiques venant appuyer les thèses que je soutiens. Elles contiennent parfois des informations supplémentaires pouvant présenter quelque intérêt, mais ne sont pas essentielles à la démonstration. Si vous vous moquez des sources, que le superflu vous ennuie et que vous avez horreur des bouquins qui vous obligent à les feuilleter dans tous les sens, soyez rassuré : la seule note importante de ce livre est celle-ci.

1. VOYAGE AU PAYS DE NUL TEMPS

1. W. A. Roberts, « Are Animals Stuck in Time ? », *Psychological Bulletin*, n° 128, 2002, p. 473-489.

2. D. C. Dennett, *Kinds of Minds*, Basic Books, New York, 1996 (*La Diversité des esprits, une approche de la conscience*, Hachette Sciences, Paris, 1998).

3. M. M. Haith, « The Development of Future Thinking as Essential for the Emergence of Skill in Planning », in *Developmental Psychology of Planning : Why, How, and When Do We Plan ?*, sous la direction de S. L. Friedman et E. K. Scholnick, Lawrence Erlbaum, New Jersey, 1997, p. 25-42.

4. E. Bates, J. Elman et P. Li, « Language In, On, and About Time », in *The Development of Future Oriented Processes*, sous la direction de M. M. Haith *et al.*, University of Chicago Press, Chicago, 1994.

5. B. M. Hood *et al.*, « Gravity Biases in a Nonhuman Primate ? », *Developmental Science* n° 2, 1999, p. 35-41. Voir aussi D. A. Washburn et D. M. Rumbaugh, « Comparative Assessment of Psychomotor Performance : Target Prediction by Humans and Macaques (Macaca mulatta) », *Journal of Experimental Psychology : General*, n° 121, 1992, p. 305-312.

6. L. M. Oakes et L. B. Cohen, « Infant Perception of a Causal Event », *Cognitive Development*, n° 5, 1990, p. 193-207. Voir aussi N. Wentworth et M. M. Haith, « Event-Specific Expectations of 2- and 3-Month-Old Infants », *Developmental Psychology*, n° 28, 1992, p. 842-850.

7. C. M. Atance et D. K. O'Neill, « Planning in 3-Year-Olds : A Reflection of the Future Self? » in *The Self in Time : Developmental Perspectives*, sous la direction de C. Moore et K. Lemmon, Lawrence Erlbaum, Mahwah, New Jersey, 2001 ; et J. B. Benson, « The Development of Planning : It's About Time », in Friedman et Scholnick, *Developmental Psychology of Planning*, *op. cit.*

8. Bien que les enfants commencent à parler de l'avenir vers l'âge de deux ans, ils ne semblent pas comprendre totalement cette notion avant quatre ans. Voir : D. J. Povinelli et B. B. Simon, « Young Children's Understanding of Briefly Versus Extremely Delayed Images of the Self : Emergence of the Autobiographical Stance », *Developmental Psychology*, n° 34, 1998, p. 188-194 ; et K. Nelson, « Finding One's Self in Time », in *The Self Across Psychology : Self-Recognition, Self-Awareness, and the Self Concept*, sous la direction de J. G. Snodgrass et R. L. Thompson, New York Academy of Sciences, New York, 1997, p. 103-116.

9. C. A. Banyas, « Evolution and Phylogenetic History of the Frontal Lobes », in *The Human Frontal Lobes*, sous la direction de B. L. Miller et J. L. Cummings, Guilford Press, New York, 1999, p. 83-106.

10. Il semble que Phineas ait emporté sa barre à mine partout avec lui pendant le restant de ses jours, et il serait sans doute heureux de savoir qu'elle et son crâne ont fini dans une exposition permanente au musée anthropologique Warren de Harvard.

11. Certains auteurs contemporains citent le cas de Gage comme une preuve de l'importance du lobe frontal, mais ce n'est pas la manière dont on vit l'incident lorsqu'il se produisit. Voir M. B. Macmillan, « A Wonderful Journey Through Skull and Brains : The Travels of Mr. Gage's Tamping Iron », *Brain and Cognition*, n° 5, 1986, p. 67-107.

12. M. B. Macmillan, « Phineas Gage's Contribution to Brain Surgery », *Journal of the History of the Neurosciences*, n° 5, 1996, p. 56-77.

13. S. M. Weingarten, « Psychosurgery », in Miller et Cummings, *The Human Frontal Lobes*, p. 446-460, *op. cit.*

14. D. R. Weinberger *et al.*, « Neural Mechanisms of Future-Oriented Processes », in Haith *et al.*, *The Development of Future Oriented Processes*, *op. cit.*, p. 221-242.

15. J. M. Fuster, *The Prefrontal Cortex : Anatomy, Physiology, and Neuropsychology of the Frontal Lobe*, Lippincott-Raven, New York, 1997, p. 160-161.

16. A. K. MacLeod et M. L. Cropley, « Anxiety, Depression, and the Anticipation of Future Positive and Negative Experiences », *Journal of Abnormal Psychology*, n° 105, 1996, p. 286-289.

17. M. A. Wheeler, D. T. Stuss et E. Tulving, « Toward a General Theory of Episodic Memory : The Frontal Lobes and Autonoetic Consciousness », *Psychological Bulletin*, n° 121, 1997, p. 331-354.

18. F. T. Melges, « Identity and Temporal Perspective », in *Cognitive Models of Psychological Time*, sous la direction de R. A. Block, Hillsdale, Lawrence Erlbaum, New Jersey, 1990, p. 255-266.

19. P. Faglioni, « The Frontal Lobes », in *The Handbook of Clinical and Experimental Neuropsychology*, sous la direction de G. Denes et L. Pizzamiglio, Psychology Press, East Sussex, Grande-Bretagne, 1999, p. 525-569.

20. J. M. Fuster, « Cognitive Functions of the Frontal Lobes », in Miller et Cummings, *The Human Frontal Lobes*, *op. cit.*, p. 187-195.

21. E. Tulving, « Memory and Consciousness », *Canadian Psychology* n° 26, 1985, p. 1-12. Le même cas est décrit de manière détaillée sous le pseudonyme « K. C. » dans E. Tulving *et al.*, « Priming of Semantic Autobiographical Knowledge : A Case Study of Retrograde Amnesia », *Brain and Cognition*, n° 8, 1988, p. 3-20.

22. E. Tulving, « Memory and Consciousness », *op. cit.*

23. Baba Ram Dass, *Be Here Now*, Crown, New York, 1971.

24. L. A. Jason *et al.*, « Time Orientation : Past, Present, and Future Perceptions », *Psychological Reports*, n° 64, 1989, p. 1199-1205.

25. E. Klinger et W. M. Cox, « Dimensions of Thought Flow in Everyday Life », *Imagination, Cognition, and Personality*, n° 72, 1987-1988, p. 105-128 ; et E. Klinger, « On Living Tomorrow Today : The Quality of Inner Life as a Function of Goal Expectations », in *Psychology of Future Orientation*, sous la direction de Z. Zaleski, Presses universitaires de l'université de Lublin, Pologne, 1994, p. 97-106.

26. J. L. Singer, *Daydreaming and Fantasy*, Oxford University Press, Oxford, 1981 ; E. Klinger, *Daydreaming : Using Waking Fantasy and Imagery for Self-Knowledge and Creativity*, Tarcher, Los Angeles, 1990 ; Gabriele Oettingen, *Psychologie des Zukunftdenkens*, Hogrefe, Goettingen, Allemagne, 1997.

27. G. F. Loewenstein et D. Prelec, « Preferences for Sequences of Outcomes », *Psychological Review*, n° 100, 1993, p. 91-108. Voir aussi George F. Loewenstein, « Anticipation and the Valuation of Delayed Consumption », *Economy Journal*, n° 97, 1987, p. 666-684 ; J. Elster et G. F. Loewenstein, « Utility from Memory and Anticipation », in *Choice Over Time*, sous la direction de G. F. Loewenstein et J. Elster, Russell Sage Foundation, New York, 1992, p. 213-234.

28. G. Oettingen et D. Mayer, « The Motivating Function of Thinking About the Future : Expectations Versus Fantasies », *Journal of Personality and Social Psychology*, n° 83, 2002, p. 1198-1212.

29. A. Tversky et D. Kahneman, « Availability : A Heuristic for Judgment Frequency and Probability », *Cognitive Psychology*, n° 5, 1973, p. 207-232.

30. N. Weinstein, « Unrealistic Optimism About Future Life Events », *Journal of Personality and Social Psychology*, n° 39, 1980, p. 806-820.

31. P. Brickman, D. Coates et R. J. Janoff-Bulman, « Lottery Winners and Accident Victims : Is Happiness Relative ? », *Journal of Personality and Social Psychology*, n° 36, 1978, p. 917-927.

32. E. C. Chang, K. Asakawa et L. J. Sanna, « Cultural Variations in Optimistic and Pessimistic Bias : Do Easterners Really Expect the Worst and Westerners Really Expect the Best When Predicting Future Life Events ? », *Journal of Personality and Social Psychology*, n° 81, 2001, p. 476-491.

33. J. M. Burger et M. L. Palmer, « Changes in and Generalization of Unrealistic Optimism Following Experiences with Stressful Events : Reactions to the 1989 California Earthquake », *Personality and Social Psychology Bulletin*, n° 18, 1992, p. 39-43.

34. H. E. Stiegelis *et al.*, « Cognitive Adaptation : A Comparison of Cancer Patients and Healthy References », *British Journal of Health Psychology*, n° 8, 2003, p. 303-318.

35. A. Arntz, M. Van Eck et P. J. de Jong, « Unpredictable Sudden Increases in Intensity of Pain and Acquired Fear », *Journal of Psychophysiology*, n° 6, 1992, p. 54-64.

36. À propos d'électrochocs, le moment est sans doute bien choisi pour signaler que les expériences psychologiques comme celles-ci sont toujours réalisées conformément aux strictes directives éthiques de l'American Psychological Association et qu'elles doivent être validées par des comités universitaires avant d'être exécutées. Les participants sont des volontaires, ils sont toujours parfaitement informés de tout risque éventuel que l'étude pourrait faire courir à leur santé ou à leur bien-être, et ont la possibilité de renoncer à tout moment, sans crainte d'aucune sanction. S'il arrive qu'on leur donne quelque fausse information pendant le déroulement de l'expérience, on leur dit la vérité une fois celle-ci terminée. Bref, nous sommes vraiment des gens *très* sympathiques.

37. Miceli et C. Castelfranchi, « The Mind and the Future : The (Negative) Power of Expectations », *Theory and Psychology*, n° 12, 2002, p. 335-366.

38. J. N. Norem, « Pessimism : Accentuating the Positive Possibilities », in *Virtue, Vice, and Personality : The Complexity of Behavio*r, sous la direction de E. C. Chang et L. J. Sanna, American Psychological Association, Washington, D.C., 2003, p. 91-104 ; J. K. Norem et N. Cantor, « Defensive Pessimism : Harnessing Anxiety as Motivation », *Journal of Personality and Social Psychology*, n° 51, 1986, p. 1208-1217.

39. A. Bandura, « Self-Efficacy : Toward a Unifying Theory of Behavioral Change », *Psychological Review*, n° 84, 1977, p. 191-215 ; et « Self-Efficacy : Mechanism in Human Agency », *American Psychologist*, n° 37, 1982, p. 122-147.

40. M. E. P. Seligman, *Helplessness : On Depression, Development, and Death*, Freeman, San Francisco, 1975.

41. E. J. Langer et J. Rodin, « The Effect of Choice and Enhanced Personal Responsibility for the Aged : A Field Experiment in an Institutional Setting », *Journal of Personality and Social Psychology*, n° 34, 1976, p. 191-198 ; et J. Rodin et E. J. Langer, « Long-Term Effects of a Control-Relevant Intervention with the Institutional Aged », *Journal of Personality and Social Psychology*, n° 35, 1977, p. 897-902.

42. R. Schulz et B. H. Hanusa, « Long-Term Effects of Control and Predictability-Enhancing Interventions : Findings and Ethical Issues », *Journal of Personality and Social Psychology*, n° 36, 1978, p. 1202-1212.

43. E. J. Langer, « The Illusion of Control », *Journal of Personality and Social Psychology*, n° 32, 1975, p. 311-328.

44. *Ibid.*

45. D. S. Dunn et T. D. Wilson, « When the Stakes Are High : A Limit to the Illusion of Control Effect », *Social Cognition*, n° 8, 1991, p. 305-323.

46. L. H. Strickland, R. J. Lewicki et A. M. Katz, « Temporal Orientation and Perceived Control as Determinants of Risk Taking », *Journal of Experimental Social Psychology*, n° 2, 1966, p. 143-151.

47. Dunn et Wilson, « When the Stakes Are High », *op. cit.*

48. S. Gollin *et al.*, « The Illusion of Control Among Depressed Patients », *Journal of Abnormal Psychology*, n° 88, 1979, p. 454-457.

49. L. B. Alloy et L. Y. Abramson, « Judgment of Contingency in Depressed and Nondepressed Students : Sadder but Wiser ? », *Journal of Experimental Psychology : General*, n° 108, 1979, p. 441-485. Pour un point de vue contraire, voir D. Dunning et A. L. Story, « Depression, Realism and the Overconfidence Effect : Are the Sadder Wiser When Predicting Future Actions and Events ? », *Journal of*

Personality and Social Psychology, n° 61, 1991, p. 521-532 ; et R. M. Msetfi *et al.*, « Depressive Realism and Outcome Density Bias in Contingency Judgments : The Effect of the Context and Intertrial Interval », *Journal of Experimental Psychology : General*, n° 134, 2005, p. 10-22.

50. S. E. Taylor et J. D. Brown, « Illusion and Well-Being : A Social-Psychological Perspective on Mental Health », *Psychological Bulletin*, n° 103, 1988, p. 193-210.

2. VU DE L'INTÉRIEUR

1. N. L. Segal, *Entwined Lives : Twins and What They Tell Us About Human Behavior*, Dutton, New York, 1999.

2. N. Angier, « Joined for Life, and Living Life to the Full », *New York Times*, 23 décembre 1997.

3. A. D. Dreger, « The Limits of Individuality : Ritual and Sacrifice in the Lives and Medical Treatment of Conjoined Twins », *Studies in History and Philosophy of Biological and Biomedical Sciences*, n° 29, 1998, p. 1-29.

4. *Ibid.* Depuis la parution de cet article, au moins deux siamois adultes ont voulu la séparation et sont morts pendant l'opération. « A Lost Surgical Gamble », *New York Times*, 9 juillet 2003.

5. J. R. Searle, *Mind, Language, and Society : Philosophy in the Real World*, Basic Books, New York, 1998.

6. Les états subjectifs ne peuvent se définir qu'en employant les termes de leurs antécédents objectifs ou d'autres états subjectifs. La chose est vraie aussi des objets physiques. Si nous n'avions pas le droit de définir un objet physique (la pâte de guimauve) en employant les termes des états subjectifs qu'il procure (« elle est douce, poisseuse et sucrée ») ou ceux d'un autre objet physique (« on la fabrique avec du sirop de maïs, du sirop de sucre, de l'extrait de vanille et des blancs d'œufs »), nous serions dans l'incapacité de la définir. Toutes les définitions se fondent sur la comparaison de la chose à définir avec des choses occupant la même catégorie ontologique (ex. des objets physiques comparés à des objets physiques) ou sur leur assimilation à des choses relevant d'une autre catégorie ontologique (ex. des objets physiques comparés à des états subjectifs). Personne n'a encore trouvé d'autre moyen.

7. R. D. Lane *et al.*, « Neuroanatomical Correlates of Pleasant and Unpleasant Emotion », *Neuropsychologia*, n° 35, 1997, p. 1437-1444.

8. C. Osgood, G. J. Suci et P. H. Tannenbaum, *The Measurement of Meaning*, University of Illinois Press, Urbana, 1957. La découverte fondamentale, c'est que les mots diffèrent selon trois dimensions : l'évaluation (bon ou mauvais), l'activité (actif ou passif) et la puissance (fort ou faible).

9. T. Nagel, « What Is It Like to Be a Bat ? », *Philosophical Review*, n° 83, 1974, p. 435-450. (« Quel effet cela fait d'être une chauve-souris », in Thomas Nagel, *Questions mortelles*, Presses universitaires de France, Paris, 1983.)

10. Alexander Pope, *Essai sur l'homme*, Épître 4, 1744.

11. Sigmund Freud, *Malaise dans la civilisation*, traduction de Ch. et J. Odier, « Bibliothèque de psychanalyse », Presses universitaires de France, Paris, 1971.

12. Blaise Pascal, *Pensées*, XXI : « Contrariétés étonnantes qui se trouvent dans

la nature de l'homme à l'égard de la vérité, du bonheur, et de plusieurs autres choses », édition de Port-Royal, Paris, 1671.

13. R. Nozick, *The Examined Life*, Simon & Schuster, New York, 1989, p. 102. (*Méditations sur la vie*, Odile Jacob, Paris, 1994.)

14. John Stuart Mill, « *Utilitarianism* », in *On Liberty, the Subjection of Women and Utilitarianism* (1863), in *The Basic Writings of John Stuart Mill*, sous la direction de D. E. Miller, Modern Library, New York, 2002. (*L'Utilitarisme*, collection « Champs », Flammarion, Paris, 1999.)

15. R. Nozick, *Anarchy, State, and Utopia*, Basic Books, New York, 1974. (*Anarchie, État et Utopie*, collection « Libre échange », Presses universitaires de France, Paris, 1988.)

16. R. Nozick, *The Examined Life*, p. 111 (*Méditations sur la vie*), *op. cit.* Le problème de la « machine à bonheur » de Nozick est très apprécié des universitaires qui, en général, oublient trois choses. Premièrement, qui a *dit* que personne ne voudrait être connecté ? Le monde est plein de gens qui veulent le bonheur et se fichent totalement de savoir s'il est « mérité » ou pas. Deuxièmement, ceux qui prétendent qu'ils ne voudraient pas être connectés le sont peut-être déjà. Après tout, l'oubli de la décision initiale fait partie du contrat. Troisièmement, personne ne peut *vraiment* répondre à cette question parce qu'elle exige d'imaginer un état futur dans lequel on ne connaîtrait pas la chose à laquelle on réfléchit. Voir E. B. Royzman, K. W. Cassidy et J. Baron, « "I Know, You Know" : Epistemic Egocentrism in Children and Adults », *Review of General Psychology*, n° 7, 2003, p. 38-65.

17. D. M. MacMahon, « From the Happiness of Virtue to the Virtue of Happiness : 400 bc-ad 1780 », *Daedalus : Journal of the American Academy of Arts and Sciences*, n° 133, 2004, p. 5-17.

18. *Cicéron, Tusculanes*, chapitres XXVI-XXVIII, collection des universités de France, Belles lettres, Paris, 1970.

19. Sur la distinction entre bonheur moral et bonheur émotionnel, quelques ouvrages dont les auteurs ont tous une position contraire à la mienne : D. W. Hudson, *Happiness and the Limits of Satisfaction*, Rowman & Littlefield, Londres, 1996 ; M. Kingwell, *Better Living : In Pursuit of Happiness from Plato to Prozac*, Viking, Toronto, 1998 (*À la poursuite du bonheur : de Platon au Prozac*, Bayard Centurion, Paris, 2006) ; et E. Telfer, *Happiness*, St. Martin's Press, New York, 1980.

20. N. Block, « Begging the Question Against Phenomenal Consciousness », *Behavioral and Brain Sciences*, n° 15, 1992, p. 205-206.

21. J. W. Schooler et T. Y. Engstler-Schooler, « Verbal Overshadowing of Visual Memories : Some Things Are Better Left Unsaid », *Cognitive Psychology*, n° 22, 1990, p. 36-71.

22. G. W. McConkie et D. Zola, « Is Visual Information Integrated in Successive Fixations in Reading ? », *Perception and Psychophysics*, n° 25, 1979, p. 221-224.

23. D. J. Simons et D. T. Levin, « Change Blindness », *Trends in Cognitive Sciences*, n° 1, 1997, p. 261-267.

24. M. R. Beck, B. L. Angelone et D. T. Levin, « Knowledge About the Probability of Change Affects Change Detection Performance », *Journal of Experimental Psychology : Human Perception and Performance*, n° 30, 2004, p. 778-791.

25. D. J. Simons et D. T. Levin, « Failure to Detect Changes to People in a Real-World Interaction », *Psychonomic Bulletin and Review*, n° 5, 1998, p. 644-649.

26. R. A. Rensink, J. K. O'Regan et J. J. Clark, « To See or Not to See : The Need for Attention to Perceive Changes in Scenes », *Psychological Science*, n° 8, 1997, p. 368-373.

27. « Hats Off to the Amazing Hondo », www.hondomagic.com/html/a_little_magic.htm.

28. B. Fischoff, « Perceived Informativeness of Facts », *Journal of Experimental Psychology : Human Perception and Performance*, n° 3, 1977, p. 349-358.

29. A. Parducci, *Happiness, Pleasure, and Judgment : The Contextual Theory and Its Applications*, Lawrence Erlbaum, Mahwah, New Jersey, 1995. (*La Mesure du bonheur*, Presses universitaires de Grenoble, Grenoble, 1999.)

30. E. Shackleton, *South* (1959), Carroll & Graf, New York, 1998, p. 192. (*L'Odyssée de « L'Endurance »*, « Libretto », Phébus, Paris, 2000.)

3. VU DE L'EXTÉRIEUR

1. J. LeDoux, *The Emotional Brain : The Mysterious Underpinnings of Emotional Life*, Simon & Schuster, New York, 1996. (*Le Cerveau des émotions*, Odile Jacob, Paris, 2005.)

2. R. B. Zajonc, « Feeling and Thinking : Preferences Need No Inferences », *American Psychologist*, n° 35, 1980, p. 151-175 ; « On the Primacy of Affect », *American Psychologist*, n° 39, p. 117-123, 1984 ; et « Emotions », in *The Handbook of Social Psychology*, sous la direction de D. T. Gilbert, S. T. Fiske et G. Lindzey, quatrième édition, volume 1, McGraw-Hill, New York, 1998, p. 591-632.

3. S. Schachter et J. Singer, « Cognitive, Social and Physiological Determinants of Emotional State », *Psychological Review*, n° 69, 1962, p. 379-399.

4. D. G. Dutton et A. P. Aron, « Some Evidence for Heightened Sexual Attraction Under Conditions of High Anxiety », *Journal of Personality and Social Psychology*, n° 30, 1974, p. 510-517.

5. Il est également intéressant de souligner que le seul fait d'identifier une émotion peut parfois suffire à l'éliminer. Voir A. R. Hariri, S. Y. Bookheimer et J. C. Mazziotta, « Modulating Emotional Response : Effects of a Neocortical Network on the Limbic System », *NeuroReport* II, 2000, p. 43-48 ; et M. D. Lieberman *et al.*, « Two Captains, One Ship : A Social Cognitive Neuroscience Approach to Disrupting Automatic Affective Processes » (article non publié, UCLA, 2003).

6. G. Greene, *The End of the Affair* (*La Fin d'une liaison*, Robert Laffont, 1951).

7. R. A. Dienstbier et P. C. Munter, « Cheating as a Function of the Labeling of Natural Arousal », *Journal of Personality and Social Psychology*, n° 17, 1971, p. 208-213.

8. M. P. Zanna et J. Cooper, « Dissonance and the Pill : An Attribution Approach to Studying the Arousal Properties of Dissonance », *Journal of Personality and Social Psychology*, n° 29, 1974, p. 703-709.

9. D. C. Dennett, *Brainstorms : Philosophical Essays on Mind and Psychology*, Bradford/MIT Press, Cambridge, Massachusetts, 1981, p. 218.

10. J. W. Schooler, « Re-presenting Consciousness : Dissociations Between Consciousness and Meta-Consciousness », *Trends in Cognitive Science*, n° 6, 2002, p. 339-344.

11. L. Weiskrantz, *Blindsight*, Oxford University Press, Oxford, 1986.

12. A. Cowey et P. Stoerig, « The Neurobiology of Blindsight », *Trends in Neuroscience*, nº 14, 1991, p. 140-145.

13. E. J. Vanman, M. E. Dawson et P. A. Brennan, « Affective Reactions in the Blink of An Eye : Individual Differences in Subjective Experience and Physiological Responses to Emotional Stimuli », *Personality and Social Psychology Bulletin*, nº 24, 1998, p. 994-1005.

14. R. D. Lane *et al.*, « Is Alexithymia the Emotional Equivalent of Blindsight ? », *Biological Psychiatry*, nº 42, 1997, p. 834-844.

15. L'économiste britannique du dix-neuvième siècle Francis Ysidro Edgeworth a donné à cet appareil le nom d'*hédonimètre*. Voir Francis Ysidro Edgeworth, *Mathematical Psychics : An Essay on the Application of Mathematics to the Moral Sciences*, Kegan Paul, Londres, 1881.

16. N. Schwarz et F. Strack, « Reports of Subjective Well-Being : Judgmental Processes and Their Methodological Implications », in *Well-Being : The Foundations of Hedonic Psychology*, sous la direction de D. Kahneman, E. Diener et N. Schwarz, Russell Sage Foundation, New York, 1999, p. 61-84 ; D. Kahneman, « Objective Happiness », *ibid.*, p. 3-25.

17. R. J. Larsen et B. L. Fredrickson, « Measurement Issues in Emotion Research », *ibid.*, p. 40-60.

18. M. Minsky, *The Society of Mind*, Simon & Schuster, New York, 1985 (*La Société de l'esprit*, InterÉditions, 1988) ; W. G. Lycan, « Homuncular Functionalism Meets PDP », in *Philosophy and Connectionist Theory*, sous la direction de W. Ramsey, S. P. Stich et D. E. Rumelhart, Lawrence Erlbaum, Mahwah, New Jersey, 1991, p. 259-286.

19. Platon, *Protagoras*, traduction d'Émile Chambry, GF nº 761, Flammarion, Paris, 2005.

4. DANS L'ANGLE MORT DE L'IMAGINATION

1. R. O. Boyer et H. M. Morais, *Labor's Untold Story*, Cameron, New York, 1955 ; P. Avrich, *The Haymarket Tragedy*, Princeton University Press, Princeton, New Jersey, 1984.

2. E. Brayer, *George Eastman : A Biography*, Johns Hopkins University Press, Baltimore, 1996.

3. R. Karniol et M. Ross, « The Motivational Impact of Temporal Focus : Thinking About the Future and the Past », *Annual Review of Psychology*, nº 47, 1996, p. 593-620 ; et B. A. Mellers, « Choice and the Relative Pleasure of Consequences », *Psychological Bulletin*, nº 126, 2000, p. 910-924.

4. D. L. Schacter, *Searching for Memory : The Brain, the Mind and the Past*, Basic Books, New York, 1996. (*À la recherche de la mémoire*, De Boeck Université, 1999.)

5. E. F. Loftus, D. G. Miller et H. J. Burns, « Semantic Integration of Verbal Information into Visual Memory », *Journal of Experimental Psychology : Human Learning and Memory*, nº 4, 1978, p. 19-31.

6. E. F. Loftus, « When a Lie Becomes Memory's Truth : Memory Distortion

after Exposure to Misinformation », *Current Directions in Psychological Sciences*, n° 1, 1992, p. 121-123. Pour un point de vue opposé, lire M. S. Zaragoza, M. McCloskey et M. Jamis, « Misleading Postevent Information and Recall of the Original Event : Further Evidence Against the Memory Impairment Hypothesis », *Journal of Experimental Psychology : Learning, Memory, and Cognition*, n° 13, 1987, p. 36-44.

7. M. K. Johnson et S. J. Sherman, « Constructing and Reconstructing the Past and the Future in the Present », in *Handbook of Motivation and Cognition : Foundations of Social Behavior*, sous la direction de E. T. Higgins et R. M. Sorrentino, volume 2, Guilford Press, New York, 1990, p. 482-526 ; et M. K. Johnson et C. L. Raye, « Reality Monitoring », *Psychological Review*, n° 88, 1981, p. 67-85.

8. J. Deese, « On the Predicted Occurrence of Particular Verbal Intrusions in Immediate Recall », *Journal of Experimental Psychology*, n° 58, 1959, p. 17-22.

9. H. L. Roediger et K. B. McDermott, « Creating False Memories : Remembering Words Not Presented in Lists », *Journal of Experimental Psychology : Learning, Memory, and Cognition*, n° 21, 1995, p. 803-814.

10. H. L. Roediger et K. B. McDermott, « Attempting to Avoid Illusory Memories : Robust False Recognition of Associates Persists under Conditions of Explicit Warnings and Immediate Testing », *Journal of Memory and Language*, n° 39, 1998, p. 508-520.

11. R. Warren, « Perceptual Restoration of Missing Speech Sounds », *Science*, n° 167, 1970, p. 392-393.

12. A. G. Samuel, « A Further Examination of Attentional Effects in the Phonemic Restoration Illusion », *Quarterly Journal of Experimental Psychology*, n° 43 A, 1991, p. 679-699.

13. R. Warren, « Perceptual Restoration of Obliterated Sounds », *Psychological Bulletin*, n° 96, 1984, p. 371-383.

14. Lyman Frank Baum, *Le Magicien d'Oz*, traduction de Mona de Pracontal, « Folio Junior », Gallimard, Paris, 1993.

15. John Locke, *Essai sur l'entendement humain*, livre IV, traduction de Jean-Michel Vienne, « Bibliothèque des textes philosophiques », Vrin, Paris, 2002, p. 210.

16. Emmanuel Kant, *Critique de la raison pure*, traduction de Jules Barni revue par P. Archambault, Garnier-Flammarion, Paris, 1976, p. 110.

17. W. Durant, *The Story of Philosophy*, Simon & Schuster, New York, 1926. (*Vies et doctrines des philosophes*, Payot, Paris, 1946.)

18. A. Gopnik et J. W. Astington, « Children's Understanding of Representational Change and Its Relation to the Understanding of False Beliefs and the Appearance-Reality Distinction », *Child Development*, n° 59, 1988, p. 26-37 ; H. Wimmer et J. Perner, « Beliefs About Beliefs : Representation and Constraining Function of Wrong Beliefs in Young Children's Understanding of Deception », *Cognition* n° 13, 1983, p. 103-128.

19. Jean Piaget, *La Représentation du monde chez l'enfant*, collection « Quadrige », Presses universitaires de France, Paris, 2003.

20. B. Keysar *et al.*, « Taking Perspective in Conversation : The Role of Mutual Knowledge in Comprehension », *Psychological Science* n° 11, 2000, p. 32-38.

21. D. T. Gilbert, « How Mental Systems Believe », *American Psychologist*, n° 46, 1991, p. 107-119.

22. Il est intéressant de noter que, si cette aptitude augmente avec l'âge, elle se dégrade avec la vieillesse. Voir C. Ligneau-Hervé et E. Mullet, « Perspective-Taking Judgments Among Young Adults, Middle-Aged, and Elderly People », *Journal of Experimental Psychology : Applied*, n° 11, 2005, p. 53-60 (« Prise de perspective à différents âges », département de psychologie, université François-Rabelais, Tours.)

23. Jean Piaget, *La Représentation du monde chez l'enfant*, *op. cit.*, p. 107.

24. G. A. Miller, « Trends and Debates in Cognitive Psychology », *Cognition*, n° 10, 1981, p. 215-225.

25. D. T. Gilbert et T. D. Wilson, « Miswanting : Some Problems in the Forecasting of Future Affective States », in *Feeling and Thinking : The Role of Affect in Social Cognition*, sous la direction de J. Forgas, Cambridge University Press, Cambridge, 2000, p. 178-197.

26. D. Dunning *et al.*, « The Overconfidence Effect in Social Prediction », *Journal of Personality and Social Psychology*, n° 58, 1990, p. 568-581 ; et R. Vallone *et al.*, « Overconfident Predictions of Future Actions and Outcomes by Self and Others », *ibid.*, p. 582-592.

27. D. W. Griffin, D. Dunning et L. Ross, « The Role of Construal Processes in Overconfident Predictions About the Self and Others », *Journal of Personality and Social Psychology*, n° 59, 1990, p. 1128-1139.

28. Emmanuel Kant, *Critique de la raison pure*, *op. cit.*, p. 110.

5. LES CHIENS N'ABOIENT PAS, LA CARAVANE PASSE…

1. Arthur Conan Doyle, « Flamme d'argent », in *Les Mémoires de Sherlock Holmes*, Omnibus, Paris, 2005.

2. *Ibid.*

3. R. S. Sainsbury et H. M. Jenkins, « Feature-Positive Effect in Discrimination Learning », *Proceedings of the Annual Convention of the American Psychological Association*, n° 2, 1967, p. 17-18.

4. J. P. Newman, W. T. Wolff et E. Hearst, « The Feature-Positive Effect in Adult Human Subjects », *Journal of Experimental Psychology : Human Learning and Memory*, n° 6, 1980, p. 630-650.

5. H. M. Jenkins et W. C. Ward, « Judgment of Contingency Between Responses and Outcomes », *Psychological Monographs*, n° 79, 1965 ; P. C. Wason, « Reasoning About a Rule », *Quarterly Journal of Experimental Psychology*, n° 20, 1968 ; et D. L. Hamilton et R. K. Gifford, « Illusory Correlation in Interpersonal Perception : A Cognitive Basis of Stereotypic Judgements », *Journal of Experimental Social Psychology*, n° 12, 1976, p. 392-407. Voir aussi J. Crocker, « Judgment of Covariation by Social Perceivers », *Psychological Bulletin*, n° 90, 1981, p. 272-292 ; L. B. Alloy et N. Tabachnik, « The Assessment of Covariation by Humans and Animals : The Joint Influence of Prior Expectations and Current Situational Information », *Psychological Review*, n° 91, 1984, p. 112-149.

6. Francis Bacon, *Novum Organum*, traduction de Lorquet, Hachette, Paris, 1857, p. 16.

7. *Ibid.*, p. 14.

8. J. Klayman et Y. W. Ha, « Confirmation, Disconfirmation, and Information in Hypothesis-Testing », *Psychological Review*, n° 94, 1987, p. 211-228.

9. A. Tversky, « Features of Similarity », *Psychological Review*, n° 84, 1977, p. 327-352.

10. E. Shafir, « Choosing Versus Rejecting : Why Some Options Are Both Better and Worse Than Others », *Memory & Cognition*, n° 21, 1993, p. 546-556.

11. T. D. Wilson *et al.*, « Focalism : A Source of Durability Bias in Affective Forecasting », *Journal of Personality and Social Psychology*, n° 78, 2000, p. 821-836.

12. Cette étude a été exposée dans un article qui en décrivait d'autres. On y demandait aux gens de prévoir ce qu'ils éprouveraient : *a)* si la navette *Columbia* explosait, provoquant la mort de tous les astronautes à son bord ; *b)* si une guerre américaine en Irak provoquait la chute de Saddam Hussein. Croyez-le ou non, ces études ont été réalisées en 1998... soit cinq ans avant que se produisent réellement ces événements.

13. D. A. Schkade et D. Kahneman, « Does Living in California Make People Happy ? A Focusing Illusion in Judgments of Life Satisfaction », *Psychological Science*, n° 9, 1998, p. 340-346.

14. C'est moins vrai des peuples qui vivent dans des cultures privilégiant la pensée holistique. Voir K. C. H. Lam *et al.*, « Cultural Differences in Affective Forecasting : The Role of Focalism », *Personality and Social Psychology Bulletin*, n° 31, 2005, p. 1296-1309.

15. P. Menzela *et al.*, « The Role of Adaptation to Disability and Disease in Health State Valuation : A Preliminary Normative Analysis », *Social Science & Medicine*, n° 55, 2002, p. 2149-2158.

16. Colin Turnbull, *Le Peuple de la forêt*, Stock, Paris, 1961.

17. Y. Trope et N. Liberman, « Temporal Construal », *Psychological Review*, n° 110, 2003, p. 403-421.

18. R. R. Vallacher et D. M. Wegner, *A Theory of Action Identification,* Hillsdale, Lawrence Erlbaum, New Jersey, 1985, p. 61-88.

19. Y. Trope et N. Liberman, « The Role of Feasibility and Desirability Considerations in Near and Distant Future Decisions : A Test of Temporal Construal Theory », *Journal of Personality and Social Psychology*, n° 75, 1998, p. 5-18.

20. M. D. Robinson et G. L. Clore, « Episodic and Semantic Knowledge in Emotional Self-Report : Evidence for Two Judgment Processes », *Journal of Personality and Social Psychology*, n° 83, 2002, p. 198-215.

21. T. Eyal *et al.*, « The Pros and Cons of Temporally Near and Distant Action », *Journal of Personality and Social Psychology*, n° 86, 2004, p. 781-795.

22. I. R. Newby-Clark et M. Ross, « Conceiving the Past and Future », *Personality and Social Psychology Bulletin*, n° 29, 2003, p. 807-818 ; et « Construing the Past and Future », *Social Cognition*, n° 16, 1998, p. 133-150.

23. N. Liberman, M. Sagristano et Y. Trope, « The Effect of Temporal Distance on Level of Mental Construal », *Journal of Experimental Social Psychology*, n° 38, 2002, p. 523-534.

24. G. Ainslie, « Specious Reward : A Behavioral Theory of Impulsiveness and Impulse Control », *Psychological Bulletin*, n° 82, 1975, p. 463-496 ; et G. Ainslie, *Picoeconomics : The Strategic Interaction of Successive Motivational States Within the Person*, Cambridge University Press, Cambridge, 1992.

25. Le premier auteur à faire cette observation fut Platon, qui l'utilisa pour plaider l'existence d'une mesure objective du bonheur : « Les mêmes objets ne paraissent-ils pas à vos yeux plus grands, de près, plus petits, de loin ? [...] Si donc notre bonheur consistait à faire et à choisir ce qui est grand, à éviter et à ne pas faire ce qui est petit, où trouverions-nous le salut de notre vie ? dans l'art de mesurer ou dans la faculté de saisir les apparences ? N'avons-nous pas vu que celle-ci nous trompait, nous faisait souvent interpréter les mêmes choses de cent façons, et regretter nos actes et nos choix, relativement à la grandeur et à la petitesse ? », Platon, *Protagoras*, traduction d'Émile Chambry, GF nº 761, Flammarion, Paris, 2005.

26. G. Loewenstein, « Anticipation and the Valuation of Delayed Consumption », *Economy Journal*, nº 97, 1987, p. 666-684.

27. S. M. McLure *et al.*, « The Grasshopper and the Ant : Separate Neural Systems Value Immediate and Delayed Monetary Rewards », *Science*, nº 306, 2004, p. 503-507.

28. Arthur Conan Doyle, « Flamme d'argent », *op. cit.*

6. L'AVENIR, C'EST TOUT DE SUITE

1. Tout le monde, absolument *tout le monde* a l'air persuadé que Kelvin a prononcé cette phrase en 1895, mais impossible de mettre la main sur la source originale pour le prouver.

2. S. A. Newcomb, *Side-Lights on Astronomy,* Harper & Brothers, New York, 1906, p. 355.

3. W. Wright, « Speech to the Aero Club of France », in *The Papers of Wilbur and Orville Wright*, sous la direction de M. McFarland, McGraw-Hill, New York, 1908, p. 934.

4. A. C. Clarke, *Profiles of the Future*, Bantam, New York, 1963, p. 14. (*Profil du futur*, « Planète », Denoël, Paris, 1969.) Au fait, pour Clarke, « vieillissant » signifie quelque part entre trente et quarante-cinq ans. Pas de chance...

5. G. R. Goethals et R. F. Reckman, « The Perception of Consistency in Attitudes », *Journal of Experimental Social Psychology*, nº 9, 1973, p. 491-501.

6. C. McFarland et M. Ross, « The Relation Between Current Impressions and Memories of Self and Dating Partners », *Personality and Social Psychology Bulletin*, nº 13, 1987, p. 228-238.

7. M. A. Safer, L. J. Levine et A. L. Drapalski, « Distortion in Memory for Emotions : The Contributions of Personality and Post-Event Knowledge », *Personality and Social Psychology Bulletin*, nº 28, 2002, p. 1495-1507.

8. E. Eich *et al.*, « Memory for Pain : Relation Between Past and Present Pain Intensity », *Pain*, nº 23, 1985, p. 375-380.

9. L. N. Collins *et al.*, « Agreement Between Retrospective Accounts of Substance Use and Earlier Reported Substance Use », *Applied Psychological Measurement*, nº 9, 1985, p. 301-309 ; G. B. Markus, « Stability and Change in Political Attitudes : Observe, Recall, and "Explain" », *Political Behavior*, nº 8, 1986, p. 21-44 ; D. Offer *et al.*, « The Altering of Reported Experiences », *Journal of the American Academy of Child and Adolescent Psychiatry*, nº 39, 2000, p. 735-742.

10. M. A. Safer, G. A. Bonanno et N. P. Field, « “It Was Never That Bad” : Biased Recall of Grief and Long-Term Adjustment to the Death of a Spouse », *Memory*, nº 9, 2001, p. 195-204.

11. Pour aller plus loin, voir M. Ross, « Relation of Implicit Theories to the Construction of Personal Histories », *Psychological Review*, nº 96, 1989, p. 341-357 ; L. J. Levine et M. A. Safer, « Sources of Bias in Memory for Emotions », *Current Directions in Psychological Science*, nº 11, 2002, p. 169-173.

12. L. J. Levine, « Reconstructing Memory for Emotions », *Journal of Experimental Psychology : General*, nº 126, 1997, p. 165-177.

13. G. F. Loewenstein, « Out of Control : Visceral Influences on Behavior », *Organizational Behavior and Human Decision Processes*, nº 65, 1996, p. 272-292 ; G. F. Loewenstein, T. O'Donoghue et M. Rabin, « Projection Bias in Predicting Future Utility », *Quarterly Journal of Economics*, nº 118, 2003, p. 1209-1248 ; G. Loewenstein et E. Angner, « Predicting and Indulging Changing Preferences », in *Time and Decision,* sous la direction de G. F. Loewenstein, D. Read et R. F. Baumeister, Russell Sage Foundation, New York, 2003, p. 351-391 ; L. Van Boven, D. Dunning et G. F. Loewenstein, « Egocentric Empathy Gaps Between Owners and Buyers : Misperceptions of the Endowment Effect », *Journal of Personality and Social Psychology*, nº 79, 2000, p. 66-76.

14. R. E. Nisbett et D. E. Kanouse, « Obesity, Food Deprivation and Supermarket Shopping Behavior », *Journal of Personality and Social Psychology*, nº 12, 1969, p. 289-294 ; D. Read et B. Van Leeuwen, « Predicting Hunger : The Effects of Appetite and Delay on Choice », *Organizational Behavior and Human Decision Processes*, nº 76, 1998, p. 189-205.

15. G. F. Loewenstein, D. Prelec et C. Shatto, « Hot/Cold intrapersonal Empathy Gaps and the Under-prediction of Curiosity » (article non publié, Carnegie-Mellon University, 1998), cité dans G. F. Loewenstein, « The Psychology of Curiosity : A Review and Reinterpretation », *Psychological Bulletin*, nº 116, 1994, p. 75-98.

16. S. M. Kosslyn *et al.*, « The Role of Area 17 in Visual Imagery : Convergent Evidence from PET and rTMS », *Science*, nº 284, 1999, p. 167-170.

17. P. K. McGuire, G. M. S. Shah et R. M. Murray, « Increased Blood Flow in Broca's Area During Auditory Hallucinations in Schizophrenia », *Lancet*, nº 342, 1993, p. 703-706.

18. D. J. Kavanagh, J. Andrade et J. May, « Imaginary Relish and Exquisite Torture : The Elaborated Intrusion Theory of Desire », *Psychological Review*, nº 112, 2005, p. 446-467.

19. A. K. Anderson et E. A. Phelps, « Lesions of the Human Amygdala Impair Enhanced Perception of Emotionally Salient Events », *Nature*, nº 411, 2001, p. 305-309 ; E. A. Phelps *et al.*, « Activation of the Left Amygdala to a Cognitive Representation of Fear », *Nature Neuroscience*, nº 4, 2001, p. 437-441 ; et H. C. Breiter *et al.*, « Functional Imaging of Neural Responses to Expectancy and Experience of Monetary Gains and Losses », *Neuron*, nº 30, 2001.

20. Voir C. M. Atance et D. K. O'Neill, « Episodic Future Thinking », *Trends in Cognitive Sciences*, nº 5, 2001, p. 533-539.

21. T. D. Wilson *et al.*, « Introspecting About Reasons Can Reduce Postchoice Satisfaction », *Personality and Social Psychology Bulletin*, nº 19, 1993, p. 331-339. Voir aussi T. D. Wilson et J. W. Schooler, « Thinking Too Much : Introspection

Can Reduce the Quality of Preferences and Decisions », *Journal of Personality and Social Psychology*, nº 60, 1991, p. 181-192.

22. C. N. DeWall et R. F. Baumeister, « Alone but Feeling No Pain : Effects of Social Exclusion on Physical Pain Tolerance and Pain Threshold, Affective Forecasting, and Interpersonal Empathy », *Journal of Personality and Social Psychology* (sous presse).

23. D. Reisberg *et al.*, « "Enacted" Auditory Images Are Ambiguous ; "Pure" Auditory Images Are Not », *Quarterly Journal of Experimental Psychology : Human Experimental Psychology*, nº 41, 1989, p. 619-641.

24. Des psychologues intelligents ont su élaborer des circonstances inhabituelles qui apportent des exceptions à cette règle ; voir C. W. Perky, « An Experimental Study of Imagination », *American Journal of Psychology*, nº 21, 1910, p. 422-452. Notons aussi que, si on sait presque toujours faire la distinction entre ce qu'on voit et ce qu'on imagine, on ne sait pas toujours la faire entre ce qu'on a vu et ce qu'on a imaginé ; voir M. K. Johnson et C. L. Raye, « Reality Monitoring », *Psychological Review*, nº 88, 1981, p. 67-85.

25. N. Schwarz et G. L. Clore, « Mood, Misattribution, and Judgments of Well-Being : Informative and Directive Functions of Affective States », *Journal of Personality and Social Psychology*, nº 45, 1983, p. 513-523.

26. L. Van Boven et G. Loewenstein, « Social Projection of Transient Drive States », *Personality and Social Psychology Bulletin*, nº 29, 2003, p. 1159-1168.

27. A. K. MacLeod et M. L. Cropley, « Anxiety, Depression, and the Anticipation of Future Positive and Negative Experiences », *Journal of Abnormal Psychology*, nº 105, 1996, p. 286-289.

28. E. J. Johnson et A. Tversky, « Affect, Generalization, and the Perception of Risk », *Journal of Personality and Social Psychology*, nº 45, 1983, p. 20-31 ; et D. DeSteno *et al.*, « Beyond Valence in the Perception of Likelihood : The Role of Emotion Specificity », *Journal of Personality and Social Psychology*, nº 78, 2000, p. 397-416.

7. BOMBES À RETARDEMENT

1. M. Hegarty, « Mechanical Reasoning by Mental Simulation », *Trends in Cognitive Sciences*, nº 8, 2004, p. 280-285.

2. G. Lakoff et M. Johnson, *Metaphors We Live By*, University of Chicago Press, Chicago, 1980 (*Les Métaphores dans la vie quotidienne*, collection « Propositions », Minuit, Paris, 1985).

3. D. Gentner, M. Imai et L. Boroditsky, « As Time Goes By : Evidence for Two Systems in Processing Space Time Metaphors », *Language and Cognitive Processes*, nº 17, 2002, p. 537-565 ; et L. Boroditsky, « Metaphoric Structuring : Understanding Time Through Spatial Metaphors », *Cognition*, nº 75, 2000, p. 1-28.

4. B. Tversky, S. Kugelmass et A. Winter, « Cross-Cultural and Developmental Trends in Graphic Productions », *Cognitive Psychology*, nº 23, 1991, p. 515-557.

5. L. Boroditsky, « Does Language Shape Thought ? Mandarin and English Speakers' Conceptions of Time », *Cognitive Psychology*, nº 43, 2001, p. 1-22.

6. R. K. Ratner, B. E. Kahn et D. Kahneman, « Choosing Less-Preferred Expe-

riences for the Sake of Variety », *Journal of Consumer Research*, nº 26, 1999, p. 1-15.

7. D. Read et G. F. Loewenstein, « Diversification Bias : Explaining the Discrepancy in Variety Seeking Between Combined and Separated Choices », *Journal of Experimental Psychology : Applied I,* 1995, p. 34-49. Voir aussi I. Simonson, « The Effect of Purchase Quantity and Timing on Variety-Seeking Behavior », *Journal of Marketing Research*, nº 27, 1990, p. 150-162.

8. T. D. Wilson et D. T. Gilbert, « Making Sense : A Model of Affective Adaptation » (article non publié, université de Virginie, 2005).

9. Les humains ne sont pas les seuls animaux qui apprécient la variété. L'*effet Coolidge* doit apparemment son nom à cette visite que le président Calvin Coolidge et sa femme firent dans une ferme. Le contremaître vantait les prouesses sexuelles de son coq de concours : « Ce coq peut s'accoupler toute la journée sans interruption, dit-il. – Vraiment ? fit Mrs. Coolidge. Je vous en prie, dites donc cela à mon mari. » Le président se tourna alors vers le contremaître et lui demanda : « Le coq s'accouple-t-il chaque fois avec la même poule ? – Non, répondit l'homme, toujours avec une poule différente. » À quoi le président repartit : « Vraiment ? Je vous en prie, dites donc *cela* à ma femme. » Si l'histoire est probablement apocryphe, le phénomène, lui, ne l'est pas : les mammifères mâles ayant forniqué jusqu'à l'épuisement peuvent être incités à s'accoupler à nouveau, mais avec une nouvelle femelle ; voir J. Wilson, R. Kuehn et F. Beach, « Modifications in the Sexual Behavior of Male Rats Produced by Changing the Stimulus Female », *Journal of Comparative and Physiological Psychology*, nº 56, 1963, p. 636-644. En réalité, même les taureaux élevés pour la reproduction et dont le sperme est recueilli par une machine mettent beaucoup moins de temps à éjaculer quand on installe la machine à laquelle ils sont habitués dans un endroit nouveau. E. B. Hale et J. O. Almquist, « Relation of Sexual Behavior to Germ Cell Output in Farm Animals », *Journal of Dairy Science*, nº 43 : supp., 1960, p. 145-167.

10. Il faut noter que, si on modifie les hypothèses (et surtout celle sur le degré d'habituation), échanger les assiettes exactement au moment où notre mets préféré a perdu de son efficacité peut être une mauvaise stratégie pour optimiser notre plaisir sur le long terme ; R. J. Hernstein, *The Matching Law : Papers in Psychology and Economics,* sous la direction de H. Rachlin et D. I. Laibson, Harvard University Press, Cambridge, Massachusetts, 1997.

11. J'aimerais profiter de cette note pour préciser que mon apparente fixette sur les postiers trahit un sens de l'humour juvénile et que cet exemple entièrement fictif ne doit pas donner une image fausse des nombreux et délicieux facteurs et épouses qui ont peuplé ma vie.

12. D. T. Gilbert, « Inferential Correction », in *Heuristics and Biases : The Psychology of Intuitive Judgment*, sous la direction de T. Gilovich, D. W. Griffin et D. Kahneman, Cambridge University Press, Cambridge, 2002, p. 167-184.

13. A. Tversky et D. Kahneman, « Judgment Under Uncertainty : Heuristics and Biases », *Science*, nº 185, 1974, p. 1124-1131.

14. N. Epley et T. Gilovich, « Putting Adjustment Back in the Anchoring and Adjustment Heuristic : Differential Processing of Self-Generated and Experimenter-Provided Anchors », *Psychological Science*, nº 12, 2001, p. 391-396.

15. D. T. Gilbert, M. J. Gill et T. D. Wilson, « The Future Is Now : Temporal

Correction in Affective Forecasting », *Organizational Behavior and Human Decision Processes*, nº 88, 2002, p. 430-444.

16. Voir aussi J. E. J. Ebert, « The Role of Cognitive Resources in the Valuation of Near and Far Future Events », *Acta Psychologica*, nº 108, 2001, p. 155-171.

17. G. F. Loewenstein et D. Prelec, « Preferences for Sequences of Outcomes », *Psychological Review*, nº 100, 1993, p. 91-108.

18. D. Kahneman et A. Tversky, « Prospect Theory : An Analysis of Decision Under Risk », *Econometrica*, nº 47, 1979, p. 263-291.

19. J. W. Pratt, D. A. Wise et R. Zeckhauser, « Price Differences in Almost Competitive Markets », *Quarterly Journal of Economics*, nº 93, 1979, p. 189-211 ; A. Tversky et D. Kahneman, « The Framing of Decisions and the Psychology of Choice », *Science*, nº 211, 1981, p. 453-458 ; R. H. Thaler, « Toward a Positive Theory of Consumer Choice », *Journal of Economic Behavior and Organization*, nº 1, 1980, p. 39-60.

20. R. H. Thaler, « Mental Accounting Matters », *Journal of Behavioral Decision Making*, nº 12, 1999, p. 183-206.

21. R. B. Cialdini *et al.*, « Reciprocal Concessions Procedure for Inducing Compliance : The Door-in-the-Face Technique », *Journal of Personality and Social Psychology*, nº 31, 1975, p. 206-215. Il existe une controverse quant à savoir si ce résultat est bien dû au contraste entre grandes et petites requêtes. Voir J. P. Dillard, « The Current Status of Research on Sequential-Request Compliance Techniques », *Personality and Social Psychology Bulletin*, nº 17, 1991, p. 283-288.

22. D. Kahneman et D. T. Miller, « Norm Theory : Comparing Reality to Its Alternatives », *Psychological Review*, nº 93, 1986, p. 136-153.

23. O. E. Tykocinski et T. S. Pittman, « The Consequences of Doing Nothing : Inaction Inertia as Avoidance of Anticipated Counterfactual Regret », *Journal of Personality and Social Psychology*, nº 75, 1998, p. 607-616 ; et O. E. Tykocinski, T. S. Pittman et E. E. Tuttle, « Inaction Inertia : Foregoing Future Benefits as a Result of an Initial Failure to Act », *Journal of Personality and Social Psychology*, nº 68, 1995, p. 793-803.

24. D. Kahneman et A. Tversky, « Choices, Values, and Frames », *American Psychologist*, nº 39, 1984, p. 341-350.

25. I. Simonson et A. Tversky, « Choice in Context : Trade off Contrast and Extremeness Aversion », *Journal of Marketing Research*, nº 29, 1992, p. 281-295.

26. R. B. Cialdini, *Influence : Science and Practice*, Foresman, Glenview, Illinois, 1985. (*Influence et manipulation*, éditions First, Paris, 2004.)

27. D. A. Redelmeier et E. Shafir, « Medical Decision Making in Situations That Offer Multiple Alternatives », *JAMA : Journal of the American Medical Association*, nº 273, 1995, p. 302-305.

28. S. S. Iyengar et M. R. Lepper, « When Choice Is Demotivating : Can One Desire Too Much of a Good Thing ? », *Journal of Personality and Social Psychology*, nº 79, 2000, p. 995-1006 ; et B. Schwartz, « Self-Determination : The Tyranny of Freedom », *American Psychologist*, nº 55, 2000, p. 79-88.

29. A. Tversky, S. Sattath et P. Slovic, « Contingent Weighting in Judgment and Choice », *Psychological Review*, nº 95, 1988, p. 371-384.

30. C. K. Hsee *et al.*, « Preference Reversals Between Joint and Separate Eva-

luations of Options : A Review and Theoretical Analysis », *Psychological Bulletin*, nº 125, 1999, p. 576-590.

31. C. K. Hsee, « The Evaluability Hypothesis : An Explanation for Preference Reversals Between Joint and Separate Evaluations of Alternatives », *Organizational Behavior and Human Decision Processes*, nº 67, 1996, p. 247-257.

32. J. R. Priester, U. M. Dholakia et M. A. Fleming, « When and Why the Background Contrast Effect Emerges : Thought Engenders Meaning by Influencing the Perception of Applicability », *Journal of Consumer Research*, nº 31, 2004, p. 491-501.

33. K. Myrseth, C. K. Morewedge et D. T. Gilbert, données brutes non publiées, Harvard University, 2004.

34. D. Kahneman et A. Tversky, « Prospect Theory : An Analysis of Decision Under Risk », *Econometrica*, nº 47, 1979, p. 263-291 ; D. Kahneman et A. Tversky, « The Framing of Decisions and the Psychology of Choice », *Science*, nº 211, 1981, p. 453-458 ; D. Kahneman et A. Tversky, « Loss Aversion in Riskless Choice : A Reference-Dependent Model », *Quarterly Journal of Economics*, nº 106, 1991, p. 1039-1061.

35. D. Kahneman, J. L. Knetsch et R. H. Thaler, « Experimental Tests of the Endowment Effect and the Coase Theorem », *Journal of Political Economy*, nº 98, 1990, p. 1325-1348 ; et D. Kahneman, J. Knetsch et R. H. Thaler, « The Endowment Effect, Loss Aversion, and Status Quo Bias », *Journal of Economic Perspectives*, nº 5, 1991, p. 193-206.

36. L. Van Boven, D. Dunning et G. F. Loewenstein, « Egocentric Empathy Gaps Between Owners and Buyers : Misperceptions of the Endowment Effect », *Journal of Personality and Social Psychology*, nº 79, 2000, p. 66-76 ; Z. Carmon et D. Ariely, « Focusing on the Foregone : How Value Can Appear So Different to Buyers and Sellers », *Journal of Consumer Research*, nº 27, 2000, p. 360-370.

37. L. Hunt, « Against Presentism », *Perspectives*, nº 40, 2002.

8. UN PARADIS SUR MESURE

1. C. B. Wortman et R. C. Silver, « The Myths of Coping with Loss », *Journal of Consulting and Clinical Psychology*, nº 57, 1989, p. 349-357 ; G. A. Bonanno, « Loss, Trauma, and Human Resilience : Have We Underestimated the Human Capacity to Thrive After Extremely Aversive Events ? », *American Psychologist*, nº 59, 2004, p. 20-28 ; et C. S. Carver, « Resilience and Thriving : Issues, Models, and Linkages », *Journal of Social Issues*, nº 54, 1998, p. 245-266.

2. G. A. Bonanno et S. Kaltman, « Toward an Integrative Perspective on Bereavement », *Psychological Bulletin*, nº 125, 1999, p. 760-776 ; et G. A. Bonanno *et al.*, « Resilience to Loss and Chronic Grief : A Prospective Study from Preloss to 18-Months Postloss », *Journal of Personality and Social Psychology*, nº 83, 2002, p. 1150-1164.

3. E. J. Ozer *et al.*, « Predictors of Posttraumatic Stress Disorder and Symptoms in Adults : A Meta-analysis », *Psychological Bulletin*, nº 129, 2003, p. 52-73.

4. G. A. Bonanno, C. Rennicke et S. Dekel, « Self-Enhancement Among High-Exposure Survivors of the September 11th Terrorist Attack : Resilience or Social

Maladjustment ? », *Journal of Personality and Social Psychology*, nº 88, 2005, p. 984-998.

5. R. G. Tedeschi et L. G. Calhoun, « Posttraumatic Growth : Conceptual Foundations and Empirical Evidence », *Psychological Inquiry*, nº 15, 2004, p. 1-18 ; P. A. Linley et S. Joseph, « Positive Change Following Trauma and Adversity : A Review », *Journal of Traumatic Stress*, nº 17, 2004, p. 11-21 ; et C. S. Carver, « Resilience and Thriving : Issues, Models, and Linkages », *Journal of Social Issues*, nº 54, 1998, p. 245-266.

6. K. Sack, « After 37 Years in Prison, Inmate Tastes Freedom », *New York Times,* 11 janvier 1996, p. 18.

7. Christopher Reeve, discours lors de la cérémonie de remise des diplômes à l'université de l'Ohio, 13 juin 2003.

8. D. Becker, « Cycling Through Adversity : Ex-World Champ Stays on Cancer Comeback Course », *USA Today*, 22 mai 1998.

9. R. G. Tedeschi et L. G. Calhoun, *Trauma and Transformation : Growing in the Aftermath of Suffering*, Sherman Oaks, Californie, 1995, p. 1.

10. R. Schulz et S. Decker, « Long-Term Adjustment to Physical Disability : The Role of Social Support, Perceived Control, and Self-Blame », *Journal of Personality and Social Psychology*, nº 48, 1985, p. 1162-1172 ; C. B. Wortman et R. C. Silver, « Coping with Irrevocable Loss », in *Cataclysms, Crises, and Catastrophes : Psychology in Action*, sous la direction de G. R. VandenBos et B. K. Bryant, American Psychological Association, Washington, D.C., 1987, p. 185-235 ; P. Brickman, D. Coates et R. J. Janoff-Bulman, « Lottery Winners and Accident Victims : Is Happiness Relative ? », *Journal of Personality and Social Psychology*, nº 36, 1978, p. 917-927.

11. S. E. Taylor, « Adjustment to Threatening Events : A Theory of Cognitive Adaptation », *American Psychologist*, nº 38, 1983, p. 1161-1173.

12. D. T. Gilbert, E. Driver-Linn et T. D. Wilson, « The Trouble with Vronsky : Impact Bias in the Forecasting of Future Affective States », in *The Wisdom in Feeling : Psychological Processes in Emotional Intelligence*, sous la direction de L. F. Barrett et P. Salovey, Guilford Press, New York, 2002, p. 114-143 ; T. D. Wilson et D. T. Gilbert, « Affective Forecasting », in *Advances in Experimental Social Psychology*, sous la direction de M. Zanna, Elsevier, New York, vol. 35, 2003.

13. D. L. Sackett et G. W. Torrance, « The Utility of Different Health States as Perceived by the General Public », *Journal of Chronic Disease*, nº 31, 1978, p. 697-704 ; P. Dolan et D. Kahneman, « Interpretations of Utility and Their Implications for the Valuation of Health » (article non publié, Princeton University, 2005) ; et J. Riis *et al.*, « Ignorance of Hedonic Adaptation to Hemo-Dialysis : A Study Using Ecological Momentary Assessment », *Journal of Experimental Psychology : General*, nº 134, 2005, p. 3-9.

14. P. Menzela *et al.*, « The Role of Adaptation to Disability and Disease in Health State Valuation : A Preliminary Normative Analysis », *Social Science & Medicine*, nº 55, 2002, p. 2149-2158.

15. P. Dolan, « Modelling Valuations for EuroQol Health States », *Medical Care*, nº 11, 1997, p. 1095-1108.

16. J. Jonides et H. Gleitman, « A Conceptual Category Effect in Visual Search : O as Letter or as Digité », *Perception and Psychophysics*, nº 12, 1972, p. 457-460.

17. C. M. Solley et J. F. Santos, « Perceptual Learning with Partial Verbal Rein-

forcement », *Perceptual and Motor Skills*, n° 8, 1958, p. 183-193 ; E. D. Turner et W. Bevan, « Patterns of Experience and the Perceived Orientation of the Necker Cube », *Journal of General Psychology*, n° 70, 1964, p. 345-352.

18. D. Dunning, J. A. Meyerowitz et A. D. Holzberg, « Ambiguity and Self-Evaluation : The Role of Idiosyncratic Trait Definitions in Self-Serving Assessments of Ability », *Journal of Personality and Social Psychology*, n° 57, 1989, p. 1-9.

19. C. K. Morewedge et D. T. Gilbert, données brutes non publiées, Harvard University, 2004.

20. J. W. Brehm, « Post-decision Changes in Desirability of Alternatives », *Journal of Abnormal and Social Psychology*, n° 52, 1956, p. 384-389.

21. E. E. Lawler *et al.*, « Job Choice and Post Decision Dissonance », *Organizational Behavior and Human Decision Processes*, n° 13, 1975, p. 133-145.

22. S. Lyubomirsky et L. Ross, « Changes in Attractiveness of Elected, Rejected, and Precluded Alternatives : A Comparison of Happy and Unhappy Individuals », *Journal of Personality and Social Psychology*, n° 76, 1999, p. 988-1007.

23. R. E. Knox et J. A. Inkster, « Postdecision Dissonance at Post Time », *Journal of Personality and Social Psychology*, n° 8, 1968, p. 319-323.

24. O. J. Frenkel et A. N. Doob, « Postdecision Dissonance at the Polling Booth », *Canadian Journal of Behavioural Science*, n° 8, 1976, p. 347-350.

25. Voltaire, *Candide*, chapitre I, Folio Classique n° 3889, Gallimard, Paris, 2003.

26. R. F. Baumeister, « The Optimal Margin of Illusion », *Journal of Social and Clinical Psychology*, n° 8, 1989, p. 176-189 ; S. E. Taylor, *Positive Illusions*, Basic Books, New York, 1989 ; S. E. Taylor et J. D. Brown, « Illusion and Well-Being : A Social-Psychological Perspective on Mental Health », *Psychological Bulletin*, n° 103, 1988, p. 193-210 ; Z. Kunda, « The Case for Motivated Reasoning », *Psychological Bulletin*, n° 108, 1990, p. 480-498 ; T. Pyszczynski et J. Greenberg, « Toward an Integration of Cognitive and Motivational Perspectives on Social Inference : A Biased Hypothesis-Testing Model », in *Advances in Experimental Social Psychology*, vol. 20, sous la direction de L. E. Berkowitz, Academic Press, San Diego, 1987, p. 297-340.

27. Sigmund et Anna Freud ont appelé ce système « mécanisme de défense » et, tout de suite après, tous les psychologues en ont parlé en le baptisant d'un autre nom. On peut trouver un récent aperçu de la littérature portant sur les mécanismes de défense psychologique dans D. L. Paulhus, B. Fridhandler et S. Hayes, « Psychological Defense : Contemporary Theory and Research », in *Handbook of Personality Psychology*, sous la direction de R. Hogan, J. Johnson et S. Briggs, Academic Press, San Diego, 1997, p. 543-579.

28. W. B. Swann, B. W. Pelham et D. S. Krull, « Agreeable Fancy or Disagreeable Truth ? Reconciling Self-Enhancement and Self-Verification », *Journal of Personality and Social Psychology*, n° 57, 1989, p. 782-791 ; W. B. Swann, P. J. Rentfrow et J. Guinn, « Self-Verification : The Search for Coherence », in *Handbook of Self and Identity*, sous la direction de M. Leary et J. Tagney, Guilford Press, New York, 2002, p. 367-383 ; et W. B. Swann, *Self-Traps : The Elusive Quest for Higher Self-Esteem*, Freeman, New York, 1996.

29. W. B. Swann et B. W. Pelham, « Who Wants Out When the Going Gets Good ? Psychological Investment and Preference for Self-Verifying College Roommates », *Journal of Self and Identity*, n° 1, 2002, p. 219-233.

30. J. L. Freedman et D. O. Sears, « Selective Exposure », in *Advances in Experimental Social Psychology*, sous la direction de L. Berkowitz, Academic Press, New York, 1965, vol. 2, p. 57-97 ; et D. Frey, « Recent Research on Selective Exposure to Information », in *Advances in Experimental Social Psychology*, sous la direction de L. Berkowitz, Academic Press, New York, 1986, vol. 19, p. 41-80.

31. D. Frey et D. Stahlberg, « Selection of Information After Receiving More or Less Reliable Self-Threatening Information », *Personality and Social Psychology Bulletin*, n° 12, 1986, p. 434-441.

32. B. Holton et T. Pyszczynski, « Biased Information Search in the Interpersonal Domain », *Personality and Social Psychology Bulletin*, n° 15, 1989, p. 42-51.

33. D. Ehrlich *et al.*, « Postdecision Exposure to Relevant Information », *Journal of Abnormal and Social Psychology*, n° 54, 1957, p. 98-102.

34. R. Sanitioso, Z. Kunda et G. T. Fong, « Motivated Recruitment of Autobiographical Memories », *Journal of Personality and Social Psychology*, n° 59, 1990, p. 229-241.

35. A. Tesser et S. Rosen, « Similarity of Objective Fate as a Determinant of the Reluctance to Transmit Unpleasant Information : The MUM Effect », *Journal of Personality and Social Psychology*, n° 23, 1972, p. 46-53.

36. M. Snyder et W. B. Swann Jr., « Hypothesis Testing Processes in Social Interaction », *Journal of Personality and Social Psychology*, n° 36, 1978, p. 1202-1012 ; W. B. J. Swann, T. Giuliano et D. M. Wegner, « Where Leading Questions Can Lead : The Power of Conjecture in Social Interaction », *Journal of Personality and Social Psychology*, n° 42, 1982, p. 1025-1035.

37. D. T. Gilbert et E. E. Jones, « Perceiver-Induced Constraint : Interpretations of Self-Generated Reality », *Journal of Personality and Social Psychology*, n° 50, 1986, p. 269-280.

38. L. Festinger, « A Theory of Social Comparison Processes », *Human Relations*, n° 7, 1954, p. 117-140 ; A. Tesser, M. Millar et J. Moore, « Some Affective Consequences of Social Comparison and Reflection Processes : The Pain and Pleasure of Being Close », *Journal of Personality and Social Psychology*, n° 54, 1988, p. 49-61 ; S. E. Taylor et M. Lobel, « Social Comparison Activity Under Threat : Downward Evaluation and Upward Contacts », *Psychological Review*, n° 96, 1989, p. 569-575 ; et T. A. Wills, « Downward Comparison Principles in Social Psychology », *Psychological Bulletin*, n° 90, 1981, p. 245-271.

39. T. Pyszczynski, J. Greenberg et J. LaPrelle, « Social Comparison After Success and Failure : Biased Search for Information Consistent with a Self-Servicing Conclusion », *Journal of Experimental Social Psychology*, n° 21, 1985, p. 195-211.

40. J. V. Wood, S. E. Taylor et R. R. Lichtman, « Social Comparison in Adjustment to Breast Cancer », *Journal of Personality and Social Psychology*, n° 49, 1985, p. 1169-1183.

41. S. E. Taylor *et al.*, « Social Support, Support Groups, and the Cancer Patient », *Journal of Consulting and Clinical Psychology*, n° 54, 1986, p. 608-615.

42. A. Tesser et J. Smith, « Some Effects of Task Relevance and Friendship on Helping : You Don't Always Help the One You Like », *Journal of Experimental Social Psychology*, n° 16, 1980, p. 582-590.

43. A. H. Hastorf et H. Cantril, « They Saw a Game : A Case Study », *Journal of Abnormal and Social Psychology*, n° 49, 1954, p. 129-134.

44. L. Sigelman et C. K. Sigelman, « Judgments of the Carter-Reagan Debate : The Eyes of the Beholders », *Public Opinion Quarterly*, n° 48, 1984, p. 624-628 ; R. K. Bothwell et J. C. Brigham, « Selective Evaluation and Recall During the 1980 Reagan-Carter Debate », *Journal of Applied Social Psychology*, n° 13, 1983, p. 427-442 ; J. G. Payne *et al.*, « Perceptions of the 1988 Presidential and Vice-Presidential Debates », *American Behavioral Scientist*, n° 32, 1989, p. 425-435 ; G. D. Munro *et al.*, « Biased Assimilation of Sociopolitical Arguments : Evaluating the 1996 U.S. Presidential Debate », *Basic and Applied Social Psychology*, n° 24, 2002, p. 15-26.

45. R. P. Vallone, L. Ross et M. R. Lepper, « The Hostile Media Phenomenon : Biased Perception and Perceptions of Media Bias in Coverage of the Beirut Massacre », *Journal of Personality and Social Psychology*, n° 49, 1985, p. 577-585.

46. C. G. Lord, L. Ross et M. R. Lepper, « Biased Assimilation and Attitude Polarization : The Effects of Prior Theories on Subsequently Considered Evidence », *Journal of Personality and Social Psychology*, n° 37, 1979, p. 2098-2109.

47. Le fait que, dans les études qui ont suivi, des scientifiques confirmés comme des scientifiques débutants aient témoigné de la même tendance à favoriser les techniques produisant les bonnes conclusions n'est en aucun cas une consolation. Voir J. J. Koehler, « The Influence of Prior Beliefs on Scientific Judgments of Evidence Quality », *Organizational Behavior and Human Decision Processes*, n° 56, 1993, p. 28-55.

48. T. Pyszczynski, J. Greenberg et K. Holt, « Maintaining Consistency Between Self-Serving Beliefs and Available Data : A Bias in Information Evaluation », *Personality and Social Psychology Bulletin*, n° 11, 1985, p. 179-190.

49. P. H. Ditto et D. F. Lopez, « Motivated Skepticism : Use of Differential Decision Criteria for Preferred and Nonpreferred Conclusions », *Journal of Personality and Social Psychology*, n° 63, 1992, p. 568-584.

50. *Ibid.*

51. T. Gilovich, *How We Know What Isn't So : The Fallibility of Human Reason in Everyday Life*, Free Press, New York, 1991.

52. Cette propension peut avoir des conséquences désastreuses : en 2004, la commission du renseignement au Sénat américain concluait dans un rapport que la CIA avait fourni à la Maison Blanche des informations erronées sur les armes de destruction massive en Irak, ce qui avait conduit les États-Unis à envahir l'Irak. Selon ce rapport, la propension à cuisiner les faits a « amené les agents, les analystes et les dirigeants des différents services de renseignements à interpréter des signes ambigus comme des preuves concluantes d'un programme d'armes de destruction massive et à ignorer ou minimiser les signes que l'Irak n'avait pas de programme actif et en expansion d'armes de destruction massive ». K. Pfleger-Shrader, « Report : War Rationale Based on CIA Error », *Associated Press*, 9 juillet 2004.

53. Agence France Presse, « Italy : City Wants Happier Goldfish », cité dans le *New York Times* du 24 juillet 2004.

9. IMMUNISÉS CONTRE LA RÉALITÉ

1. T. D. Wilson, *Strangers to Ourselves : Discovering the Adaptive Unconscious*, Harvard University Press, Cambridge, 2002 ; J. A. Bargh et T. L. Chartrand,

« The Unbearable Automaticity of Being », *American Psychologist*, n° 54, 1999, p. 462-479.

2. R. E. Nisbett et T. D. Wilson, « Telling More Than We Can Know : Verbal Reports on Mental Processes », *Psychological Review*, n° 84, 1977, p. 231-259 ; D. J. Bem, « Self-Perception Theory », in *Advances in Experimental Social Psychology*, sous la direction de L. Berkowitz, Academic Press, New York, 1972, volume 6, p. 1-62 ; M. S. Gazzaniga, *The Social Brain*, Basic Books, New York, 1985 (*Le Cerveau social*, éditions Odile Jacob, Paris, 1996) ; et D. M. Wegner, *The Illusion of Conscious Will*, MIT Press, Cambridge, Massachusetts, 2003.

3. E. T. Higgings, W. S. Rholes et C. R. Jones, « Category Accessibility and Impression Formation », *Journal of Experimental Social Psychology*, n° 13, 1977, p. 141-154.

4. J. Bargh, M. Chen et L. Burrows, « Automaticity of Social Behavior : Direct Effects of Trait Construct and Stereotype Activation on Action », *Journal of Personality and Social Psychology*, n° 71, 1996, p. 230-244.

5. A. Dijksterhuis et A. van Knippenberg, « The Relation Between Perception and Behavior, or How to Win a Game of Trivial Pursuit », *Journal of Personality and Social Psychology*, n° 74, 1998, p. 865-877.

6. Nisbett et Wilson, « Telling More Than We Can Know », *op. cit.*

7. J. W. Schooler, D. Ariely et G. Loewenstein, « The Pursuit and Assessment of Happiness Can Be Self-Defeating », in *The Psychology of Economic Decisions : Rationality and Well-Being*, sous la direction de I. Brocas et J. Carillo, Oxford University Press, Oxford, volume 1, 2003.

8. K. N. Ochsner *et al.*, « Rethinking Feelings : An fMRI Study of the Cognitive Regulation of Emotion », *Journal of Cognitive Neuroscience*, n° 14, 2002, p. 1215-1229.

9. D. M. Wegner, R. Erber et S. Zanakos, « Ironic Processes in the Mental Control of Mood and Mood-Related Thought », *Journal of Personality and Social Psychology*, n° 65, 1993, p. 1093-1104 ; D. M. Wegner, A. Broome et S. J. Blumberg, « Ironic Effects of Trying to Relax Under Stress », *Behaviour Research and Therapy*, n° 35, 1997, p. 11-21.

10. D. T. Gilbert *et al.*, « Immune Neglect : A Source of Durability Bias in Affective Forecasting », *Journal of Personality and Social Psychology*, n° 75, 1998, p. 617-638.

11. *Ibid.*

12. D. T. Gilbert *et al.*, « Looking Forward to Looking Backward : The Misprediction of Regret », *Psychological Science*, n° 15, 2004, p. 346-350.

13. Michael Curtiz, *Casablanca*, Warner Bros, 1942.

14. T. Gilovich et V. H. Medvec, « The Experience of Regret : What When, and Why », *Psychological Review*, n° 102, 1995, p. 379-395 ; N. Roese, *If Only : How to Turn Regret into Opportunity*, Random House, New York, 2004 ; G. Loomes et R. Sugden, « Regret Theory : An Alternative Theory of Rational Choice Under Uncertainty », *Economic Journal*, n° 92, 1982, p. 805-824 ; et D. Bell, « Regret in Decision Making Under Uncertainty », *Operations Research*, n° 20, 1982, p. 961-981.

15. I. Ritov et J. Baron, « Outcome Knowledge, Regret, and Omission Bias », *Organizational Behavior and Human Decison Processes*, n° 64, 1998, p. 119-127 ; I. Ritov et J. Baron, « Probability of Regret : Anticipation of Uncertainty Resolution

in Choice : Outcome Knowledge, Regret, and Omission Bias », *Organizational Behavior and Human Decision Processes*, n° 66, 1996, p. 228-236 ; et M. Zeelenberg, « Anticipated Regret, Expected Feedback and Behavioral Decision Making », *Journal of Behavioral Decision Making*, n° 12, 1999, p. 93-106.

16. M. T. Crawford *et al.*, « Reactance, Compliance, and Anticipated Regret », *Journal of Experimental Social Psychology*, n° 38, 2002, p. 56-63.

17. I. Simonson, « The Influence of Anticipating Regret and Responsibilty on Purchase Decisions », *Journal of Consumer Research*, n° 19, 1992, p. 105-118.

18. V. H. Medvec, S. F. Madey et T. Gilovich, « When Less Is More : Counterfactual Thinking and Satisfaction Among Olympic Medalists », *Journal of Personality and Social Psychology*, n° 69, 1995, p. 603-610 ; D. Kahneman et A. Tversky, « Variants of Uncertainty », *Cognition*, n° 11, 1982, p. 143-157.

19. D. Kahneman et A. Tversky, « The Psychology of Preferences », *Scientific American*, n° 246, 1982, p. 160-173.

20. T. Gilovich et V. H. Medvec, « The Experience of Regret : What, When, and Why », *op. cit.*

21. T. Gilovich, V. H. Medvec et S. Chen, « Omission, Commission, and Dissonance Reduction : Overcoming Regret in the Monty Hall Problem », *Personality and Social Psychology Bulletin*, n° 21, 1995, p. 182-190.

22. H. B. Gerard et G. C. Mathewson, « The Effects of Severity of Initiation on Liking for a Group : A Replication », *Journal of Experimenal Social Psychology*, n° 2, 1966, p. 278-287.

23. P. G. Zimbardo, « Control of Pain Motivation by Cognitive Dissonance », *Science*, n° 151, 1966, p. 217-219.

24. Voir aussi E. Aronson et J. Mills, « The Effect of Severity of Initiation on Liking for a Group », *Journal of Abnormal and Social Psychology*, n° 59, 1958, p. 177-181 ; J. L. Freedman, « Long-Term Behavioral Effects of Cognitive Dissonance », *Journal of Experimental Social Psychology*, n° 1, 1965, p. 145-155 ; D. R. Shaffer et C. Hendrick, « Effects of Actual Effort and Anticipated Effort on Task Enhancement », *Journal of Experimental Social Psychology*, n° 7, 1971, p. 435-447 ; H. R. Arkes et C. Blumer, « The Psychology of Sunk Cost », *Organizational Behavior and Human Decision Processes*, n° 35, 1985, p. 124-140 ; J. T. Jost *et al.*, « Social Inequality and the Reduction of Ideological Dissonance on Behalf of the System : Evidence of Enhanced System Justification Among the Disadvantaged », *European Journal of Social Psychology*, n° 33, 2003, p. 13-36.

25. D. T. Gilbert *et al.*, « The Peculiar Longevity of Things Not So Bad », *Psychologial Science*, n° 15, 2004, p. 14-19.

26. D. Frey *et al.*, « Re-evaluation of Decision Alternatives Dependent Upon the Reversibility of a Decision and the Passage of Time », *European Journal of Social Psychology*, n° 14, 1984, p. 447-450 ; D. Frey, « Reversible and Irreversible Decisions : Preference for Consonant Information as a Function of Attractiveness of Decision Alternatives », *Personality and Social Psychology Bulletin*, n° 7, 1981, p. 621-626.

27. S. Wiggins *et al.*, « The Psychological Consequences of Predictive Testing for Huntington's Disease », *New England Journal of Medicine*, n° 327, 1992, p. 1401-1405.

28. D. T. Gilbert et J. E. J. Ebert, « Decisions and Revisions : The Affective

Forecasting of Changeable Outcomes », *Journal of Personality and Social Psychology*, nº 82, 2002, p. 503-514.

29. J. W. Brehm, *A Theory of Psychological Reactance*, Academic Press, New York, 1966.

30. R. B. Cialdini, *Influence : Science and Practice*, Scott, Foresman, Glenview, Illinois, 1985.

31. S. S. Iyengar et M. R. Lepper, « When Choice Is Demotivating : Can One Desire Too Much of a Good Thing ? », *Journal of Personality and Social Psychology*, nº 79, 2000, p. 995-1006 ; et B. Schwartz, « Self-Determination : The Tyranny of Freedom », *American Psychologist*, nº 55, 2000, p. 79-88.

32. J. W. Pennebaker, « Writing About Emotional Experiences as a Therapeutic Process », *Psychological Science*, nº 8, 1997, p. 162-166.

33. J. W. Pennebaker, T. J. Mayne et M. E. Francis, « Linguistic Predictors of Adaptive Bereavement », *Journal of Personality and Social Psychology*, nº 72, 1997, p. 863-871.

34. T. D. Wilson *et al.*, « The Pleasures of Uncertainty : Prolonging Positive Moods in Ways People Do Not Anticipate », *Journal of Personality and Social Psychology*, nº 88, 2005, p. 5-21.

35. B. Fischoff, « Hindsight Foresight : The Effects of Outcome Knowledge on Judgment Under Uncertainty », *Journal of Experimental Psychology : Human Perception and Performance*, nº 1, 1975, p. 288-299 ; C. A. Anderson, M. R. Lepper et L. Ross, « Perseverance of Social Theories : The Role of Explanation in the Persistence of Discredited Information », *Journal of Personality and Social Psychology*, nº 39, 1980, p. 1037-1049.

36. B. Weiner, « "Spontaneous" Causal Thinking », *Psychological Bulletin*, nº 97, 1985, p. 74-84 ; R. R. Hassin, J. A. Bargh et J. S. Uleman, « Spontaneous Causal Inferences », *Journal of Experimental Social Psychology*, nº 38, 2002, p. 515-522.

37. B. Zeigarnik, « Das Behalten erledigter und unerledigter Handlungen », *Psychologische Forschung*, nº 9, 1927, p. 1-85 ; et G. W. Boguslavsky, « Interruption and Learning », *Psychological Review*, nº 58, 1951, p. 248-255.

38. Wilson *et al.*, « Pleasures of Uncertainty », *op. cit.*

39. John Keats, *Lettre à George et Thomas Keats*, 21 décembre 1817.

10. CHAT ÉCHAUDÉ…

1. D. Wirtz *et al.*, « What to Do on Spring Break ? The Role of Predicted, Online, and Remembered Experience in Future Choice », *Psychological Science*, nº 14, 2003, p. 520-524 ; et S. Bluck *et al.*, « A Tale of Three Functions : The Self-Reported Use of Autobiographical Memory », *Social Cognition*, nº 23, 2005, p. 91-117.

2. A. Tversky et D. Kahneman, « Availability : A Heuristic for Judgment Frequency and Probability », *Cognitive Psychology*, nº 5, 1973, p. 207-232.

3. L. J. Sanna et N. Schwarz, « Integrating Temporal Biases : The Interplay of Focal Thoughts and Accessibility Experiences », *Psychological Science*, nº 15, 2004, p. 474-481.

4. R. Brown et J. Kulik, « Flashbulb Memories », *Cognition*, nº 5, 1977, p. 73-

99 ; et P. H. Blaney, « Affect and Memory : A Review », *Psychological Bulletin*, nº 99, 1986, p. 229-246.

5. D. T. Miller et B. R. Taylor, « Counterfactual Thought, Regret and Superstition : How to Avoid Kicking Yourself », in *What Might Have Been : The Social Psychology of Counterfactual Thinking*, sous la direction de N. J. Roese et J. M. Olson, Lawrence Erlbaum, Hillsdale, New Jersey, 1995, p. 305-331 ; J. Kruger, D. Wirtz et D. T. Miller, « Counterfactual Thinking and the First Instinct Fallacy », *Journal of Personality and Social Psychology*, nº 88, 2005, p. 725-735.

6. R. Buehler et C. McFarland, « Intensity Bias in Affective Forecasting : the Role of Temporal Focus », *Personality and Social Psychology Bulletin*, nº 27, 2001, p. 1480-1493.

7. C. K. Morewedge, D. T. Gilbert et T. D. Wilson, « The Least Likely of Times : How Memory for Past Events Biases the Prediction of Future Events », *Psychological Science*, nº 16, 2005, p. 626-630.

8. B. L. Fredrickson et D. Kahneman, « Duration Neglect in Retrospective Evaluations of Affective Episodes », *Journal of Personality and Social Psychology*, nº 65, 1993, p. 45-55 ; D. Ariely et Z. Carmon, « Summary Assessment of Experiences : The Whole Is Different from the Sum of Its Parts », in *Time and Decision*, sous la direction de G. Loewenstein, D. Read et R. F. Baumeister, Russell Sage Foundation, New York, 2003, p. 323-349.

9. W. M. Lepley, « Retention as a Function of Serial Position », *Psychological Bulletin*, nº 32, 1935, p. 730 ; B. B. Murdock, « The Serial Position Effect of Free Recall », *Journal of Experimental Psychology*, nº 64, 1962, p. 482-488 ; T. L. White et M. Treisman, « A Comparison of the Encoding of Content and Order in Olfactory Memory and in Memory for Visually Presented Verbal Materials », *British Journal of Psychology*, nº 88, 1997, p. 459-472.

10. N. H. Anderson, « Serial Position Curves in Impression Formation », *Journal of Experimental Psychology*, nº 97, 1973, p. 8-12.

11. D. Kahneman *et al.*, « When More Pain Is Preferred to Less : Adding a Better Ending », *Psychological Science*, nº 4, 1993, p. 401-405.

12. J. J. Christensen-Szalanski, « Discount Functions and the Measurement of Patients' Values : Women's Decisions During Childbirth », *Medical Decision Making*, nº 4, 1984, p. 47-58.

13. D. Holmberg et J. G. Holmes, « Reconstruction of Relationship Memories : A Mental Models Approach », in *Autobiographical Memory and the Validity of Retrospective Reports*, sous la direction de N. Schwarz et N. Sudman, Springer-Verlag, New York, 1994, p. 267-288 ; C. McFarland et M. Ross, « The Relation Between Current Impressions and Memories of Self and Dating Partners », *Personality and Social Psychology Bulletin*, nº 13, 1987, p. 228-238.

14. William Shakespeare, *Richard II*, acte II, scène 1, traduction de François-Victor Hugo.

15. D. Kahneman, « Objective Happiness », in *Well-Being : The Foundations of Hedonic Psychology*, sous la direction de D. Kahneman, E. Diener et N. Schwarz, Russell Sage Foundation, New York, 1999, p. 3-25.

16. Voir « Well-Being and Time », in J. D. Velleman, *The Possibility of Practical Reason*, Oxford University Press, Oxford, 2000.

17. E. Diener, D. Wirtz et S. Oishi, « End Effects of Rated Quality of Life : The James Dean Effect », *Psychological Science*, n° 12, 2001, p. 124-128.

18. M. D. Robinson et G. L. Clore, « Belief and Feeling : Evidence for an Accessibility Model of Emotional Self-Report », *Psychological Bulletin*, n° 128, 2002, p. 934-960 ; L. J. Levine et M. A. Safer, « Sources of Bias in Memory for Emotions », in *Current Directions in Psychological Science*, n° 11, 2002, p. 169-173.

19. M. D. Robinson et G. L. Clore, « Episodic and Semantic Knowledge in Emotional Self-Report : Evidence for Two Judgment Processes », *Journal of Personality and Social Psychology*, n° 83, 2002, p. 198-215.

20. M. D. Robinson, J. T. Johnson et S. A. Shields, « The Gender Heuristic and the Database : Factors Affecting the Perception of Gender-Related Differences in the Experience and Display of Emotions », *Basic and Applied Social Psychology*, n° 20, 1998, p. 206-219.

21. C. McFarland, M. Ross et N. DeCourville, « Women's Theories of Menstruation and Biases in Recall of Menstrual Symptoms », *Journal of Personality and Social Psychology*, n° 57, 1981, p. 522-531.

22. S. Oishi, « The Experiencing and Remembering of Well-Being : A Cross-Cultural Analysis », *Personality and Social Psychology Bulletin*, n° 28, 2002, p. 1398-1406.

23. C. N. Scollon *et al.*, « Emotions Across Cultures and Methods », *Journal of Cross-Cultural Psychology*, n° 35, 2004, p. 304-326.

24. M. A. Safer, L. J. Levine et A. L. Drapalski, « Distortion in Memory for Emotions : The Contributions of Personality and Post-Event Knowledge », *Personality and Social Psychology Bulletin*, n° 28, 2002, p. 1495-1507 ; S. A. Dewhurst et M. A. Marlborough, « Memory Bias in the Recall of Pre-exam Anxiety : The Influence of Self-Enhancement », *Applied Cognitive Psychology*, n° 17, 2003, p. 695-702.

25. T. R. Mitchell *et al.*, « Temporal Adjustments in the Evaluation of Events : The "Rosy View" », *Journal of Experimental Social Psychology*, n° 33, 1997, p. 421-448.

26. T. D. Wilson *et al.*, « Preferences as Expectation-Driven Inferences : Effects of Affective Expectations on Affective Experience », *Journal of Personality and Social Psychology*, n° 56, 1989, p. 519-530.

27. A. A. Stone *et al.*, « Prospective and Cross-Sectional Mood Reports Offer No Evidence of a "Blue Monday" Phenomenon », *Journal of Personality and Social Psychology*, n° 49, 1985, p. 129-134.

11. DE NOTRE REPORTER EN DIRECT DE… DEMAIN

1. W. V. Quine et J. S. Ullian, *The Web of Belief,* deuxième édition, Random House, New York, 1978, p. 51.

2. Sur une période de cinq ans, entre 1995 et 2000, la moitié de la population américaine a déménagé, ce qui laisse à penser que l'Américain moyen déménage à peu près tous les dix ans ; B. Berkner et C. S. Faber, *Geographical Mobility, 1995 to 2000*, U.S. Bureau of the Census (Bureau du recensement), Washington, D.C., 2003.

3. Entre dix-huit et trente-six ans, le baby-boomer moyen a occupé une dizaine d'emplois, ce qui laisse à penser que l'Américain moyen en a au moins autant dans toute une vie. *Number of Jobs Held, Labor Market Activity, and Earnings Growth Among Younger Baby Boomers : Results from More Than Two Decades of a Longitudinal Survey*, Communiqué du Bureau of Labor Statistics (Bureau des statistiques du travail), ministère américain du Travail, Washington, D.C., 2002.

4. Selon les projections du Bureau du recensement, dans les années à venir, dix pour cent des Américains ne se marieront jamais, soixante pour cent se marieront juste une fois, et trente pour cent au moins deux fois. R. M. Kreider et J. M. Fields, *Number, Timing, and Duration of Marriages and Divorces, 1996*, U.S. Bureau of the Census (Bureau du recensement), Washington, D.C., 2002.

5. Bertrand Russell, *The Analysis of Mind*, Macmillan, New York, 1921, p. 231. (*Analyse de l'esprit*, « Bibliothèque scientifique », Payot, Paris, 2006.)

6. Le biologiste Richard Dawkins désigne ces convictions par le terme de *mèmes* (entités réplicatives d'information). Voir Richard Dawkins, *The Selfish Gene*, Oxford University Press, Oxford, 1976 (*Le Gène égoïste*, Armand Colin, Paris, 1990). Voir aussi S. Blackmore, *The Meme Machine*, Oxford University Press, Oxford, 2000 (*La Théorie des mèmes : pourquoi nous nous imitons les uns les autres*, Max Milo, Paris, 2006).

7. D. C. Dennett, *Brainstorms : Philosophical Essays on Mind and Psychology*, Bradford/MIT Press, Cambridge, Massachusetts, 1981, p. 18.

8. R. Layard, *Happiness : Lessons from a New Science*, Penguin, New York, 2005 ; E. Diener et M. E. P. Seligman, « Beyond Money : Toward an Economy of Well-Being », *Psychological Science in the Public Interest*, n° 5, 2004, p. 1-31 ; B. S. Frey et A. Stutzer, *Happiness and Economics : How the Economy and Institutions Affect Human Well-Being*, Princeton University Press, Princeton, New Jersey, 2002 ; R. A. Easterlin, « Income and Happiness : Towards a Unified Theory », *Economic Journal*, n° 111, 2001, p. 465-484 ; D. G. Blanchflower et A. J. Oswald, « Well-Being Over Time in Britain and the USA », *Journal of Public Economics*, n° 88, 2004, p. 1359-1386.

9. L'effet de l'utilité marginale décroissante est ralenti quand on dépense son argent pour des choses auxquelles on est le moins susceptible de s'adapter. Voir T. Scitovsky, *The Joyless Economy : The Psychology of Human Satisfaction*, Oxford University Press, Oxford, 1976 (*L'Économie sans joie*, Calmann-Lévy, Paris, 1978) ; L. Van Boven et T. Gilovich, « To Do or to Have ? That Is the Question », *Journal of Personality and Social Psychology*, n° 85, 2003, p. 1193-1202 ; et R. H. Frank, « How Not to Buy Happiness », *Daedalus : Journal of the American Academy of Arts and Sciences*, n° 133, 2004, p. 69-79. Tous les économistes ne croient pas à l'utilité marginale décroissante : R. A. Easterlin, « Diminishing Marginal Utility of Income ? Caveat Emptor », *Social Indicators Research*, n° 70, 2005, p. 243-326.

10. J. D. Graaf *et al.*, *Affluenza : The All-Consuming Epidemic*, Berrett-Koehler, New York, 2002 (*J'achète ! Combattre l'épidémie de surconsommation*, Fides, Paris, 2004) ; D. Myers, *The American Paradox : Spiritual Hunger in an Age of Plenty*, Yale University Press, New Haven, 2000 ; R. H. Frank, *Luxury Fever*, Princeton University Press, Princeton, New Jersey, 2000 ; J. B. Schor, *The Overspent American : Why We Want What We Don't Need*, Perennial, New York, 1999 ; et

P. L. Wachtel, *Poverty of Affluence : A Psychological Portrait of the American Way of Life*, Free Press, New York, 1983.

11. Adam Smith, *An Inquiry into the Nature and Causes of the Wealth of Nations*, 1776. (*Recherches sur la nature et les causes de la richesse des nations*, livre I, traduction de Germain Garnier, 1881.)

12. Adam Smith, *The Theory of Moral Sentiments* (*Théorie des sentiments moraux*, « Quadrige », PUF, Paris, 2003).

13. N. Ashraf, C. Camerer et G. Loewenstein, « Adam Smith, Behavorial Economist », *Journal of Economic Perspectives*, n° 19, 2005, p. 131-145.

14. Adam Smith, *Théorie des sentiments moraux*, *op. cit.*

15. D'après certains théoriciens, les sociétés sont soumises au cycle suivant : les gens finissent par se rendre compte que l'argent ne fait pas le bonheur, mais oublient la leçon à la génération d'après. Voir A. O. Hirschman, *Shifting Involvements : Private Interest and Public Action*, Princeton University Press, Princeton, New Jersey, 1982 (*Bonheur privé, action publique*, collection « Pluriel », Hachette, Paris, 2006).

16. C. Walker, « Some Variations in Marital Satisfaction », in *Equalities and Inequalities in Family Life*, sous la direction de R. Chester et J. Peel, Academic Press, Londres, Grande-Bretagne, 1977, p. 127-139.

17. D. Myers, *The Pursuit of Happiness : Discovering the Pathway to Fulfillment, Well-Being, and Enduring Personal Joy*, Avon, New York, 1992, p. 71.

18. J. A. Feeney, « Attachment Styles, Communication Patterns and Satisfaction Across the Life Cycle of Marriage », *Personal Relationships*, n° 1, 1994, p. 333-348.

19. D. Kahneman *et al.*, « A Survey Method for Characterizing Daily Life Experience : The Day Reconstruction Method », *Science*, n° 306, 2004, p. 1776-1180.

20. T. D. Wilson *et al.*, « Focalism : A Source of Durability Bias in Affective Forecasting », *Journal of Personality and Social Psychology*, n° 78, 2000, p. 821-836.

21. R. J. Norwick, D. T. Gilbert et T. D. Wilson, « Surrogation : An Antidote for Errors in Affective Forecasting », article non publié, Harvard University, 2005.

22. *Ibid.*

23. *Ibid.*

24. C'est aussi le meilleur moyen de prévoir quel sera notre comportement. Par exemple, les gens surestiment les chances d'accomplir eux-mêmes un acte charitable, mais évaluent correctement celles que d'autres le fassent. Ce qui laisse à penser la chose suivante : si nous prévoyions nos attitudes à venir sur ce que nous voyons faire aux autres, nous mettrions dans le mille… Voir N. Epley et D. Dunning, « Feeling "Holier Than Thou" : Are Self-Serving Assessments Produced by Errors in Self- or Social Prediction ? », *Journal of Personality and Social Psychology*, n° 79, 2000, p. 861-875.

25. R. C. Wylie, *The Self-Concept : Theory and Research on Selected Topics*, University of Nebraska Press, Lincoln, volume 2, 1979.

26. L. Larwood et W. Whittaker, « Managerial Myopia : Self-Serving Biases in Organizational Planning », *Journal of Applied Psychology*, n° 62, 1977, p. 194-198.

27. R. B. Felson, « Ambiguity and Bias in the Self-Concept », *Social Psychology Quarterly*, n° 44, p. 64-69.

28. D. Walton et J. Bathurst, « An Exploration of the Perceptions of the Average

Driver's Speed Compared to Perceived Driver Safety and Driving Skill », *Accident Analysis and Prevention*, n° 30, 1998, p. 821-830.

29. P. Cross, « Not Can but Will College Teachers Be Improved ? », *New Directions for Higher Education*, n° 17, 1977, p. 1-15.

30. E. Pronin, D. Y. Lin et L. Ross, « The Bias Blind Spot : Perceptions of Bias in Self Versus Others », *Personality and Social Psychology Bulletin*, n° 28, 2002, p. 369-381.

31. J. Kruger, « Lake Wobegon Be Gone ! The "Below-Average Effect" and the Egocentric Nature of Comparative Ability Judgments », *Journal of Personality and Social Psychology*, n° 77, 1999, p. 221-232.

32. J. T. Johnson *et al.*, « The "Barnum Effect" Revisited : Cognitive and Motivational Factors in the Acceptance of Personality Descriptions », *Journal of Personality and Social Psychology*, n° 49, 1985, p. 1378-1391.

33. J. Kruger, « Lake Wobegon Be Gone ! », *op. cit.*

34. E. E. Jones et R. E. Nisbett, « The Actor and the Observer : Divergent Perceptions of the Causes of Behavior », in *Attribution : Perceiving the Causes of Behavior*, sous la direction de E. E. Jones *et al.*, General Learning Press, Morristown, New Jersey, 1972 ; R. E. Nisbett et E. Borgida, « Attribution and the Psychology of Prediction », *Journal of Personality and Social Psychology*, n° 32, 1975, p. 932-943.

35. D. T. Miller et C. McFarland, « Pluralistic Ignorance : When Similarity Is Interpreted as Dissimilarity », *Journal of Personality and Social Psychology*, n° 53, 1987, p. 298-305.

36. D. T. Miller et L. D. Nelson, « Seeing Approach Motivation in the Avoidance Behavior of Others : Implications for an Understanding of Pluralistic Ignorance », *Journal of Personality and Social Psychology*, n° 83, 2002, p. 1066-1075.

37. C. R. Snyder et H. L. Fromkin, « Abnormality as a Positive Characteristic : The Development and Validation of a Scale Measuring Need for Uniqueness », *Journal of Abnormal Psychology*, n° 86, 1977, p. 518-527.

38. M. B. Brewer, « The Social Self : On Being the Same and Different at the Same Time », *Personality and Social Psychology Bulletin*, n° 17, 1991, p. 475-482.

39. H. L. Fromkin, « Effects of Experimentally Aroused Feelings of Undistinctiveness Upon Valuation of Scarce and Novel Experiences », *Journal of Personality and Social Psychology*, n° 16, 1970, p. 521-529 ; H. L. Fromkin, « Feelings of Interpersonal Undistinctiveness : An Unpleasant Affective State », *Journal of Experimental Research in Personality*, n° 6, 1972, p. 178-185.

40. R. Karniol, T. Eylon et S. Rish, « Predicting Your Own and Others' Thoughts and Feelings : More Like a Stranger Than a Friend », *European Journal of Social Psychology*, n° 27, 1997, p. 301-311 ; J. T. Johnson, « The Heart on the Sleeve and the Secret Self : Estimations of Hidden Emotion in Self and Acquaintances », *Journal of Personality*, n° 55, 1987, p. 563-582 ; et R. Karniol, « Egocentrism Versus Protocentrism : The Status of Self in Social Prediction », *Psychological Review*, n° 110, 2003, p. 564-580.

41. C. L. Barr et R. E. Kleck, « Self-Other Perception of the Intensity of Facial Expressions of Emotion : Do We Know What We Show ? », *Journal of Personality and Social Psychology*, n° 68, 1995, p. 608-618.

42. R. Karniol et L. Koren, « How Would You Feel ? Children's Inferences

Regarding Their Own and Others' Affective Reactions», *Cognitive Development*, nº 2, 1987, p. 271-278.

43. C. McFarland et D. T. Miller, «Judgments of Self-Other Similarity : Just Like Other People, Only More So», *Personality and Social Psychology Bulletin*, nº 16, 1990, p. 475-484.

Postface

1. En fait, on ne sait pas trop ce que Bernoulli entendait par *utilité*, vu qu'il n'a donné aucune définition du terme, et voilà trois siècles que le sens du concept fait débat. Les premiers utilisateurs du terme parlaient clairement de l'aptitude des biens à provoquer des expériences subjectives positives chez leurs consommateurs. Par exemple, en 1750, l'économiste Ferdinando Galiani définissait l'*utilità* comme «le pouvoir d'une chose à nous procurer la félicité» (Ferdinando Galiani, *Della moneta [De l'argent]*, 1750). En 1789, le philosophe Jeremy Bentham la définissait comme «la faculté que possède chaque chose de produire un bénéfice, un avantage, un plaisir, un bien, ou du bonheur» (Jeremy Bentham, in *An Introduction to the Principles of Morals and Legislation*, sous la direction de J. H. Burns et H. L. A. Hart, Oxford University Press, Oxford, 1996 [*Introduction aux principes de morale et de législation*]). La plupart des économistes modernes ont pris leurs distances par rapport à ces définitions – non qu'ils en aient eu de meilleures, mais plutôt parce qu'ils n'aiment pas parler des expériences subjectives. Ainsi l'utilité est-elle devenue une abstraction hypothétique dont le choix est la mesure. Si cela vous semble pure rhétorique, bienvenue au club. Pour en savoir plus sur l'histoire de ce concept, voir N. Georgescu-Roegen, «Utility and Value in Economic Thought», *New Dictionary of the History of Ideas*, Charles Scribner's Sons, New York, 2004, vol. 4, p. 450-458 ; D. Kahneman, P. P. Wakker et R. Sarin, «Back to Bentham ? Explorations of Experienced Utility», *Quarterly Journal of Economics*, nº 112, 1997, p. 375-405.

2. La plupart des économistes modernes contesteraient cette affirmation, l'économie actuelle reprenant à son compte une hypothèse abandonnée depuis un demi-siècle par la psychologie, à savoir qu'une science du comportement humain peut ne pas tenir compte de ce que les gens éprouvent et disent, et reposer exclusivement sur ce qu'ils font.

3. Daniel Bernoulli, «Exposition of a New Theory on the Measurement of Risk», *Esquisse d'une théorie nouvelle de mesure du sort*, traduction de Raoul Charreton, *Cahiers du séminaire d'histoire des mathématiques*, tome VI, 1985, p. 62.

4. *Ibid.*, p. 63.

Index

C

T

U

V

W

Table

Cinquième partie : Rationalisation

Sixième partie : Correctibilité

Permissions

Les figures 1, 2, 4, 5, 6, 7, 8, 9, 10, 11, 12, 13, 14, 17, 18 ont été créées par Mapping Specialists Ltd.

La figure 3 est tirée de Harlow, J. M., « Recovery from the Passage of an Iron Bar Through the Head », *Publications of the Massachusetts Medical Society, 2*, 1868, pp. 327-347.

La figure 15 est tirée de Gilbert, D. T., Pinel, E. C., Wilson T. D., Blumberg, S. J., & Wheatley, T. P., « Immune Neglect : A Source of Durability Bias in Affective Forecasting », *Journal of Personality and Social Psychology*, n° 75, 1998, pp. 617-638, adaptée avec l'aimable autorisation de l'American Psychological Association.

La figure 16 est tirée de Wilson, T. D., Centerbar, D. A., Kermer, D. A., & Gilbert, D. T., « The Pleasures of Uncertainty : Prolonging Positive Moods in Way People Do Not Anticipate », *Journal of Personality and Social Psychology*, n° 88, 2005, pp. 5-21, reproduite avec l'aimable autorisation de l'American Psychological Association.

Composition Interligne

Cet ouvrage a été achevé d'imprimer en mars 2007
dans les ateliers de Normandie Roto Impression s.a.s.
61250 Lonrai (Orne)

Dépôt légal : avril 2007
N° d'édition : 47716/01. – N° d'impression : 070894

Imprimé en France